KRÜGER

W0369435

Judith O'Higgins
Fred Sellin

Spuren des Todes

KRÜGER

MIX
Papier aus verantwortungsvollen Quellen
FSC® C014496
www.fsc.org

Erschienen bei FISCHER Krüger

Satz: Dörlemann Satz, Lemförde
Druck und Bindung: GGP Media GmbH, Pößneck
Printed in Germany
ISBN 978-3-8105-1321-2

Für Dave

Und der Haifisch, der hat Zähne
Und die trägt er im Gesicht
Und Macheath, der hat ein Messer
Doch das Messer sieht man nicht

Bertolt Brecht

Die geschilderten Fälle beruhen auf wahren Begebenheiten. Aus persönlichkeitsrechtlichen Gründen wurden – mit wenigen Ausnahmen – alle Personen anonymisiert, Handlungen an andere Orte verlegt und bestimmte Details, sowohl der Geschehnisse als auch der Ergebnisse meiner rechtsmedizinischen Arbeit, abgeändert.

Inhalt

I.
Mein erster Tatort

Ich arbeitete noch nicht lange am Institut für Rechtsmedizin, keinen Monat. Es war an einem Donnerstag, kurz vor Mitternacht. Ich lag zu Hause im Bett und musste gerade eingeschlafen sein, als mich der Klingelton meines Handys aufschreckte. Dr. Jan Sperhake, ein Kollege, der schon einige Jahre Rechtsmediziner war und in dieser Nacht Bereitschaftsdienst hatte, rief an.

»Ich weiß, es ist spät, aber wenn du mitkommen willst …?«

Sofort war ich hellwach.

Ich wusste, dass es an einem echten Tatort nicht so zugeht, wie es in den meisten Krimis dargestellt wird. Das eine war Realität, das andere Fiktion – wie oft hatte ich mir das während des Studiums anhören dürfen! Trotzdem hatte ich, seit ich als wissenschaftliche Mitarbeiterin am Institut beschäftigt war, den Tag, an dem ich das erste Mal einen Tatort sehen würde, insgeheim regelrecht herbeigesehnt. Den Ort eines Verbrechens stellte ich mir spannend vor.

»Klar, gerne …«, antwortete ich schnell, darum bemüht, möglichst munter zu klingen. Und einen Wimpernschlag später hatte ich mich bereits unter meiner Decke hervorgeschwungen und stand neben dem Bett.

»Gut, dann hole ich dich ab«, sagte er. »Bin spätestens in zwanzig Minuten da.«

Genau genommen war es zwar der erste Tatort, zu dem ich mich aufmachte, aber nicht »meiner«. Wenn ich Dienst gehabt hätte und von der Polizei dorthin gerufen worden wäre – so fuhr ich lediglich als Begleitung mit, ohne selbst eine Aufgabe zu haben. Aber das war fürs erste Mal vielleicht sogar die bessere Variante.

Und noch einen Punkt sollte ich korrekterweise relativieren: Ob der Kollege und ich eine knappe halbe Stunde später tatsächlich zu einem Tatort unterwegs waren, konnten wir zu diesem Zeitpunkt noch gar nicht mit letzter Sicherheit wissen. Es hätte auch nur der Platz sein können, an dem der Täter sein Opfer abgelegt, nicht aber getötet hatte. Es kommt häufig genug vor, dass Tatort und Fundort nicht identisch sind; was die Aufklärung eines Falls für gewöhnlich nicht einfacher macht. Die Ermittlungen bei einem Kapitalverbrechen nicht dort beginnen zu können, wo die Tat geschah – und vermutlich auch die meisten Spuren zu finden wären –, kann man sich ungefähr so vorstellen, als würde man versuchen, ein Buch zu lesen, von dem die ersten fünfzig Seiten fehlen. Da kommt man auch schlecht in die Handlung rein – falls es einem überhaupt gelingt.

Wir verließen Hamburg, fuhren nach Schleswig-Holstein. Unser Ziel war ein Dorf, von dem ich bis zu dieser Nacht nicht einmal wusste, dass es überhaupt existierte. Ich glaube nicht, dass man es mir anmerkte, aber mir war ganz schön mulmig zumute. Ich hatte schon eine stattliche Zahl an Leichen gesehen, darunter verweste und auch schlimm zugerichtete. Aber die lagen dann immer auf einem Sektionstisch, in steriler Umgebung, herausgerissen aus dem Kontext der Tat. Und das, nahm ich an, sei etwas völlig anderes. Man hatte zwar trotzdem die Leiche eines Menschen vor sich, aber irgendwie depersonifiziert, reduziert auf den Körper, den es zu obduzieren galt. Das machte es auf eine bestimmte Weise abstrakt und half einem, die andere Seite auszublenden, das Emotionale, das Schicksal, das sich hinter dem Todesfall verbarg.

Diesen Spagat, eins vom anderen zu trennen, sollte man in unserem Beruf unbedingt hinbekommen, zum eigenen Schutz. Ich wüsste nicht, wie man es sonst auf Dauer ertragen könnte. Vielleicht hatte ich Glück gehabt, bei mir funktionierte es von Anfang an, ohne dass ich mir irgendwelche Psychotricks antrainieren musste. Zumindest so lange, bis die Sache mit Chris passierte. Aber das lag damals noch weit in der Zukunft.

Das Haus, das wir in dem Dorf ansteuerten, schien das letzte zu sein in einer Straße, die jetzt verlassen dalag und mit einer Wendeschleife endete, direkt vor einem Waldstück. Die Bäume dahinter standen so dicht, dass sie wie eine dunkle Mauer wirkten, die in die Höhe ragte. Weit und breit keine Straßenlaterne.

Es hatte zu regnen begonnen. Der Wind peitschte dicke Tropfen gegen die Frontscheibe. Ich spürte, wie mein Herz pochte. Eine Mischung aus Aufregung und Anspannung. Was erwartete mich in dem Haus? Die Ungewissheit setzte mir zu, obwohl ich mir das am liebsten nicht eingestanden hätte. Ich war noch nie wegen einer Leiche aus den Latschen gekippt, und einige hatten wirklich keinen schönen Anblick geboten. Warum machte ich mir Sorgen, dass es diesmal anders sein könnte?

Dann erkannten wir vor uns zwei Streifenwagen, die links am Fahrbahnrand parkten. Hier musste es sein. Jan, mein Kollege, stellte den Motor ab. Ich öffnete die Beifahrertür, lehnte mich noch einmal im Sitz zurück, atmete tief durch, dann stieg ich aus.

Das Haus stand mit der Giebelseite zur Straße. Um den Eingang zu finden, mussten wir einmal halb um das Gebäude herum. Erst da erkannten wir, dass es ein Reihenhaus war. Trotz seiner zwei Geschosse wirkte es neben den hohen Bäumen wie geduckt. Ich zählte fünf Eingänge, am zweiten erwartete uns ein Schutzpolizist.

Auf dem Fliesenboden im Flur die ersten Blutspuren. Wir balancierten um sie herum, erreichten die nächste Tür. Dahinter befand sich eine offene Küche, die linkerhand ins Wohnzimmer überging. Auch hier Blutantragungen auf dem Boden. Wie Wegmarkierungen führten sie uns direkt zur Leiche. Eine junge Frau, sie lag rücklings auf der Couch – vollkommen nackt. Ihr Körper war so zierlich, dass man ihn fast für den eines magersüchtigen Teenagers hätte halten können.

Der Kopf der Frau war nach links gedreht, das Gesicht zeigte zur Wand. Von ihren Armen sah man kaum etwas, sie waren an den Handgelenken hinter dem Rücken gefesselt. Das linke Bein lag ausgestreckt auf der Couch, das rechte war leicht abgewinkelt, der Unterschenkel hing herunter, so dass der Fuß den Boden berührte.

Ich blieb in einer Ecke des Zimmers stehen und beobachtete, was Jan machte. Dabei war ich so konzentriert, dass ich gar nicht dazu kam, darüber nachzudenken, wie die ganze Situation auf mich wirkte. Ob es mich belastete, eine Leiche in ihrem privaten Umfeld zu sehen? Zumal inmitten all der Spuren, die unmissverständlich darauf hindeuteten, dass die Frau gewaltsam zu Tode gekommen war?

Es war wie eine Lehrstunde, nur viel intensiver. Gebannt und mit allen Sinnen sog ich auf, was sich vor meinen Augen abspielte. Womit waren die Kriminalbeamten beschäftigt? Worüber tauschten sie sich aus, untereinander, aber auch mit meinem Kollegen? Wie verhielt man sich als Rechtsmediziner an einem Tatort? Was hatte man zu tun, und in welcher Reihenfolge erledigte man diese Aufgaben sinnvollerweise? Und so weiter. Natürlich wusste ich, wie es in den Lehrbüchern stand. Die Frage war, ob es sich vor Ort genauso umsetzen ließ.

Selbst scheinbare Nebensächlichkeiten prägte ich mir ein. Etwa dass Jan die Erkenntnisse, die er bei der Leichenbesichtigung gewann, nicht in ein Diktiergerät sprach, sondern auf einer Kladde notierte. Ebenso die Ergebnisse der ersten Untersuchungen, die er anstellte, um etwas zum möglichen Todeszeitpunkt zu erfahren. So habe ich es mir dann auch angewöhnt. Dagegen benutze ich im Sektionssaal ein Diktiergerät, allerdings nur bei der äußeren Leichenschau. Bei der inneren, der eigentlichen Obduktion, macht sich das schlecht, da hat man – im wahrsten Sinne – beide Hände voll zu tun. Zwischendurch notiere ich mir einiges, aber das meiste merke ich mir auch so. Erst hinterher greife ich dann wieder zum Diktiergerät.

Dass wir es hier mit einem Tatort zu tun hatten, daran bestand nun kein Zweifel mehr. Das gesamte Haus galt als Tatort. Wie es im Obergeschoss aussah, weiß ich nicht, da kamen wir nicht hin. Aber in der Küche war ein Stuhl umgestürzt, und auf dem Boden im Wohnzimmer lagen wild verstreut mehrere Kleidungsstücke. Der Größe nach dürften sie dem Opfer gehört haben, was angesichts der Tatsache, dass es unbekleidet gefunden wurde, nahelag – und sich später auch bestätigen sollte.

Mitten in der Unordnung fand sich ein Slip, zerrissen in mehrere Stücke. Offenbar hatte sich die Wut des Täters daran besonders entladen. Ob vor der Tat oder danach – das würde man wohl nur erfahren, wenn es der Täter verriet.

Die Kriminalbeamten hatten bereits einiges über den Hergang in Erfahrung gebracht. Vor allem dank eines Rentners, der mit seiner Frau und zwei Katzen einen Eingang weiter wohnte. Er hatte gegen zwanzig Uhr die Polizei alarmiert. Dass sich die jungen Leute nebenan gestritten hatten, war für das Ehepaar nichts Ungewöhnliches gewesen. Das sei häufiger vorgekommen, meinte der Mann, zuletzt beinahe täglich. Die junge Frau habe ihnen leidgetan, anscheinend wurde sie von diesem Unhold – so nannte er ihn – manchmal sogar verprügelt. Erst letztens hätten sie sie beim Einkaufen im Supermarkt gesehen, furchtbar zugerichtet sei ihr Gesicht gewesen, wie nach einem schlimmen Boxkampf: die Lippe dick geschwollen, die Wange unter ihrem linken Auge blutunterlaufen und dunkelviolett verfärbt. Und sie habe die ganze Zeit zu Boden geschaut, als wollte sie verhindern, dass jemand sie erkennt und anspricht.

Das junge Paar hatte erst wenige Monate in dem Haus gewohnt und zu den Nachbarn bisher immer Distanz gehalten. Man wusste kaum etwas über die zwei. Irgendjemand habe mal erzählt, sie sei Rumänin und er Russe, aber das stimmte nur zur Hälfte. In Wirklichkeit stammten die Eltern von beiden aus Rumänien. Sie waren Banater Schwaben, also Rumänien-Deutsche, und Anfang der neunziger Jahre aus Temešwar, einer recht großen Stadt im Westen des Landes, in die Bundesrepublik gekommen.

Das wusste die Polizei so genau, weil es über den jungen Mann eine Akte gab. Genauer gesagt gab es mehrere Akten, einen ganzen Stapel, verteilt auf verschiedene Kommissariate bei mehreren Polizeibehörden. Er war in den letzten Jahren wiederholt straffällig geworden und hatte deswegen auch einige Zeit im Gefängnis zugebracht. Einbruch, Drogenhandel, Fahren ohne Führerschein, Diebstahl, gefährliche Körperverletzung – eine beachtliche Liste, vor allem dafür, dass er gerade mal dreiundzwanzig Jahre alt war.

Auch der Tod der jungen Frau schien auf sein Konto zu gehen. Der Streit sei diesmal lauter gewesen als üblich, gab der Nachbar zu Protokoll. Doch gerade als er die Polizei verständigen wollte, sei nebenan Stille eingekehrt, urplötzlich, von einem Zeigerschlag auf den nächsten. Seine Frau und er hätten noch kurz überlegt: Vielleicht hatten sie sich ja geirrt, und das Geschrei war aus einem Fernseher gekommen, den jemand zu laut aufgedreht und dann auf einmal ausgestellt hatte. Daraufhin hatte der Rentner den Hörer wieder weggelegt und war vors Haus gegangen, um nebenan durchs Fenster zu spähen. Wie ein aufgescheuchtes Huhn sei der junge Mann durchs Wohnzimmer getapert, immer hin und her, als hätte er nicht gewusst, wohin mit sich. Ob die Frau da schon auf der Couch lag, in dem Zustand wie jetzt, konnte er nicht sagen. Dieser Teil des Zimmers war von seiner Position aus nicht einzusehen gewesen.

Der Rentner war in seine Wohnung zurückgegangen, und fast hätte er es dabei belassen. Doch kurz darauf hörte er, wie nebenan eine Tür krachend ins Schloss fiel. Und dann huschte eine Gestalt hastig an seinem Küchenfenster vorbei – offenbar der junge Nachbar. Irgendwie habe ihm die Sache keine Ruhe gelassen, meinte der Zeuge, also habe er doch zum Telefon gegriffen und die 110 gewählt.

Die Polizisten, die dann die Leiche der jungen Frau fanden, schienen in Sachen Tötungsdelikte nicht sonderlich erfahren. Nachdem sie am Tatort eingetroffen waren, hatte eine ihrer ersten Handlungen darin bestanden, das Fenster zu schließen, das im Wohnzimmer offenstand. Es sei sehr zugig gewesen, rechtfertigten sich die Beamten hinterher. Dass sie dadurch die Raumtemperatur veränderten, die rasch um fünf, sechs Grad anstieg, und damit auch den Abkühlungsprozess der Leiche beeinflusste, der für die Ermittlung des Todeszeitpunkts nicht unerheblich war, scheint ihnen nicht in den Sinn gekommen zu sein. Dabei dürfte das so ziemlich in jedem Handbuch stehen, das es zum Thema Todesermittlungen gibt.

Fast zwei Stunden nahmen die Leichenbesichtigung und die Untersuchungen zur Feststellung des Todeszeitpunkts in Anspruch. Es gab kaum eine Stelle am Körper der jungen Frau, die keine Zeichen von stumpfer, äußerer Gewalteinwirkung aufwies. Am Oberkörper, auf dem Rücken, an den Armen und Beinen – überall Schürfwunden und Hautunterblutungen, einige frisch, andere schon älter. Der linke Oberarm war dazu noch auf unnatürliche Weise verbogen – ein offener Bruch.

Die zwei Teile des geborstenen Knochens standen fast im rechten Winkel zueinander. Einige der Knochenspitzen hatten sich durch die Haut gebohrt.

Das Gesicht hatte ebenfalls böse etwas abbekommen, es war regelrecht entstellt. Die linke Gesichtspartie war stark angeschwollen und ums Auge herum zusätzlich von einem kräftigen Monokelhämatom gezeichnet. Dieser ringförmige Bluterguss, der wie ein blaues Auge aussah, nur schlimmer, konnte ein Hinweis für einen Schädelbasisbruch sein. Ob der hier vorlag, würde man allerdings erst bei der Obduktion herausfinden.

Unklar war auch, wie man die Spuren im Genitalbereich des Opfers zu deuten hatte. Am Anus haftete Blut, und er wirkte gedehnt, als sei er penetriert worden. Wobei das nur eine Möglichkeit war, die man in Betracht ziehen musste. Der Spannungszustand der Muskulatur kann nach dem Tod auch so erschlaffen. Ein klaffender Anus hat somit nicht zwangsläufig etwas zu bedeuten. Das Blut am Anus schien nicht aus einer Wunde in diesem Bereich zu stammen. Es sah eher aus wie eine Kontaktspur. So nennt man es, wenn Blut von woanders an eine bestimmte Stelle gelangt, beispielsweise indem eine blutende Wunde mit der Hand berührt wird, ein Teil des Blutes daran haften bleibt und an die Stelle übertragen wird, die man mit der Hand als Nächstes anfasst. Das mochte auch in diesem Fall so gewesen sein. Allerdings musste man sich fragen, ob die anderen Befunde nicht dennoch dafür sprachen, dass eine anale Vergewaltigung stattgefunden hatte.

Den Beamten der Spurensicherung war ungefähr einen Meter neben der Couch ein silbrig glänzender Fleck auf dem Boden aufgefallen. Das konnte gut Sperma sein. Doch die Flüssigkeit war bereits eingetrocknet. Sprach das für oder gegen die Vergewaltigungstheorie? Wie lange dauerte es, bis ein paar Tropfen Sperma eingetrocknet waren? Konnte der

Fleck auch schon einige Tage alt sein? Und war es überhaupt Sperma?

Aber noch wichtiger war, festzustellen, ob sich in der Scheide und im After Spermaspuren befanden. Dafür nahm Jan Abstriche, auch aus der Mundhöhle, das gehört zum Standardprogramm. Die Wattetupfer, die er dafür verwendete, würden später im Labor untersucht werden.

Und noch ein Rätsel gab uns die Leiche auf: Obwohl gefesselt, fanden sich zwischen den Fingern beider Hände Haare, die farblich mit dem Kopfhaar der Frau identisch waren: blond, mit einem leicht orangefarbenen Ton. Auch die Länge stimmte überein. Sollte sie sich die Haare selbst ausgerissen haben? Doch warum? Und vor allem wann? Das wäre nur möglich gewesen, bevor sie gefesselt worden war. Vielleicht hatte sie sich gegen Schläge schützen wollen, dabei die Unterarme in Abwehrhaltung vors Gesicht genommen und die Hände ins Haare gekrallt. Oder hatte sie einfach nur versucht, sich auf diese Weise der Fesselung zu entziehen?

Fragen über Fragen, und das sollten längst nicht die letzten bleiben. Doch zunächst hatte ich selbst ein kleines Problem zu lösen. Unser Einsatz am Tatort näherte sich gerade dem Ende, als ich auf einmal ein zutiefst menschliches Bedürfnis verspürte. Offenbar hatte ich es schon eine ganze Weile unterdrückt, unbewusst, weil ich nichts verpassen wollte. Aber nun duldete es keinen Aufschub mehr. Auf jeden Fall hätte die Rückfahrt nach Hamburg viel zu lange gedauert. Die Toilette im Badezimmer konnte ich aber auch nicht benutzen, galt ja alles als Tatort, und damit war es erst mal Hoheitsgebiet der Spurensicherung.

Da fiel mir ein, dass es neben dem Haus eine Wiese gab. Erst dahinter fing der Wald an. Und falls ich es bei unserer Ankunft in der Dunkelheit richtig erkannt hatte, standen auf dieser Wiese einige Büsche. Das war die Lösung. Dachte ich.

Vielleicht sollte ich erwähnen, dass die Polizei inzwischen mit Hochdruck nach dem jungen Mann fahndete. Aufgrund der Schilderungen des Nachbarn galt er als dringend tatverdächtig. Da er kein eigenes Auto besaß und auch schlecht eins auf der Straße hätte anhalten können – um diese Zeit schien sich ohnehin niemand in diese Gegend zu verirren –, war es gut möglich, dass er sich noch irgendwo in der Nähe versteckt hielt.

Ich könnte nicht einmal sagen, ob ich das Motorengeräusch des Hubschraubers gleich wahrnahm, oder zu sehr damit beschäftigt war, möglichst schnell ein geeignetes Plätzchen zu finden, wo ich mich hinhocken konnte. Spätestens aber in dem Moment, als der Lichtkegel eines Suchscheinwerfers wie ein riesiger illuminierter Finger von oben über das Areal streifte, hoffte ich nur noch, dass das Blätterdach über mir dicht genug sein würde. Aber da hatte er mich schon erwischt.

Es mag höchstens vier oder fünf Sekunden gedauert haben, bis der »Finger« weiterschwenkte. Doch in der verräterischen Pose, die ich so schnell ja nicht verändern konnte, kam es mir vor, als sei ich eine Stunde intensivster Festbeleuchtung ausgesetzt gewesen. Wenigstens schien der Hubschrauberbesatzung die Zeit – und wohl auch die Intensität des Lichts, das so grell war, dass ich automatisch meine Augen schloss – genügt zu haben, um zweifelsfrei zu erkennen, dass ich nicht derjenige war, nach dem sie suchten.

Als der Spuk vorüber war und sich um mich herum wieder Dunkelheit ausgebreitet hatte, schoss mir ein anderer Gedanke in den Kopf, der nicht gerade zu meiner Beruhigung beitrug: Was, wenn der junge Mann unter einem der anderen Büsche hockte, vielleicht direkt hinter mir, nur besser getarnt? Und wie würde er regieren, wenn er sich durch die Suchmannschaften in die Enge getrieben fühlte? Aber da ging meine Phantasie wohl ein bisschen mit mir durch. Wie sich später herausstellte, war er zu diesem Zeitpunkt längst über alle Berge.

Die Leiche der Frau wurde noch in derselben Nacht ins nächstgelegene Kreiskrankenhaus transportiert und dort am folgenden Tag in der Pathologie obduziert. Allerdings nicht von einem Pathologen, wie manch einer denken könnte, da die Begriffe Pathologie und Rechtsmedizin häufig synonym gebraucht werden, in Filmen und in Büchern, aber auch in den Medien – was es nicht richtiger macht. Zu dieser fälschlichen Gleichsetzung kommt es, glaube ich, vor allem durch die unvollständige Übersetzung der angloamerikanischen Bezeichnung für Rechtsmedizin: *forensic pathology*. Das Wort *forensic* wird oft einfach weggelassen – und *pathology* dann mit Pathologie gleichgesetzt.

Dabei sind es zwei verschiedene Fächer, die im Grunde nur eines gemeinsam haben: Sowohl Rechtsmediziner als auch Pathologen beschäftigen sich bei ihrer Arbeit unter anderem damit, Todesursachen zu ergründen. Wobei Rechtsmediziner sich schwerpunktmäßig mit nichtnatürlichen Todesursachen beschäftigen und Pathologen nur solche Fälle untersuchen, wo es von vornherein klar ist, dass es sich um einen natürlichen Tod handelt. Außerdem untersuchen Pathologen hauptsächlich Gewebe von Patienten, die noch leben, um Krankheiten zu diagnostizieren. Aber sie obduzieren eben auch Menschen, die im Krankenhaus gestorben sind – das dann gewissermaßen im Dienste der Wissenschaft und als Qualitätskontrolle. Allerdings dürfen sie das nur tun, wenn die engsten Angehörigen damit einverstanden sind oder der Verstorbene zu Lebzeiten selbst seine Einwilligung erklärt hat. Und in ganz speziellen Sonderfällen, die von Bundesland zu Bundesland anders geregelt sind.

Im Unterschied dazu sind wir Rechtsmediziner gefragt, wenn unklar ist, ob jemand eines natürlichen oder eines nichtnatürlichen Todes starb. Das ist quasi die Kernfrage unserer Arbeit. Dabei geht es nicht allein um Tötungsdelikte, auch Unfälle und Suizide zählen dazu. Alles, bei dem Gewalt oder eine andere Einwirkung durch fremde Hand – zum Beispiel Vergiften – im Spiel war. Oder zumindest im Spiel gewesen sein könnte. Häufig besteht ja erst mal nur ein Verdacht.

In diese Kategorie fallen auch medizinische Behandlungsfehler, die tödlich enden, in Krankenhäusern, in Arztpraxen oder sonst wo. Das sind Fälle, die die unterschiedlichen Aufgabenbereiche von Pathologen und Rechtsmedizinern vielleicht am besten verdeutlichen: Pathologen arbeiten für Kliniken oder andere medizinische Forschungseinrichtungen, wir bekommen unsere Aufträge von der Staatsanwaltschaft oder von einem Gericht. Taucht also der Verdacht auf, ein ärztlicher Behandlungsfehler könnte zum Tod geführt haben, kommen nicht Pathologen zum Einsatz, sondern Rechtsmediziner. Nicht anders verhält es sich bei Todesfällen in Krankenhäusern, bei denen nicht ausgeschlossen werden kann, dass sie infolge einer anderen Fremdeinwirkung – durch Pfleger, Angehörige, Mitpatienten – eingetreten sind.

Und wann immer wir zum Einsatz kommen, erschöpft sich unsere Tätigkeit nicht darin, die Todesursache zu klären. Wir versuchen ebenso herauszufinden, wann jemand sein Leben aushauchte – Stichwort: Todeszeitbestimmung –, welche Verletzung todesursächlich war, wie und womit ihm diese zugefügt wurde, ob er sich womöglich noch gewehrt hat und so weiter. Kurz gesagt: Wir suchen nach Fakten beziehungsweise Beweisen, die den Ermittlern helfen, die Umstände und den Hergang einer Tat oder eines Unfalls so exakt wie möglich rekonstruieren zu können. Das fängt mitunter damit an, überhaupt erst einmal zu erforschen, um wen es sich bei dem Toten eigentlich handelt.

Üblicherweise läuft es bei einem Todesfall so, dass derjenige, der die Leiche findet, einen Arzt ruft, der den Tod feststellt und eine Todesbescheinigung ausstellt. Oder aber die Polizei, die dann auch sofort einen Arzt hinzuzieht. Sobald dieser auf der Todesbescheinigung als Todesart »nichtnatürlich« oder »ungeklärt« vermerkt, wird die Polizei eingeschaltet, falls sie das nicht schon wurde. Die Polizei wiederum informiert den zuständigen Staatsanwalt, der ein Todesermittlungsverfahren einleitet. Und damit landet die Leiche erst einmal in der Rechtsmedizin. Das bedeutet allerdings nicht, dass sie dann auch automatisch obduziert wird.

Nach der Einlieferung erfolgt zunächst eine äußere Leichenschau. Diese nimmt der diensthabende Rechtsmediziner vor. Es sei denn, der als »nichtnatürlich« deklarierte Tod ist allzu offensichtlich. Dann kann er darauf verzichten, da sie ohnehin als Bestandteil der Obduktion durchgeführt wird. Und das ebenfalls zeitnah. Obwohl das ganze Thema bundesweit nicht einheitlich gesetzlich geregelt ist, kann man sagen, dass bei Tötungsdelikten generell darauf gedrungen wird, das Opfer schnellstmöglich zu obduzieren, ganz gleich ob tagsüber oder nachts. Einmal natürlich, weil die Beamten, die in dem Fall ermitteln, keine Zeit zu verlieren haben und dringend auf Hinweise warten, die sie bei ihren Nachforschungen voranbringen. Und zum anderen – was genauso wichtig ist –, weil es auch für uns die Arbeit nicht einfacher macht, wenn damit erst ewig gewartet wird. Zwar sind die Kühlfächer, in denen man die Leichen aufbewahrt, mit vier Grad Celsius so temperiert, dass die Zersetzungsprozesse im Körper nahezu gestoppt werden. Das verhindert jedoch nicht gänzlich, dass die Fäulnis weiter voranschreitet.

Um noch den Gedanken fortzuführen, dass nicht jeder Tote, der auf nichtnatürliche Weise ums Leben gekommen oder bei dem die Todesursache unklar ist, obduziert wird: Gelangt ein Staatsanwalt aufgrund der Ermittlungsergebnisse zu dem Schluss, dass kein Fremdverschulden vorliegt, kann er die Leiche zur Bestattung freigeben, ohne dass die Gründe für das Ableben genau erforscht werden. Gerade bei Suiziden kommt das gar nicht so selten vor. Ein klassischer Fall hierfür: Jemand hat sich auf dem Dachboden seines Hauses erhängt, auf dem Küchentisch liegt ein Abschiedsbrief, der zweifelsfrei von ihm stammt, und die Eingangstür ist von innen verschlossen.

Während meiner Zeit am Institut für Rechtsmedizin in Hamburg wurden pro Jahr durchschnittlich rund zweitausendfünfhundert äußere Leichenschauen durchgeführt – das heißt, genauso viele Leichen wurden auch angeliefert. Zur Obduktion gelangten davon aber nur zwischen fünfhundert und sechshundert. Bei allen anderen Leichen wurde das als nicht notwendig erachtet. Und diese Relation ist nicht nur für Hamburg bezeichnend.

Überhaupt wird in Deutschland so wenig obduziert wie in kaum einem anderen europäischen Land. Im Schnitt sterben bei uns jedes Jahr rund achthundertfünfzigtausend Menschen. Davon landen nur zwei bis drei Prozent auf einem Sektionstisch. In der Schweiz liegt die Rate bei etwa zwanzig Prozent. In den skandinavischen Ländern bei zwanzig bis dreißig Prozent, in Österreich sogar noch darüber. In England, wo ich seit sechs Jahren lebe, werden etwa fünfundzwanzig Prozent der Verstorbenen obduziert. Dort wird bei jedem ungeklärten oder als nichtnatürlich eingestuften Tod automatisch eine Sektion angeordnet. Auf der Insel ist das Todesbescheinigungs- und Leichenschausystem allerdings auch grundlegend anders strukturiert, aber dazu komme ich später noch.

Prinzipiell gehen Ärzte in England beim Ausstellen von Todesbescheinigungen mit der Diagnose »natürlicher Tod« äußerst zurückhaltend um. Selbst Hausärzte, die zu einem Verstorbenen gerufen werden, den sie über Jahre als Patienten betreut haben, dessen Krankengeschichte sie demzufolge gut kennen. Und ganz besonders dann, wenn der seit einiger Zeit nicht mehr in ihrer Praxis gewesen war – womit zwei Wochen vor seinem Tod gemeint sind. Oder eben mehr, aber zwei Wochen sind die Grenze. Viele Ärzte sagen sich: Ich kann nicht wissen, ob jemand wirklich an den Folgen seiner Krankheit gestorben ist oder an etwas anderem. Und sie dürfen auch keinen natürlichen Tod attestieren, wenn derjenige plötzlich und unerwartet verstorben ist, während einer OP oder unmittelbar danach, durch einen Betriebsunfall oder infolge einer Berufserkrankung.

Im Vergleich dazu sind leichenschauende Ärzte in Deutschland wesentlich schneller dabei, einen natürlichen Tod zu bescheinigen. Dafür gibt es verschiedene Ursachen, die in der Vergangenheit – und hier meine ich: seit Jahrzehnten – immer wieder analysiert und in Fachpublikationen thematisiert wurden, ohne dass sich grundsätzlich etwas geändert hätte. Es fängt damit an, dass es manchen Ärzten an der notwendigen Qualifikation für eine verlässliche Leichenschau mangelt. Gesetzlich ist es so geregelt, dass jeder approbierte Arzt eine Leichenschau vornehmen darf, ohne dass er eine spezielle Qualifikation dafür erworben hat. Er muss es sogar, ist dazu verpflichtet, wenn er zu einer Leiche gerufen wird. Auch ungeachtet der Tatsache, dass sich einige von den Aufgaben, die bei einer korrekt durchgeführten Leichenschau zu bewältigen sind, überfordert fühlen. Die Gründe sind vielfältig, einer der häufigsten dürfte Unerfahrenheit sein. Bei einer Befragung unter Leichenschauärzten, die nach dem Zufallsprinzip ausgewählt wurden, stellte sich heraus, dass gut die Hälfte von ihnen höchstens zehn, eher weniger Leichenschauen pro Jahr durchführen. Routine bekommt man auf diese Weise wohl kaum.

Eine – wie ich finde – vernünftige Sonderregelung wurde in einigen Bundesländern für Notärzte geschaffen: Sie müssen dort keine vollständige Leichenschau durchführen. Angesichts ihrer besonderen Aufgaben im Rettungsdienst und der Tatsache, dass sie dafür schnellstmöglich wieder verfügbar sein sollten, brauchen sie nur den Tod festzustellen und diesen in einer »vorläufigen Todesbescheinigung« zu dokumentieren. Dazu gehören Angaben zur Person, zum Auffindeort und zu den sogenannten sicheren Todeszeichen wie Leichenstarre und Totenflecken. In solchen Fällen wird die Leiche anschließend vorsichtshalber in die Rechtsmedizin gebracht, selbst wenn dem Notarzt an ihr nichts aufgefallen sein sollte, was einen nichtnatürlichen Tod vermuten lässt.

Ein weiterer Grund für Fehlleistungen bei der Leichenschau dürfte eine gewisse Bequemlichkeit sein, die manche Ärzte offenbar daran hindert, sie mit der gebotenen Sorgfalt zu erledigen. Man braucht nur daran zu denken, wie lästig es einem selbst wäre, mitten in der Nacht aus dem Schlaf gerissen zu werden. Und das dann wegen einer Leiche, für die man sowieso nichts mehr tun kann. Vielleicht war der Verstorbene auch schon ziemlich alt. Bis hierhin könnte man es als Vermutung abtun. Doch es ist durch verschiedene Studien und Untersuchungen belegt, dass sich nicht wenige Ärzte darauf beschränken, nur kurz einen Blick auf den Toten zu werfen, um anschließend einfach das Kästchen »natürlich« auf der Todesbescheinigung anzukreuzen. Würden sie die Angelegenheit gründlich – und vor allem vorschriftsgemäß – erledigen, müssten sie eine vergleichsweise aufwendige äußere Leichenschau vornehmen, das heißt, die Leiche vollständig entkleiden und vom Scheitel bis zur Sohle genauestens unter die Lupe nehmen, einschließlich aller Körperöffnungen.

Auch hierzu bietet die oben erwähnte Befragung einen ernüchternden Einblick: Dreiviertel der Ärzte gaben an, nicht in jedem Fall die Leiche vollständig zu entkleiden, wie es der Vorschrift entspräche. Am ehesten verzichten Hausärzte darauf. Gerade mal ein Prozent von ihnen meinte, eine komplette Entkleidung gehöre für sie zum Standard. Die anderen neunundneunzig Prozent sagten: Ob sie eine Leiche entkleiden, würden sie von Fall zu Fall entscheiden. Und auch, ob sie es dann vollständig tun oder nur teilweise, um ausgesuchte Körperpartien begutachten zu können.

Es kommt wohl auch immer wieder vor, dass leichenschauende Ärzte gedrängt werden, »die Sache nicht unnötig kompliziert zu machen«. Oft sind es Hinterbliebene, von denen sie so etwas zu hören bekommen, und dann meist mit einem Unterton der Entrüstung. Entweder haben sie tatsächlich etwas zu verbergen, oder sie fürchten, die Leute könnten sich die Mäuler zerreißen, wenn ihnen zu Ohren kommt, dass es irgendwelche Ungereimtheiten gibt.

Es soll sogar Polizisten geben, die schon mal darauf hinwirken, aus einem Todesfall keinen Kriminalfall werden zu lassen. Manche, weil sie finden, dass man bei einem Sechsundachtzigjährigen nicht mehr so genau hinzuschauen und erst recht keine Akte anzulegen braucht. Nach der Devise: Der Gute wäre sowieso bald abgetreten. Andere wiederum sind unerfahren, hatten vielleicht noch nie mit einer Leichensache zu tun, übersehen wichtige Details oder deuten diese falsch.

Das eine wie das andere kommt vermehrt in ländlichen Gegenden vor. Dort stehen sich die Menschen nicht zwangsläufig näher, kennen einander aber eher. Was dazu führt, dass Gerüchte, genauso wie wahre Geschichten, ziemlich schnell per »Buschfunk« weiterverbreitet werden, von einem Nachbarn zum nächsten. Irgendjemand kennt immer einen von denen, über die im Dorf gerade getratscht wird.

Und noch einen Punkt sollte man hierbei nicht unterschätzen: Gerade auf dem Land, in kleineren Ortschaften, wird es sich manch ein Hausarzt dreimal überlegen, ob er durch ein Kreuz an der vermeintlich falschen Stelle auf dem Leichenschein unangenehme Nachforschungen in Gang setzt. Schließlich muss er damit rechnen, dass dadurch andere Patienten abgeschreckt werden, zu ihm in die Praxis zu kommen. Vor allem, falls sich sein Verdacht am Ende nicht bestätigen sollte. Denn dann bleibt bei den Leuten vermutlich nur der eine Gedanke hängen: Wenn jemand in der Familie stirbt, hetzt der einem nur die Polizei auf den Hals.

Es muss also niemanden wundern, dass es zum Leichenschauwesen einige alarmierende Statistiken gibt. Eine davon besagt, dass auf jeder zweiten Todesbescheinigung eine falsche Todesursache vermerkt ist. Aber auch mit der korrekten Klassifizierung der Todesart – natürlich, nichtnatürlich oder ungeklärt – scheinen leichenschauende Ärzte nicht selten Probleme zu haben. Ein Beispiel: Eine alte, aber durchaus noch rüstige Frau stürzt im Winter auf einem vereisten Gehweg und zieht sich dabei einen komplizierten Oberschenkelhalsbruch zu. Sie kommt in ein Krankenhaus, wird operiert, erhält vielleicht sogar ein neues Hüftgelenk, bleibt aber – auch aufgrund ihres hohen Alters – bettlägerig. Nach einiger Zeit entwickelt sich eine Thrombose, eine Lungenentzündung kommt hinzu – die Frau hat keine Chance, sie stirbt. Auf der Todesbescheinigung liest man dann häufig unter Todesart: »natürlich«. Bezogen auf die unmittelbare Todesursache, dem medizinisch-naturwissenschaftlichen Grund des Ablebens, ist das nicht einmal falsch. Würde man sich allerdings die Mühe machen und ermitteln, was am Anfang der Kausalkette stand – und das sollte jeder Arzt bei einer Leichenschau –, käme man zu einer anderen Einschätzung. Ursächlich war schließlich der Sturz der alten Dame, und somit ein Unfall. Ohne diesen wäre sie nicht im Krankenhaus gelandet. Stirbt aber jemand infolge eines Unfalls, scheidet »natürlich« als Todesart aus.

Oder nehmen wir die Diagnose »Herzversagen«, die als Todesursache mit Abstand am häufigsten auf Todesbescheinigungen genannt wird. Wenn das ernsthaft eine Diagnose wäre, müsste man sie ausnahmslos auf alle Todesbescheinigungen schreiben. Denn jeder Mensch stirbt letztlich daran, dass sein Herz versagt, ganz gleich ob dem eine schwere Krankheit vorausging oder eine tödliche Schussverletzung. Herzversagen ist ein Bestandteil des Sterbeprozesses. Das sagt aber nichts über die eigentliche Ursache aus, die den Tod herbeigeführt hat.

In die gleiche Kategorie fallen Angaben wie »Atemstillstand« und »Herzkreislaufversagen« oder der lapidare Hinweis auf das erreichte Lebensalter. Man möchte meinen, dass Ärzte die Letzten sind, denen das nicht bekannt ist. Ich mag daran auch keine Sekunde zweifeln. Fragt sich nur, warum dieses Wissen bei ihrem letzten Dienst am Menschen oft keine Rolle mehr zu spielen scheint.

Angesichts dieser eklatanten Schwachstellen im deutschen Leichenschauwesen braucht man über eine andere Erkenntnis nicht besonders erstaunt zu sein: Mindestens elftausend Todesfälle, das besagen Schätzungen nach mehreren Studien, werden jedes Jahr als natürliche Todesfälle eingestuft, obwohl sie das nicht sind. Dabei fallen auch, vorsichtig hochgerechnet, tausendzweihundert bis tausendvierhundert Tötungsdelikte durch den Rost. Das bedeutet, ungefähr jedes zweite, eher mehr. Und trotzdem haben Ärzte, die zu solchen beklemmenden Statistiken beitragen, so gut wie nie Sanktionen zu fürchten. Jeder ist nur ein Mensch, und Fehler passieren überall. Das stimmt ja auch. Man sollte sich aber schon fragen: Wenn die Fehlerquote dermaßen hoch ist, und das über einen sehr langen Zeitraum – liegt das Übel dann nicht im System?

Ich würde nicht so weit gehen und behaupten, dass dieses System vorsätzlich darauf ausgerichtet wurde, möglichst viele Tötungsdelikte und andere nichtnatürliche Todesfälle zu vertuschen. Aber dass dieser Effekt von den Verantwortlichen, bis hin zum Gesetzgeber, zumindest billigend in Kauf genommen wird, lässt sich schwer bestreiten. Vor einigen Jahren erschien ein Sachbuch mit dem Titel »Tote haben keine Lobby« – leider beschreibt er die Problematik nur allzu gut.

Während der Zeit am Institut für Rechtsmedizin in Hamburg bestand eine meiner Aufgaben darin, Medizinstudenten Unterricht zu geben. Dabei gab es verschiedene Schwerpunkte, die den jungen Leuten vermittelt wurden. Einer davon war: Wie wichtig es ist, die ärztliche Leichenschau in aller Gründlichkeit, so präzise wie möglich, durchzuführen. Das hielt ich für zielführender, als ihnen von irgendwelchen spektakulären Morden oder anderen außergewöhnlichen Todesfällen zu erzählen. Die gibt es zweifellos, keine Frage, und die sind dann auch besonders interessant. Nur machen sie nicht den Alltag eines Rechtsmediziners und schon gar nicht von Medizinern anderer Fachrichtungen aus.

Um das zu verstehen, genügt ein Blick in die Kriminalstatistik. Für Hamburg weist sie in den letzten zehn Jahren zwischen sechzig und hundert Tötungsdelikte aus – pro Jahr. Außer 2007, da waren es weniger als fünfzig. Gezählt werden dabei sowohl versuchte als auch vollendete Tötungsdelikte, wobei die vollendeten stets deutlich in der Minderzahl sind. Sie machen weniger als ein Drittel der Gesamtzahl aus. Nur um einmal Wirklichkeit und Fiktion in die richtige Relation zu setzen. In manch einem »Tatort« werden innerhalb von neunzig Fernsehminuten mehr Menschen getötet als in einer mittelgroßen deutschen Stadt im ganzen Jahr.

Bei dem anderen Punkt, auf den wir im Studentenunterricht besonderen Wert legten, handelte es sich um die Untersuchung von Menschen, die Gewalt erfuhren, die nicht zum Tod führte – vergewaltigte Frauen, misshandelte Kinder, andere Opfer körperlicher Übergriffe. Wie erkennt man als Arzt, dass jemandem Leid angetan wurde, auch wenn der Betroffene selbst nichts sagt, es womöglich sogar bestreitet? Viele schweigen, aus Scham oder weil sie dem Täter sehr nahestehen – oder aus Angst, er könnte sich rächen.

Einen Spezialfall bilden Personen, die sich selbst Verletzungen beibringen, aber das Gegenteil behaupten, wenn sie danach vor einem Arzt stehen oder im Krankenbett liegen.

Dabei kommt mir der Fall eines Fünfundzwanzigjährigen in den Sinn, der von einem meiner Kollegen begutachtet wurde. Der junge Mann hatte sich zu Hause ein Pornovideo reingezogen und dabei offenbar versucht, seine sexuelle Erregung zu steigern, indem er sich ein Stromkabel um den Hals schlang und zuzog, um die Sauerstoffzufuhr zum Gehirn zu drosseln. Dabei muss er es übertrieben haben. Er wurde bewusstlos, stürzte zu Boden und schlug sich den Kopf auf.

Wenn es nach ihm gegangen wäre, hätten wir von dem Fall niemals etwas erfahren. Denn er kam nach einer Weile wieder zu sich, offenbar kurz bevor seine Freundin zu Hause eintraf, die ihn im Schlafzimmer fand, mit blutender Kopfplatzwunde, hochrotem, aufgedunsenem Gesicht und Strangulationsmarke am Hals. Sie rief einen Rettungswagen, mit dem er in ein Krankenhaus gebracht wurde. Die Strangulationsmarke fiel auch dem Arzt, der den Neuzugang in der Notaufnahme empfing, gleich auf. Er verständigte die Polizei, zwei Beamte in Uniform rückten an.

Die Geschichte, die ihnen der junge Mann auftischte, ging ungefähr so: Er habe am Nachmittag die Wohnung verlassen, um sich an einem Automaten Zigaretten zu ziehen. Gerade als er Geldstücke einwerfen wollte, das ging damals noch einfach so, habe jemand von hinten einen Lederriemen um seinen Hals geschlungen und ihn gedrosselt, bis er bewusstlos geworden sei. Nach einer Weile sei er wieder zu sich gekommen und nach Hause gelaufen, wo er sich dann ins Bett gelegt habe. An mehr könne er sich nicht erinnern.

Die Sache mit dem Porno war ihm natürlich auch entfallen. Trotzdem hätte es so passiert sein können – allerdings hätten dann die Strangulationsmarke und auch die punktförmigen Blutungen in der Gesichtshaut, am Hals und am Nacken anders ausgesehen. Das Kabel war nämlich – entgegen seiner erfundenen Version mit dem Riemen – nicht bloß einmal wie eine einfache Schlinge um den Hals gelegt worden. Er musste es sich zweieinhalbmal um den Hals geschlungen haben. Vor allem konnte man nachweisen, dass nicht von hinten an den beiden Enden gezogen worden war, sondern von vorn. Und zwar mit ziemlich genau einer Ärmellänge Abstand zum Hals.

Das ausgeprägte Stauungssyndrom wiederum, das sich unter anderem durch die punktförmigen Blutungen dokumentierte, sprach dafür, dass die Strangulation nicht kurz und heftig vonstattengegangen war, wie bei einem Überfall von hinten zu erwarten wäre, sondern ausdauernd in Form einer dosierten Drosselung.

Die meisten Leute wissen gar nicht, dass auch solche Aufgaben zum Tätigkeitsbereich von Rechtsmedizinern gehören. Viele verbinden unseren Beruf einzig und allein mit der Beschäftigung mit Leichen. Dabei nimmt gerade die Untersuchung von nichttoten Gewaltopfern zunehmend mehr Raum ein. Als das Hamburger Institut vor fünfzehn Jahren eine Gewaltopferambulanz einrichtete, war es bundesweit einer der Vorreiter auf diesem Gebiet. Auch vor dieser Zeit wurden schon Opfer schwerwiegender Gewalttaten von Rechtsmedizinern untersucht, allerdings recht wenige. Und wenn, dann geschah es im Auftrag der Staatsanwaltschaft, in erster Linie zur Beweissicherung. Das Neue an dem Hamburger Modell bestand in dem Ziel, mit dem Angebot möglichst jeden zu erreichen, dem Gewalt widerfahren ist, unabhängig davon, ob er vorher eine Anzeige bei der Polizei erstattet oder sich Hilfe bei einer Opferorganisation gesucht hat.

Dass das Institut damit einen Nerv getroffen hatte, zeigte sich nicht im ersten und auch noch nicht im zweiten Jahr. So lange brauchte es, bis sich das Angebot bei allen relevanten Anlaufstellen herumgesprochen hatte, von der Polizeiwache bis zur Hausarztpraxis um die Ecke. Danach stieg die Zahl der untersuchten Gewaltopfer sprunghaft an. Erst waren es vierhundertvierzig in einem Jahr, im nächsten schon knapp siebenhundertfünfzig, und im Jahr darauf überstieg die Zahl bereits deutlich die Tausendermarke. Inzwischen gibt es in fast allen großen Städten ähnliche Einrichtungen. Wobei die Untersuchungen nicht immer in den Räumen eines Rechtsmedizinischen Instituts stattfinden, sondern häufig auch in dem Krankenhaus, wo das Opfer behandelt wird. Oder in Arztpraxen. Gerade bei Frauen, die vergewaltigt oder sexuell missbraucht wurden, ist es ratsam, mit dem behandelnden Gynäkologen zusammenzuarbeiten, wenn dieser für seine Patientin eine Vertrauensperson darstellt.

Dass Rechtsmediziner im Unterschied zu anderen Ärzten für diese Aufgabe geradezu prädestiniert sind, liegt auf der Hand. Vielen in Krankenhäusern oder Praxen tätigen Ärzten fehlt es dazu einfach an Erfahrung. Und sie denken bei ihrer Arbeit eher im kurativen Sinne. Kommt jemand mit einer Verletzung zu ihnen, steht für sie im Vordergrund, dem Patienten zu helfen, die Wunde zu verarzten, damit es ihm bessergeht und die Wunde möglichst schnell heilen kann. Nicht aber, sich ein Bild davon zu machen, ob die Verletzung irgendwelche Besonderheiten aufweist und was sie möglicherweise darüber verrät, wie sie demjenigen zugefügt wurde – mit welcher Waffe, aus welcher Richtung, mit welcher Wucht? Wir dagegen sind darauf geeicht, nach genau solchen Informationen zu suchen und sie entsprechend präzise festzuhalten. Dazu gehört die ausführliche Beschreibung der Lokalisation einer Wunde genauso wie die der Wunde selbst. An welcher Körperstelle befindet sie sich? Wie groß ist sie, wie tief, welche Form weist sie auf? Wie sehen die Wundränder aus? All das. Und all das am besten noch durch Fotos dokumentiert. Wir betrachten jede einzelne Wunde, selbst kleinste Kratzer sollten uns nicht entgehen, die andere Ärzte schon mal ignorieren, da sie keiner Behandlung bedürfen. Und dann setzen wir sie wie ein Puzzle zu einem Gesamtbild zusammen, damit es uns möglichst genau Aufschluss darüber gibt, was geschehen ist. Das ist das Ziel.

Doch zurück zum Fall der jungen Frau aus dem Dorf in Schleswig-Holstein: Mein Kollege Jan, den ich in dieser Nacht zum Tatort begleitet hatte, übernahm die Obduktion in dem Kreiskrankenhaus. Es war eine Außensektion. So werden Obduktionen beziehungsweise Sektionen genannt, die nicht in einem Institut für Rechtsmedizin stattfinden, sondern in einem auswärtigen Krankenhaus oder in einer Leichenhalle, die mit einem Sektionssaal ausgestattet ist. Wie die Zuständigkeiten heute aufgeteilt sind, weiß ich nicht, zu meiner Zeit war unser Institut zusätzlich zum Großraum Hamburg für bestimmte Regionen in den angrenzenden Bundesländern Niedersachsen und Schleswig-Holstein zuständig, außerdem für Bremerhaven und Helgoland, wobei die Insel ja zu Schleswig-Holstein gehört. Manchmal wäre es sinnvoller gewesen, eine Leiche zu uns ins Institut bringen zu lassen, um sie dort zu obduzieren. Doch offenbar war es kostengünstiger, Rechtsmediziner durch die Gegend fahren zu lassen, als einen Leichentransport nach Hamburg und zurück zu bezahlen.

Wann und wie rechtsmedizinische Sektionen stattzufinden haben, wird durch das Sektionsgesetz des jeweiligen Bundeslandes und die Strafprozessordnung, die für alle gilt, festgelegt. So dürfen sie ausschließlich von Ärztinnen und Ärzten vorgenommen werden, die von der zuständigen Ärztekammer dazu ermächtigt wurden. Es muss immer ein Team von zwei Ärzten sein, und einer von ihnen muss Facharzt für Rechtsmedizin sein, Leiter eines rechtsmedizinischen Instituts oder jemand, der von diesem beauftragt wurde und ebenfalls über rechtsmedizinische Fachkenntnisse verfügt. Auf keinen Fall darf ein Verstorbener von dem Arzt obduziert werden, der ihn zuletzt behandelt hat, wozu auch Operationen und andere medizinische Eingriffe zählen, die dem Tod unmittelbar vorausgingen. Vorschrift ist außerdem, dass bei einer rechtsmedizinischen Sektion alle drei Körperhöhlen – Kopf-, Brust- und Bauchhöhle – geöffnet werden. Soweit es der Zustand der Leiche zulässt, oder sie nicht schon geöffnet sind. Das kommt vor, bei schweren Unfällen zum Beispiel. Selbst wenn sich eine Leiche bereits im Stadium fortgeschrittener Verwesung befindet, ist das kein Grund, sie nicht zu öffnen. Denn auch dann lassen sich oft noch wichtige Hinweise finden, die ihren Tod erklären können.

Unterstützt werden die beiden Ärzte von mindestens einem Sektionsgehilfen. Und besonders bei Tötungsdelikten ist es üblich, dass Kriminalpolizisten, die in dem Fall ermitteln, und eventuell auch der zuständige Staatsanwalt, der Obduktion beiwohnen, zumindest für eine gewisse Zeit. Dieses Detail wird in Kriminalfilmen gern ausgespart, vermutlich um den Spannungsbogen nicht zu ruinieren. Stattdessen werden Szenen konstruiert, in denen die Ermittler voller Ungeduld nagelkauend auf die Ergebnisse aus der Rechtsmedizin warten. Oder man bekommt eine andere Variante vorgesetzt, die ebenfalls zum Standardrepertoire vieler Krimis gehört: Der Kommissar weiß sich in seiner Ungeduld nicht mehr zu zügeln, stürmt kurzerhand in den Sektionssaal, reißt Professor Börne und Co. mitten aus der Arbeit, um endlich den entscheidenden Hinweis zu bekommen, der ihn auf die Spur des Täters führt. Wenn ich solche Szenen sehe, könnte ich laut losprusten – weiter weg kann man von der Realität kaum sein.

Bevor man darangeht, die genannten Körperhöhlen zu öffnen, wird der Leichnam komplett entkleidet – falls er das nicht schon ist, wie bei der jungen Frau aus dem Dorf – und erneut einer äußeren Besichtigung unterzogen, die keinen Zentimeter des Körpers auslässt. Man beginnt am Kopf, genauer gesagt, auf dem Kopf, bei den Haaren. Dann Hinterkopf, Gesicht, Ohren, Hals, Schultern, Rücken, Brustbereich ... immer weiter abwärts, bis zu den Fußsohlen. Und dabei wird alles genauestens dokumentiert, ob es die Beschreibung der Kleidung ist oder des Schmucks, der sich noch an der Leiche befindet, die Farbe des Nagellacks, der Zustand einer Operationsnarbe, ganz gleich ob frisch oder alt, die Länge der Finger- und Zehennägel oder die der Schamhaare, selbst winzige Kratzer auf der Haut, die mit bloßem Auge kaum zu erkennen sind. Jedes Detail könnte noch von Bedeutung sein.

Die junge Frau kam so nackt auf den Sektionstisch, wie sie auf dem Sofa in dem Reihenhaus gelegen hatte. Als einziger Fremdkörper befand sich der weiße Bademantelgürtel an ihr, mit dem die Arme auf dem Rücken gefesselt waren. Er war dreimal um beide Handgelenke gewickelt und doppelt verknotet. Um den Knoten als mögliches Beweismittel zu erhalten, wurde der Gürtel auf der gegenüberliegenden Seite mit einer Schere durchtrennt. Aber erst nachdem die Fesselung fotografiert worden war.

Wie Jan bereits am Tatort festgestellt hatte, war der Leichnam mit Verletzungen regelrecht übersät. Unzählige Kratzer, Hautabschürfungen, Hautunterblutungen und kleine pockige Brandnarben an den Unterarmen und im Brustbereich, die aussahen, als wären glimmende Zigaretten auf der Haut ausgedrückt worden. Großflächiger waren die Hautveränderungen an den Innenseiten ihrer Oberschenkel. Anscheinend hatte sie dort vor längerer Zeit Verbrühungen erlitten. Allein die Beschreibung der äußeren Verletzungen sollte später zwölf Seiten des Sektionsprotokolls füllen.

Erst wenn das erledigt ist, beginnt man mit der »inneren Besichtigung«. Um die Kopfhöhle zu öffnen, wird zunächst die Kopfschwarte durch einen Schnitt quer über die Scheitelregion vom Schädeldach »abpräpariert«. Die Kopfschwarte der Leiche der jungen Frau zeigte im rechten Schläfenbereich eine frische Einblutung. An dieser Stelle war außerdem eine Schwellung, was vermuten ließ, dass sie einen Schlag abbekommen hatte. Und nicht nur dort, denn frische Unterblutungen fanden sich ebenso am Hinterkopf, im Scheitelbereich, über dem linken Ohr und auf der linken Gesichtshälfte. Kopfhaut, Schädel- und Gesichtsknochen waren dagegen nicht verletzt – was die These stützte, dass es sich um stumpfe Gewalt in Form von Faustschlägen gehandelt haben könnte.

Um zum Gehirn vorzudringen, sägt man anschließend das Schädeldach auf. Danach wird das Gehirn komplett entnommen und entsprechend präpariert, etwa um festzustellen, ob es Blutungen oder Quetschungen aufweist, was hier nicht der Fall zu sein schien. Das Gehirn war lediglich etwas geschwollen.

Als Nächstes wurden die vordere Brust- und Bauchwand untersucht, dann die Brust- und die Bauchhöhle eröffnet, um die Brust- und Bauchorgane zu untersuchen. Anschließend die Gesichts- und Halsweichteile. Zuletzt waren Arme, Beine und Rücken dran.

Das Ergebnis der Obduktion fiel unbefriedigend aus. Es blieben zu viele Fragezeichen. Die Todesursache konnte nicht sicher geklärt werden.

Die Frau war am gesamten Körper massiv mit stumpfer Gewalt malträtiert worden, daran bestand kein Zweifel. Die Fettgewebsunterblutungen an der Vorderseite beider Schultern schienen zudem ein Beweis dafür, dass der Täter sich auf ihren Oberkörper gekniet hatte. Doch so brutal er ihr auch ins Gesicht und auf den Kopf geschlagen haben mochte – vermutlich aus dieser Position heraus –, die Verletzungen, die er ihr dabei zufügte, hatten ihr Gesicht entstellt, aber nicht zu ihrem Tod geführt. So viel stand fest.

Aber was war es dann?

Vier Möglichkeiten kamen in Betracht. Die Perthes'sche Druckstauung war eine davon. Dieses Phänomen tritt auf, wenn man verschüttet wird, mit dem Rumpf unter eine Betonplatte oder einen schweren Baumstamm gerät. Durch die massive Kompression des Brustkorbs wird dessen Atmungsfunktion dermaßen eingeschränkt, dass man praktisch erstickt, obwohl die Atemwege völlig frei sind. Der Täter könnte nicht nur die Schultern der Frau bekniet haben, sondern auch ihren Brustkorb. Angesichts der vorgefundenen Verletzungsspuren war das durchaus denkbar. Allerdings hätte es dann starke Stauungsblutungen in der Gesichtshaut, den Augenbinde- und Mundschleimhäuten geben müssen – die aber fehlten.

Auch eine Fettembolie war als Todesursache vorstellbar. Durch den offenen Bruch des linken Oberarms konnte es zur Ausschwemmung von Fettmark gekommen sein, das zur Verstopfung der kleinen Lungenschlagadern hätte führen können – mit anschließendem Herzversagen. Dagegen sprach zwar, dass in einem solchen Fall zwischen Knochenbruch und Todeseintritt normalerweise mehrere Stunden liegen, aber vielleicht hatten andere Faktoren die Fettembolie begünstigt. Um das abzuklären, musste man Gewebeausschnitte der Lunge asservieren, um sie später feingeweblich untersuchen zu können.

Auch die Frage, ob die Frau möglicherweise vergiftet wurde, war erst durch toxikologische Untersuchungen zu beantworten. Der Staatsanwalt gab beides noch am selben Tag in Auftrag.

Am wahrscheinlichsten jedoch schien, dass sie erstickt wurde. Entweder indem ihr der Täter mit der Hand Mund und Nase zugehalten hatte, bis sie tot war. Die Verletzungen am Mund und am Kinn passten dazu. Oder er hatte ihr ein Kissen aufs Gesicht gedrückt. Vielleicht hatte er es erst mit der Hand versucht, dabei die Verletzungen verursacht, dann aber doch ein Kissen genommen, weil ihm das sicherer schien – oder weil es einfacher war.

Zwar fanden sich auch am Hals frische Hautunterblutungen, die einen auf den Gedanken bringen konnten, dass er sie möglicherweise erwürgt hatte. Doch dafür waren sie nicht massiv genug. Vermutlich hatte er sie am Hals gepackt, aber nur kurzzeitig und ohne seine ganze Kraft einzusetzen. Andernfalls hätte man auch Stauungsblutungen in den Augenbindehäuten und in der Gesichtshaut finden müssen.

Da die Sektionsbefunde recht unspezifisch ausfielen – Überblähung der Lungen, fleckförmige Blutungen der Lungen- und Herzüberzüge, eine geringe Hirnschwellung –, kam vor allem die Version mit dem Kissen gut in Betracht.

Nach jeder Obduktion behält man Asservate zurück, die mindestens sechs Monate im Institut aufbewahrt werden, um bei Bedarf weitere Untersuchungen durchführen zu können. In dem Fall waren es Gewebeausschnitte aus inneren Organen wie Herz, Lunge, Nieren, Bauchspeicheldrüse und aus Hautunterblutungen von verschiedenen Körperstellen, die baldmöglichst feingeweblich untersucht werden sollten. Außerdem Blut- und Urinproben zur Bestimmung der Alkoholkonzentration und Kopfhaare, Lebergewebe, Herzblut und Mageninhalt für chemisch-toxikologische Untersuchungen. Mit den Abstrichen, die Jan am Tatort aus After, Vagina und Mund genommen hatte, wurde ebenso verfahren.

Der junge Mann, der als dringend tatverdächtig galt, ging der Polizei bereits am nächsten Tag ins Netz. Er hatte sich irgendwie nach Hamburg durchgeschlagen, war dort am Hauptbahnhof herumgestrolcht, offenbar auf der Suche nach einem Bekannten, bei dem er Unterschlupf finden konnte. Doch bevor er jemanden fand, der ihn mitnahm, griff ihn die Polizei auf. In der Vernehmung bestritt er die Tat und behauptete, seine Freundin sei bereits tot gewesen, als er nach Hause kam. Seine Flucht erklärte er damit, dass er unter Schock gestanden und nicht mehr gewusst habe, was er tat. Außerdem würde die Polizei einem Knacki wie ihm sowieso kein Wort glauben. Mit dieser Vermutung lag er nicht so falsch. Seine Vorstrafen ließen ihn nicht gerade vertrauenswürdig erscheinen. Was aber noch mehr gegen seine Glaubwürdigkeit sprach, waren die Beobachtungen des Nachbarn, der den Streit zwischen ihm und seiner Freundin gehört und kurz darauf gesehen hatte, wie er weglief. Das genügte auch dem Haftrichter, der ihn ins Untersuchungsgefängnis schickte.

Während er dort schmorte, liefen die Ermittlungen weiter. Auch die Arbeit der Rechtsmediziner war damit nicht abgeschlossen. Die Kollegen der Serologie am Institut nahmen sich

DNA-Spuren vom Tatort vor, um sie mit genetischem Material vom Opfer und vom Tatverdächtigen abzugleichen. Sie konnten unter einigen Fingernagelüberständen, die von der Leiche asserviert wurden, Fremd-DNA nachweisen, die von dem jungen Mann stammte. Das Gleiche gelang ihnen am Bademantelgürtel. Doch das bewies noch gar nichts, da beide zusammen in dem Haus gelebt hatten, als Paar.

Anders verhielt es sich mit dem Blut, das nach der Verhaftung des Tatverdächtigen auf dem Nagelbett seines linken Ringfingers sichergestellt wurde. Obwohl es nur eine winzige Blutantragung war, sozusagen ein Hauch von einer Blutantragung – wahrscheinlich hatte er alles andere abgewaschen –, konnte das Blut der Frau zugeordnet werden. Mit diesem Ergebnis ließ sich schon eher etwas anfangen.

Man versuchte auch noch, die Klebefolien, die die Beamten auf Hals und Kinn des Opfers geklebt hatten, auf mögliche DNA-Spuren zu untersuchen, jedoch ohne brauchbare Ergebnisse. An einigen Abschnitten wurden zwar DNA-Merkmale der Frau nachgewiesen, an anderen jedoch gar keine. Und auf keinem einzigen gab es einen Hinweis auf DNA des Tatverdächtigen. Klebefolien, die üblicherweise für die Sicherung von Faserspuren verwendet werden, waren aber auch das denkbar schlechteste Medium für diesen Zweck. Um auf Würgemalen DNA-Spuren desjenigen zu sichern, der gewürgt hat, verwendet man besser einen Wattetupfer, mit dem man über den betroffenen Hautbereich streicht. Das vergrößert die Chance, genügend von den Epithelzellen, die der Täter hinterlassen hat, zu erwischen – und zwar in komplexer Form, gesammelt auf kleinstem Raum. Mit Klebefolien funktioniert das viel schlechter bis gar nicht, weil die Epithelzellen dabei nicht gebündelt, sondern einzeln aufgenommen werden und in dieser Form häufig nicht genug Material für einen DNA-Nachweis hergeben.

Bei einem Tötungsdelikt gilt es immer auch, sich ein Bild darüber zu verschaffen, inwieweit der Täter zur Tatzeit Herr seiner Sinne war. Ein Thema dabei: Drogen und Alkohol. Das eine wie das andere, und natürlich beides in Kombination, kann die Steuerungsfähigkeit eines Menschen erheblich beeinträchtigen. Das entschuldigt die Tat nicht, wirkt sich bei der Strafzumessung jedoch häufig strafmildernd aus. Den meisten Tätern ist das bekannt, und für nicht wenige dürfte es verlockend sein, sich ein paar Jahre Gefängnis zu ersparen. Schon deshalb müssen Staatsanwaltschaft und Polizei darauf drängen, Informationen über die Verfassung des Täters zum fraglichen Zeitpunkt zu bekommen, auf die sie sich verlassen können, die bestenfalls belegbar sind.

Dem jungen Mann wurde unmittelbar nach seiner Festnahme eine Urinprobe abverlangt, außerdem bekam er Blut abgenommen. Die chemisch-toxikologische Untersuchung wurde bei uns im Institut durchgeführt. Es ging darum festzustellen, ob er bei der Tatausführung womöglich unter Drogeneinfluss stand oder irgendwelche Medikamente eingenommen hatte.

In seinem Urin konnten tatsächlich verschiedene Abbauprodukte von Haschischinhaltsstoffen nachgewiesen werden, und in seinem Blut fanden sich THC und THC-Carbonsäure. THC steht für Tetrahydrocannabinol, das ist der Hauptwirkstoff der Hanfpflanze. All diese Stoffe waren nur in sehr geringer Konzentration vorhanden. Das ließ darauf schließen, dass der Konsum einige Stunden zurückliegen musste. THC lässt sich in der Regel sechs bis acht Stunden, nachdem es inhaliert wurde, nachweisen – wenn man in der Zeit nicht »nachlegt«. Die niedrige Konzentration sprach auch dafür, dass er nur gelegentlich Haschisch konsumierte. Bei regelmäßigem, stärkerem Konsum hätte man einen deutlich höheren THC-Carbonsäure-Spiegel erwarten können. Da die Tat, als er festgenommen wurde, weit mehr als acht Stunden zurücklag, musste er sich das Haschisch danach reingezogen haben. Das schloss aber nicht aus, dass er davor auch welches geraucht hatte. Doch selbst dann dürfte seine Steuerungsfähigkeit – und um die ging es hierbei vor allem – nicht erheblich beeinträchtig gewesen sein.

Zumindest nicht durch den Haschischkonsum. Nach der Blutalkoholbestimmung konnte man da schon eher ins Zweifeln geraten. Bei seiner Festnahme, die vormittags erfolgte, hatte der junge Mann einen Blutalkoholgehalt von knapp zwei Promille. Dementsprechend unkonkret fiel seine Antwort auf die Frage aus, was er getrunken hatte und wie viel davon? Er meinte, sich an Wodka und Bier erinnern zu können, war aber nicht sicher, ob er sich dazu noch etwas anderes gegönnt hatte.

Aufschlussreich war hier vor allem die Begleitalkoholanalyse, bei der ein ungewöhnlich hoher Methanolgehalt im Blut festgestellt wurde – fast zwölf Milligramm pro Liter. Den konnte er sich unmöglich erst nach der Tat angetrunken haben. Zu solch einem Wert bringt man es nur, wenn man täglich trinkt, und zwar nicht wenig. Ab einer Methanolkonzentration von zehn Milligramm pro Liter geht man davon aus, dass der Betroffene Alkoholiker ist und äußerst selten nüchterne Phasen erlebt. Sollte er also seine Freundin getötet haben, dann garantiert nicht im nüchternen Zustand. Ob deswegen eine Schuldminderung oder gar eine Schuldunfähigkeit in Betracht zu ziehen war, blieb zunächst offen. Darüber würde später das Gericht entscheiden, wenn alle Fakten auf dem Tisch lagen.

Lange bevor der Prozess begann, lieferte Jan, mit dem ich am Tatort gewesen war, noch wichtige Erkenntnisse zur wahrscheinlichen Todesursache. Die gewann er durch die feingeweblichen Untersuchungen der asservierten Gewebeproben. Demnach schied eine Fettembolie der Lungen als Todesursache ebenso aus wie eine Perthes'sche Druckstauung. Letzteres konnte man von der Liste der Möglichkeiten schon deshalb streichen, weil die Verletzungen an den Schultern und am Brustkorb dem Opfer zu unterschiedlichen Zeiten zugefügt worden waren. Also hatte der Täter sie nicht bekniet, wie ursprünglich angenommen, jedenfalls nicht gleichzeitig mit beiden Knien.

Auch für eine mögliche Vergiftung fanden sich keinerlei Beweise. Dagegen war die akute Lungenüberblähung in Verbindung mit der Zerreißung von Lungenbläschen, die er feststellte, ein Hinweis darauf, dass die Frau gewaltsam erstickt worden sein könnte. Und das blieb dann auch die wahrscheinlichste Erklärung für ihren Tod. Ein endgültiger Beweis war es allerdings nicht.

Im Bereich des Vagen musste am Ende auch die Aussage dazu bleiben, ob die Frau vor ihrem Tod anal vergewaltigt wurde. Die beschriebenen Verletzungen, die ein Zeichen dafür sein konnten, wurden ihr zwar zu Lebzeiten zugefügt. Sie fielen aber nicht so massiv aus, dass sie unbedingt die Folgen einer analen Penetration sein mussten. Wobei man es allein daran sowieso nicht hätte festmachen können, da Penetrationen häufig kaum Spuren hinterlassen. Also auch wenn man so gut wie keine Spuren findet, heißt das nicht automatisch, dass es vorher keine Penetration gab. In den Abstrichen aus After und Vagina fanden sich jedenfalls keine Spermien. Gut, er konnte ein Kondom benutzt haben. Doch wie wahrscheinlich war das in seiner Verfassung? Oder es war nicht zum Samenerguss gekommen.

Es verging ein gutes halbes Jahr, dann musste sich der junge Mann wegen gefährlicher Körperverletzung mit Todesfolge vor Gericht verantworten. Obwohl die Beweise gegen ihn erdrückend waren, hatte er noch immer kein Geständnis abgelegt. Das tat er auch im Prozess nicht. Er berief sich darauf, sich so ziemlich an nichts erinnern zu können, jedenfalls nicht daran, seine Freundin über zwei Stunden geschlagen und misshandelt zu haben. Sie habe auf einmal so komisch dagelegen und nicht mehr reagiert, meinte der Angeklagte. Da habe er Panik bekommen und sei weggelaufen. Was davor geschehen sei? Keine Ahnung. Allerdings kaufte ihm das Gericht diese Version nicht ab. Dass er getrunken hatte, stand außer Frage. Das wirkte strafmildernd, begründete aber keine Schuldunfähigkeit. Das Urteil: achteinhalb Jahre Gefängnis. Bevor er die Haftstrafe antrat, musste er sich in einer geschlossenen Klinik einer Alkoholentgiftung unterziehen.

II.
Wie alles anfing

Am Anfang fühlte es sich ein bisschen falsch an, Medizin zu studieren. Lieber hätte ich meine Zeit mit Musizieren verbracht. Mein Instrument war das Saxophon. Ich spielte es, seit ich sechzehn war. Aber die Musik war mir schon davor ans Herz gewachsen, sie gehörte zu meinem Leben, seit ich denken konnte. In meiner Kindheit machten wir viel Hausmusik: Mutter sang, Vater spielte Klavier, meistens Bach oder Mozart, und ich sang mit. Ich weiß noch, wie ich immer weinte, wenn mein Vater »Das Veilchen« spielte. Der Text stammt von Goethe, Mozart hat ihn später vertont. Es geht um ein Veilchen, das eine junge Schäferin sieht, die beschwingt und singend über eine Wiese läuft. Das Veilchen wünscht sich nichts sehnlicher, als von ihr beachtet, »abgepflückt und an dem Busen matt gedrückt« zu werden – »ach nur ein Viertelstündchen lang«. Doch die Schäferin übersieht das unscheinbare Pflänzchen, tritt es achtlos platt. Als kleines Mädchen fand ich das furchtbar traurig.

Man könnte auch sagen, mir wurde die musikalische Ader in die Wiege gelegt. Mein Vater ist Konzertmeister. Als ich geboren wurde, 1971, spielte er die erste Violine im Orchester an der Düsseldorfer Oper. Schon als kleines Mädchen, kaum dass ich laufen konnte, durfte ich ab und zu mit zu einer Vorstellung gehen. Ich fand das jedes Mal unheimlich aufregend, fragte mich allerdings anfangs, wie er mit dem Geigespielen Geld verdiente. Ich dachte, das Geld käme direkt aus seiner

Geige – er müsste nur viel spielen, dann würden wir auch genug davon haben.

Allerdings trennten sich meine Eltern noch bevor ich vier wurde. Meine Mutter heiratete wieder, und ich war stolz, nun zwei Väter zu haben. Am liebsten hätte ich beide ständig um mich gehabt, aber das ging leider nicht. Warum es nicht ging, verstand ich damals noch nicht. Der Kontakt zu meinem leiblichen Vater ist aber nie abgebrochen. Wir stehen uns bis heute sehr nah. Und das Musikalische verbindet uns auf ganz besondere Weise.

Mein neuer Vater war Arzt, Gynäkologe – das ist er noch. Er betreibt seit vielen Jahren eine eigene Praxis. Wir sind damals einige Male umgezogen, aber dann ließen wir uns in Lippstadt nieder. Meine Mutter und mein »zweiter« Vater stammen von dort. In der Zwischenzeit hatte ich zwei Schwestern bekommen, in Lippstadt kam dann noch mein Bruder hinzu.

Vielleicht war es mir zu der Zeit gar nicht bewusst, aber dadurch, dass wir nun einen Mediziner in der Familie hatten, entwickelte sich irgendwann auch bei mir ein gewisses Interesse an diesem Beruf. Es wäre allerdings übertrieben, würde ich behaupten, dass ich mir von da an keinen anderen mehr vorstellen konnte. Zumal ich in der Schule mit den Naturwissenschaften auf Kriegsfuß stand. Bis auf Biologie wählte ich in der Oberstufe alle ab. Und noch heute habe ich nachts manchmal Albträume, in denen mir immer das Gleiche widerfährt: Ich sitze im Klassenzimmer, brüte über einer Klausur und bekomme Panik, weil mich die Fragen völlig überfordern. Mathe war für mich der reinste Horror, dicht gefolgt von Chemie und Physik. Alles, was ich nicht sehen, nicht anfassen konnte, weigerte sich mein Gehirn zu verstehen.

Dagegen blühte ich geradezu auf, sobald ich ein Instrument in die Hände bekam, dem ich Töne entlocken konnte. Das faszinierte mich. Vielleicht war mein Geschmack für das

Alter – und für ein Mädchen – etwas ungewöhnlich. Zuerst wollte ich unbedingt eine Trompete haben, dann wünschte ich mir ein Horn. Doch meine Eltern kauften mir weder das eine noch das andere. Stattdessen schickten sie mich zum Klavierunterricht. Das Klavier war ja schon da, und zunächst hatte ich auch ein gewisses Interesse daran. Aber es wurde immer mehr zur Qual. Warum – das verstand ich selbst nicht. Wo ich Musik doch so liebte.

Als Nächstes war es dann eine Blockflöte, die gefiel mir schon besser. Aber richtig verliebt habe ich mich erst, als ich zum Saxophon wechseln durfte. Was ein Weilchen dauerte. Ich musste meinen ganzen Dickkopf einsetzen, bis ich meine Eltern überzeugt hatte.

Mein Saxophonlehrer war totaler Jazzfan. Er besaß die wunderbare Gabe, auch andere dafür begeistern zu können. Für mich öffnete sich die Tür zu einer neuen Welt. Saxophon und Jazz – ich wollte nichts anderes mehr. Der Lehrer hatte eine riesige Platten- und CD-Sammlung. Ich lieh mir ständig welche aus und überspielte sie auf Kassette. Die Cover bastelte ich selbst, Hauptsache sie waren schön bunt. Noch besser war natürlich, einen der großen Jazzmusiker live zu erleben. Sobald einer von ihnen in Reichweite von Lippstadt auftrat, fuhren wir hin. Einmal ging es nach Recklinghausen, dort spielte Miles Davis.

Mein Idol war Dexter Gordon, ein Gigant. Seine Musik ist für mich heute noch das Größte. Wobei ich damit zu der Zeit etwas aus dem Rahmen fiel. Die meisten, die damals mit Saxophon anfingen, ließen sich eher von Michael Brecker beeinflussen und von John Coltrane natürlich, noch so ein Genie, der allerdings längst nicht mehr lebte, also auch nichts Neues kreieren konnte. Der stilbildende Saxophonist in den achtziger Jahren war eindeutig Brecker. Es gibt aus der Zeit unheimlich viele, die sich seinen Stil angeeignet haben und ähnlich klingen wie er. Ich bewunderte ihn damals ebenfalls, aber ich wollte nicht so klingen wie er. Ich mochte die Alten, Traditionelleren viel lieber.

Sowieso war das Allerbeste, selbst zu spielen. An der Musikschule existierten verschiedene Ensembles, von der Bigband bis zum Saxophon-Quintett, bei denen man mitmachen konnte. Einige Zeit vor dem Abi schloss ich mich außerdem einer Rockband an. Lippstädter Altrocker, jedenfalls die meisten von ihnen – und aus meiner Perspektive betrachtet, als Schülerin. Das gefiel meinen Eltern überhaupt nicht. Ihr wohlbehütetes Töchterchen, in diesem Umfeld! Sie sahen mich schon auf die schiefe Bahn geraten. Wahrscheinlich wäre mir an ihrer Stelle auch himmelangst geworden. Aber die Musik war mir eben sehr wichtig. Einen Tag vor dem Biologie-Abitur war ein Auftritt mit der Band geplant, da wollte ich natürlich dabei sein. Ich konnte die Jungs doch nicht im Stich lassen. Also schleppte ich mein Bio-Zeug mit zum Soundcheck. Immer, wenn ich mal eine Pause hatte, versuchte ich, mir noch etwas einzubimsen. Mit Erfolg, wie sich herausstellte. Die Abi-Prüfung war besser als alle Bio-Klausuren, die ich jemals geschrieben hatte. Und so war es eigentlich immer: Wenn ich Saxophon spielen konnte, hat mich das für andere Aufgaben gleich mit motiviert.

Deswegen erzähle ich das auch. Ohne Musik wäre ich vermutlich keine Ärztin geworden. Ich hätte Dave, meinen Mann, wohl niemals kennengelernt. Und ich würde heute auch nicht in London leben. Jedes Mal, wenn eine wichtige Weiche in meinem Leben gestellt wurde, war irgendwie die Musik, der Jazz, mit im Spiel.

Am besten, ich fange mit Dave an – wie er in mein Leben kam. Dave ist Musiker, Saxophonist, das erklärt vielleicht schon einiges. Doch bevor ich ihm begegnen sollte, war erst mal ein anderer da, der mir den Kopf verdrehte. Michael hieß der junge Mann. Er kam eines Tages mit dem National Youth Jazz Orchestra nach Lippstadt. Aus London. Das Orchester sollte im Stadttheater spielen. Die jungen Musiker übernachteten bei Gastfamilien. Wir beherbergten zwei. Einer davon war Michael – Anfang zwanzig, attraktiv und ein guter Saxophonist. Ich verknallte mich gleich in ihn, aber er war am nächsten Tag wieder weg, das Orchester reiste weiter. Irgendwann schickte er mir eine Karte aus London, ich sollte ihn besuchen kommen. Ich war achtzehn oder neunzehn und dachte natürlich, das ist die große Liebe. Immerhin hatte er mich an dem Abend in Lippstadt geküsst. Und wer mich küsste, wollte mich bestimmt auch heiraten – was man halt so denkt in dem Alter, noch naiv bis unter die Haarspitzen.

Zumindest kam ich durch Michael das erste Mal nach London. Er hatte kurz darauf Geburtstag, und ich bildete mir ein, mein Besuch würde für ihn das schönste Geschenk sein. Ich will es kurz machen: Dass ich dort plötzlich auftauchte, schien für ihn tatsächlich eine Überraschung zu sein, allerdings in einem etwas anderen Sinne, als ich vorher gedacht hatte. Offenbar war die Einladung auf seiner Karte mehr als Höflichkeitsfloskel gemeint. Jedenfalls stellte sich ziemlich schnell heraus, dass er gar nicht daran dachte, mich zu heiraten.

Es gab aber noch etwas anderes, das mich fast noch mehr ins Grübeln brachte. Hätte mich zu der Zeit jemand gefragt, was ich einmal werden möchte – ich hätte nicht lange überlegen müssen: Musikerin. Das war mein Traum. Nun war ich nicht so blauäugig anzunehmen, mit meinen Fähigkeiten könnte ich es jemals zu einer respektablen Jazzmusikerin bringen. Dafür hatte ich zu spät mit dem Saxophon angefangen. Vor allem hatte ich dafür viel zu viel Respekt vor dem, was guten Jazz ausmachte. Dieses Level würde ich niemals erreichen. Aber Rock- oder Popsaxophonistin – das konnte ich mir durchaus vorstellen.

Michael war da viel besser. Er war richtig gut. Ich orientierte mich an ihm, musikalisch. Aber ich sah eben auch, wie Michael in London wohnte: in einer kleinen Bude, die spärlich eingerichtet war, gemeinsam mit seinem Bruder. Beim Geburtstag hockten wir alle zusammen. Dicke Rauchschwaden waberten durch das enge Zimmer. Sie qualmten Selbstgedrehte, die einen eigenartigen Geruch verströmten. Ein bisschen nach frischem Holz, ein bisschen nach Kräutern, irgendwie süßlich ... Ich hatte keine Ahnung, was sie da rauchten. War ich naiv damals!

Und während wir so dasaßen, sah ich mich um, beobachtete die Jungs, und irgendwann fragte ich mich: Ist das alles, was man als Musiker erreichen kann?

Etwas desillusioniert reiste ich nach Deutschland zurück. Vielleicht hatten meine Eltern doch recht. Die Vorstellung, ich könnte Musik studieren, um mein Leben anschließend als brotloser Künstler zuzubringen, wie sie es ausdrückten, muss ihnen einige schlaflose Nächte bereitet haben. Sie machten keinen Hehl daraus, wie sehr sie sich wünschten, ich würde einen anderen Weg einschlagen. Es musste nicht zwangsläufig Medizin sein, obwohl es sich anbot. Ich hätte später in die Praxis meines Vaters einsteigen können. Wobei ich mich eher für Psychologie interessierte. Ich las damals viel von Sigmund Freud. »Das Ich und das Es«, »Die Traumdeutung«, »Massenpsychologie und Ich-Analyse«, solche Sachen. Wahrscheinlich auch, um mich selbst besser zu verstehen. Oder um mich überhaupt erst einmal kennenzulernen. In dem Alter ist man ja noch auf der Suche, wo man eigentlich hingehört. Psychologie wäre also eine Option gewesen. Woran ich dagegen nicht den kleinsten Funken eines Gedankens verschwendete: dass aus mir eines Tages eine Rechtsmedizinerin werden könnte. Überhaupt lag alles, was irgendwie mit Blut und Operieren zu tun hatte, weit außerhalb meiner Vorstellungskraft.

Obwohl die zweite Begegnung mit Michael recht ernüchternd ausgefallen war, blieben wir in Kontakt. Musikalisch konnte ich nur von ihm lernen. Michael machte dann auch seinen Weg, er spielte später für bekannte Bands wie *Jamiro-*

quai, *Brand New Heavies* und *Gorillaz*. Und jedes Mal wenn er in Deutschland tourte, meldete er sich, damit ich zum Konzert kommen konnte. Einmal war er mit dem Saxophonquartett *Itchy Fingers* unterwegs. Sie hatten einen Gig in Köln. Ich kannte die Band aus der Zeit an der Musikschule. Nicht persönlich, aber das Musikschul-Saxophonquartett hatte mir zum Geburtstag eine *Itchy Fingers*-CD geschenkt, zusammen mit der Anweisung, eines der Stücke für das Quartett rauszuhören und aufzuschreiben. Das sollte quasi mein Einstand sein. Also tat ich es. Und jetzt machte Michael bei denen mit – natürlich fuhr ich hin. Das war der Abend, an dem ich Dave das erste Mal sah. Er spielte auch bei den *Itchy Fingers*.

In der Zwischenzeit hatte ich mein Studium begonnen, an der Uni in Münster. Das lag eine gute Autostunde von Lippstadt entfernt. Entweder fünfundsechzig Kilometer über Landstraßen oder knapp das Doppelte über die Autobahn, zeitlich nahm sich das kaum etwas. Dass es dann doch Medizin geworden war – eine reine Kopfentscheidung. Irgendwie war ich wohl zu sehr Tochter, um die Bedenken meiner Eltern in den Wind zu schlagen. Also hatte die Vernunft gesiegt.

Doch das Grauen der Naturwissenschaften holte mich schneller ein, als ich befürchtet hatte: Physik, Chemie, Biochemie, Physiologie. Und gleich so, dass ich vor lauter Schock bei der nächsten Gelegenheit die Aufnahmeprüfung für Musik auf Lehramt machte. Wenn ich schon keine Jazzsaxophonistin werden konnte, wollte ich wenigstens Zeit für meine Musik haben. Mein Vater war Arzt mit Leib und Seele und immer für seine Patientinnen da, das fand ich absolut bewundernswert. Allerdings kam er nie vor elf Uhr abends aus der Praxis nach Hause. Als Arzt würde ich das Saxophonspielen vergessen können.

Vielleicht war es wichtig, diese Alternative im Hinterkopf zu haben. Auf einmal lief es gar nicht so schlecht. Ich schaffte es, meine Scheine zu machen, selbst in Physik und Chemie. Die ersten zwei Semester gingen ruck, zuck vorüber, doch im dritten türmte sich die nächste Hürde auf: der Anatomiekurs. Dazu gehörte das Präparieren an einer Leiche. Das Präparieren an sich machte mir sogar Spaß. Doch was man alles lernen musste, diese Masse an Informationen, ich fühlte mich regelrecht erschlagen. Nie im Leben, dachte ich, würde ich mir das alles merken können. Kopf und Hals waren die schwierigsten Bereiche. Man stand an der offenen Leiche und musste genau erklären, was was ist, selbst kleinste Strukturen, alles, was die Anatomie des Menschen zu bieten hat. Nach zwei Wochen ging ich einfach nicht mehr hin. Dann eben doch Musiklehrerin, beschloss ich und fing mit dem Lehramtsstudium an.

Dass ich die Medizin am Ende doch nicht hinschmiss, war unter anderem einem Anästhesisten zu verdanken, den ich in dieser kritischen Phase traf. Er arbeitete bei Komapatienten mit Musiktherapie. Diese Kombination fand ich interessant. Irgendwann schüttete ich ihm mein Herz aus. Er zeigte Verständnis, meinte aber, ich solle auf keinen Fall aufgeben.

Manchmal denke ich, es wäre damals hilfreich gewesen, hätte ich ein richtiges Ziel gehabt. Ich studierte Medizin, um Ärztin zu werden, so weit war es klar. Doch wohin genau sollte die Reise gehen? Ärztin wofür? Das wusste ich nicht.

Was ich danach tat, kann man nicht unbedingt logisch nennen. Ich halste mir noch mehr Arbeit auf, studierte parallel Medizin und Lehramt, machte mal Scheine für das eine Fach, mal welche für das andere. Wie ich das hinbekam, weiß ich heute auch nicht mehr, aber es funktionierte. Irgendwie schien mich die Musik zu beflügeln.

An der Uni gab es eine Bigband, da machte ich natürlich auch mit. Geleitet wurde sie von Bob Lanese, einem Amerikaner, der Leadtrompeter bei James Last war, aber auch mit Peter Herbolzheimer, Chet Baker, Robbie Williams, Marius

Müller-Westernhagen und vielen anderen Musikern gespielt hatte. Bob hatte beides drauf: Jazz und Unterhaltungsmusik. Für mich wurde er eine Art Mentor. Und er war derjenige, der in mir den Wunsch weckte, nach Hamburg zu gehen, weg aus Münster. Bob wohnte in Hamburg, er leitete auch dort eine Bigband. Und mich lockte die Großstadt.

Also wechselte ich den Studienplatz, was nicht ganz unkompliziert war, nach einer Weile – ich hatte gerade das erste Staatsexamen in der Tasche – aber doch klappte. Es entpuppte sich als die beste Entscheidung, die ich hätte treffen können. Hamburg war genau richtig für mich. Musikmäßig war gut was los, und zu meinem Glück kam ich sogar in einem Wohnheim unter, das hauptsächlich von Musikstudenten bevölkert wurde. Noch dazu lag es ganz in der Nähe der Uniklinik, besser ging es nicht.

Die neue Stadt und andere Leute waren schon deshalb eine willkommene Veränderung, weil ich davor zwei Monate in London verbracht hatte, in denen ich alles andere als glücklich war. Ich hatte mich am Chelsea and Westminster Hospital für eine Famulatur beworben, die absolvierte ich in der Gynäkologie. Das war eine gute Erfahrung: Patientenaufnahme, Anamnese erfragen, bei Geburten dabei sein und auch bei gynäkologischen OPs.

Eine andere Erfahrung hätte ich mir dagegen nur allzu gern erspart. Sie hing ausgerechnet mit Dave zusammen, der in London wohnte und den ich dort wiedertraf. Es dauerte nicht lange, und ich hatte mich Hals über Kopf in ihn verliebt. Hätte er mir einen Antrag gemacht, wahrscheinlich wäre ich sofort bereit gewesen. Dabei kannten wir uns kaum.

Nur, Dave machte mir keinen Antrag. Er verpasste mir die Abfuhr meines Lebens. Ich hatte keine Ahnung, dass er sich gerade aus einer unseligen Beziehungskiste befreit hatte. Wenn er in dem Moment etwas gebrauchen konnte, dann war es höchstens Trost, aber sicher keine neue Frau an seiner Seite.

Mir brach es das Herz. Ich heulte Rotz und Wasser. Am liebsten hätte ich mich in die Themse gestürzt.

Während sich mein Privatleben wenig erfreulich gestaltete, zumindest was die große Liebe betraf, zeichnete sich beim Studium allmählich ab, in welche Richtung es danach gehen könnte. Noch von Münster aus hatte ich ein Blockpraktikum und später eine Famulatur in der Forensischen Psychiatrie in Lippstadt-Eickelborn gemacht. Das war damals die größte Einrichtung für Maßregelvollzug in Deutschland. Über dreihundert psychisch kranke Straftäter wurden zu der Zeit dort therapiert, darunter Mörder, Kinderschänder, Brandstifter – verurteilte und noch nicht verurteilte, Männer wie Frauen.

Ich hatte mich bewusst für diese Klinik entschieden. Eickelborn ist ein Ortsteil von Lippstadt. Dadurch kannte ich viele Geschichten, die sich um die Klinik rankten. Ein Teil der Angst, die meine Eltern um uns als Kinder hatten, war darauf zurückzuführen. Wenn wir früher irgendwohin wollten, bestanden sie immer darauf, dass uns einer von ihnen hinfuhr und auch wieder abholte.

Eine der schlimmsten Geschichten, die Eickelborn bundesweit in die Schlagzeilen brachte, war damals noch nicht lange her. Ein Insasse der Klinik hatte während eines Freigangs ein siebenjähriges Mädchen aus dem Ort, das zum Tennis wollte, überfallen, in ein Gebüsch gezerrt, gefesselt, vergewaltigt und anschließend mit einem Stilett erstochen. Und fast genau vier Jahre zuvor war einem dreizehnjährigen Mädchen das Gleiche widerfahren, nur dass der Täter sie nicht erstochen, sondern mit einem Holzstück erschlagen hatte.

Jetzt bekam ich die Chance, mir selbst einen Einblick zu verschaffen. Wie ging es in der Klinik, hinter den acht Meter hohen Drahtzäunen, die Tag und Nacht bewacht wurden, zu? Was waren das für Gestalten, die die Menschen draußen für Ungeheuer hielten? Ich konnte mir sogar den Bereich aussuchen und entschied mich für den Hochsicherheitstrakt, wo die schwersten Fälle untergebracht waren.

Ich kann mich nicht mehr entsinnen, ob es Zufall war oder ob ich glaubte, mich damit auf das einstimmen zu können, was mich dort erwartete. Aber ich weiß noch, dass ich damals »Das Schweigen der Lämmer« sah.

Die Realität war anders, aber auch faszinierend – wenn man das so sagen konnte. Ein bisschen wie auf einem anderen Planeten. Allein bis man die Station überhaupt erreicht hatte! Zig Türen mussten auf dem Weg dorthin passiert werden. Jede einzelne wurde erst aufgesperrt und hinter einem sofort wieder verschlossen. Nirgends konnte man sich frei bewegen. Auf der Station heftete ich mich meistens einem der Ärzte an die Fersen. Das war die beste Methode, möglichst viel mitzubekommen. Ich war bei Therapiesitzungen dabei und beobachtete Patienten, wie sie die handwerkliche Beschäftigungstherapie bewältigten. Manchmal zog ich mich aber auch in ein Büro zurück und studierte ihre Akten, um mir ein Bild machen zu können, wie ihr bisheriges Leben verlaufen war, und darüber, was sie verbrochen hatten.

Einer war dabei, der hatte seine Freundin umgebracht, behauptete aber, sie hätten sich gemeinsam für den Freitod entschieden, ihm sei der letzte Schritt nur misslungen. Vielleicht hätte man ihm das sogar abgenommen. Offenbar hatte er versucht, sich die Pulsadern aufzuschlitzen, an beiden Handgelenken. Allerdings war er dabei ziemlich dilettantisch vorgegangen. Weder hatte er tief genug geschnitten noch in die Richtung, die am sichersten zum Tod geführt hätte. Was aber vor allem gegen seine Version vom geplanten Doppelsuizid sprach: Die Verletzungen, die an der Leiche seiner Freundin festgestellt wurden, konnte sich diese unmöglich allein zugefügt haben. Es gibt Lebensmüde, die es schaffen, sich selbst ein Messer ins Herz zu rammen. Solche Fälle passieren nicht täglich, aber sie kommen vor. Der Oberkörper seiner Freundin jedoch war regelrecht perforiert worden. Mit über zwanzig Messerstichen, so stand es im Obduktionsprotokoll.

Bei dem jungen Mann wurde eine narzisstische Persönlichkeitsstörung diagnostiziert. Er hatte mit seiner Freundin in einer Art Traumwelt gelebt, in der sich alles nach seinen Regeln fügte. Vorbild waren alte französische Filme, in denen sich die Protagonisten gegen bürgerliche Werte und Normen auflehnten, indem sie sich von einem Teil ihrer Umwelt abkapselten und ein Bohemeleben zelebrierten, das in dem krampfhaften Bestreben, anders sein zu wollen als die Masse, freier und selbstbestimmter, total ritualisiert war. Auch das Miteinander der beiden jungen Leute bestand aus einer Anhäufung von Ritualhandlungen, die dazu dienten, sich ständig in dem Gefühl bestätigt zu wissen, man sei glücklich und niemand könne dieses Glück trüben. Sie stritten zum Beispiel niemals. Nicht etwa, weil ihre Beziehung über alle Maßen harmonisch verlaufen wäre, es keine Konfliktpunkte gegeben hätte. Sie hatten sich angewöhnt, Auseinandersetzungen schon im Keim zu ersticken – eben durch Ritualhandlungen. Sex war eine davon.

Die beiden waren Studenten gewesen, ungefähr in meinem Alter. Wahrscheinlich zog mich ihre Geschichte auch deshalb so in den Bann. Jedenfalls muss der jungen Frau irgendwann klargeworden sein, in was sie da hineingeraten war. Sie wollte ausbrechen, ihn verlassen, aber das hätte sein Ego nicht verkraftet. Es wäre in Ordnung gewesen, hätte er Schluss gemacht. Aber umgekehrt – das konnte er nicht hinnehmen. Einen wie ihn verließ man nicht. Deswegen musste sie sterben. Alles andere, die Geschichte mit dem geplanten Freitod und die läppische Selbstverletzung, hatte ihn nur davor bewahren sollen, für seine Tat zur Verantwortung gezogen zu werden.

Ein anderer Patient, den ich in einer Therapiesitzung erlebte, hatte seine Frau umgebracht, anschließend zerstückelt und die Einzelteile, verpackt in Müllsäcken, in einem abgelegenen Waldstück verscharrt. Außer ihren Kopf, den hatte er behalten, als wäre das seine Trophäe gewesen. Die Polizei fand den Kopf schließlich im Kofferraum seines Autos, in einem Karton, mit dem er offenbar tagelang durch die Gegend kutschiert war. Hätte ich dem Mann nicht gegenübergesessen, sondern nur seine Geschichte gehört, ich hätte ihn mir ganz anders vorgestellt. So aber wirkte er wie ein armseliges kleines Würstchen, das nicht mal einer Fliege etwas zuleide tun könnte.

Überhaupt begegnete mir in der Klinik kaum jemand, dem man seine Tat beziehungsweise seine Taten angesehen hätte. Nicht wie im Film, wo man den Bösewicht schon erkennt, sobald er das erste Mal durchs Bild huscht, da muss noch gar kein Verbrechen geschehen sein. Eine der wenigen Ausnahmen war ein Sexualstraftäter, der drei oder vier Frauen vergewaltigt und erstochen hatte. Ein baumlanger Kerl, wuchtiger Schädel mit Halbglatze, aknevernarbtes Gesicht, als wäre die Haut Borke, dunkle, fast schwarze Augen, Hände groß wie Bratpfannen und zusammen mit den Armen mehrfarbig tätowiert ... vor dem konnte man echt Angst kriegen.

Das ist es, was ich später machen werde, dachte ich: in so einer Klinik arbeiten, forensische Psychiatrie. Erforschen, warum jemand zur Bestie wurde, was schieflief in seinem Leben, wieso die üblichen Kompensationsmechanismen bei ihm nicht funktionierten, er kein anderes Ventil fand als brutale Gewalt?

Damit war die Richtung zumindest schon mal vorgesteckt, auch wenn es dann doch etwas anders kam. Ein Grund dafür war, dass ich später, während meines praktischen Jahres, noch einmal in einer Forensischen Klinik arbeitete und dabei zu einer neuen Erkenntnis kam. Nämlich dass psychisch kranke Straftäter eher selten die Frage nach dem Warum beantworten. Die wenigsten sind bereit, die wahren Beweggründe ihres Handelns zu offenbaren. Aber auch der Ansatz, mit dem einige Psychiater an die Problematik herangingen, deckte sich nicht mit dem, was mir vorschwebte. Sie meinten, sie wollten weder den Tatort selbst noch Bilder davon sehen, und auch die Lektüre des Obduktionsberichts hielten sie nicht für erforderlich. All dieses Wissen würde sie nur daran hindern, sich dem Täter unbefangen zu nähern. Das mochte vielleicht so sein, trotzdem war meine Sichtweise eine andere. Ich wollte beides nicht losgelöst voneinander betrachten – hier die Tat und dort der Täter. Gerade Informationen vom Tatort und vom Zustand des Opfers schienen mir bedeutsam, da sie immer auch etwas über die Persönlichkeit eines Täters verrieten. Aber gut, da konnte man sicherlich unterschiedlicher Meinung sein.

Warum also Rechtsmedizin? Abgesehen von dieser Vorgeschichte, durch die ich mit einer der Schnittstellen zwischen Medizin und Kriminalistik in Berührung kam, die ich ungeheuer spannend fand, war es wohl vor allem die Suche nach klaren Antworten, die mich dorthin lenkte. Vielleicht wäre ich schon früher darauf gekommen, dass Rechtsmedizin das Fach war, das mich am meisten interessierte. Noch während ich in Münster studierte, hatte ich ein paar Stunden im dortigen Institut für Rechtsmedizin zu absolvieren. Bei einer wurden wir mit einer Bahnleiche konfrontiert, aber das schockierte mich nicht. Eher weckte es meine Neugier: Welche Informationen ließen sich bei der Obduktion des Leichnams noch gewinnen? Würde man feststellen können, was genau die Todesursache war? Und ließen sich womöglich sogar Verletzungsspuren finden, die verrieten, dass die Person sich gar nicht selbst vor den Zug geworfen hatte, sondern von fremder Hand getötet und erst nachträglich zur Verdeckung der Straftat auf die Gleise gelegt worden war?

Was mich damals daran hinderte, gleich in diese Richtung zu denken, war der Respekt, den ich vor dem Fach hatte. Vor allem der Bereich Pathologie schreckte mich ab. Ich dachte, so viel medizinisches Wissen kann man sich gar nicht aneignen, um gut genug dafür zu sein.

Eine amüsante Episode fällt mir zu Münster noch ein: Am Ende des Rechtsmedizinkurses wurde ich zum Komplex autoerotische Unfälle geprüft. Mein Lieblingsthema war das nicht. Heute wäre ich um einiges abgeklärter, aber damals fand ich es ziemlich unangenehm, mich ausgerechnet dazu auslassen zu müssen. Trotzdem lief die Prüfung ganz ordentlich, zumindest bis zu dem Moment, als der Prüfer wissen wollte, warum die Leute so etwas überhaupt machten. Also warum manche Männer ihren Penis in ein Staubsaugerrohr steckten oder sich einen Draht in die Harnröhre schoben oder Hodensack und Penis abschnürten oder sich selbst beim Onanieren strangulierten. Oder warum manche Frauen sich eine Flasche in die Scheide einführten oder Gewichte an die Schamlippen klammerten oder eine Plastiktüte über den Kopf stülpten, während sie masturbierten. Solche Sachen eben. Ich versuchte eine Erklärung, natürlich möglichst wissenschaftlich. Mit der schien der Prüfer aber nicht zufrieden zu sein. Ich setzte wieder an, und er stellte wieder die gleiche Frage; so ging es eine Weile. Irgendwann war ich mit meinem Latein am Ende, mir fiel nur noch ein Satz ein: »Weil es ihnen offenbar Spaß macht.«

In Hamburg verfestigte sich dann der Gedanke, Rechtsmedizin könnte das Richtige für mich sein. Im Vorlesungsverzeichnis der Uni wurden einige Sachen angeboten, die nicht Pflicht waren, fakultativer Unterricht sozusagen, Seminare und Vorlesungen. Eins der Seminare hieß unter uns Studenten nur »Püschels Erzählstunde«. Professor Klaus Püschel war – und ist – der Leiter des Hamburger Instituts für Rechtsmedizin.

Falls ich es richtig erinnere, fand die »Erzählstunde« einmal pro Woche statt, vielleicht auch nur alle vierzehn Tage. Meistens war es eine Handvoll Studenten, die sich in seinem Arbeitszimmer am großen Besprechungstisch versammelte, um ihm zu lauschen. Er berichtete dann von Fällen, mit denen sie am Institut beschäftigt waren. Gab es gerade mal keine, die ihm interessant genug erschienen, schilderte er welche aus der Vergangenheit, in allen Details, sein Gedächtnis schien sie wie ein Computer gespeichert zu haben. Ob neue oder alte, spannend waren sie alle.

Und als dann die Zeit kam, sich ein Thema für die Doktorarbeit zu suchen, fiel mir zuerst Professor Püschel ein. Er hatte drei Themen zur Auswahl. Ich entschied mich dafür, die nächsten Monate damit zu verbringen, Tötungsdelikte mit sexuellem Hintergrund, die zwischen 1974 und 1998 in Hamburg geschehen waren, auf ihre forensisch-medizinischen und kriminologischen Aspekte hin zu untersuchen.

Damit hatte ich mir einen ordentlichen Batzen Arbeit aufgehalst. Denn bevor ich mich der Analyse einzelner Fälle widmen konnte, musste ich diese erst einmal finden. Für den ausgesuchten Zeitraum, immerhin fünfundzwanzig Jahre, waren beim Landeskriminalamt Hamburg 1158 Tötungsdelikte registriert, nur die gerechnet, die vorsätzlich verübt und auch vollendet wurden. Also durchforstete ich Hunderte von Polizeiakten, Sektionsprotokollen und Gerichtsunterlagen nach Kriterien, die für einen sexuellen Hintergrund der Tat sprachen: Auffindesituation des Opfers, Bekleidungszustand, Zeugenaussagen, Verletzungsmuster und Hinweise auf sexuelle Handlungen oder Ersatzhandlungen, die vor, während oder nach dem eigentlichen Tötungsvorgang vorgenommen wurden. Manchmal waren es auch die dokumentierten Aussagen der Täter, die die sexuelle Motivation offenbarten, die hinter ihrem Vorgehen steckte. Wobei nicht in jedem Fall die Tötung von vornherein geplant war. Jemanden umzubringen, um auf diese Weise seinen Geschlechtstrieb zu befriedigen, das kam äußerst selten vor. Weitaus häufiger entstand die Tötungsabsicht erst nach dem Sexualdelikt, aus Angst vor Bestrafung. Oder es kam beim ursprünglich einvernehmlichen Sex zum Streit, der eskalierte und tödlich endete. Allerdings war nicht immer eindeutig, worin das Tatmotiv tatsächlich bestand. Besonders in den frühen Jahren, die ich auswertete, wurde bei Tötungsdelikten ein sexuelles Motiv häufig ausgeschlossen, wenn es keine Aussagen vom Täter oder von Zeugen dazu gab und bei der Obduktion der Leiche weder nachgewiesen werden konnte, dass Geschlechtsverkehr stattgefunden hatte, noch Verletzungen im Genitalbereich des Opfers gefunden wurden.

Am Ende blieben hundertneunundzwanzig Fälle mit hundertneun weiblichen Opfern und zwanzig männlichen. Sechsundachtzig Fälle davon waren aufgeklärt und die Täter rechtskräftig verurteilt worden. Bei den anderen dreiundvierzig konnten entweder keine Täter ermittelt werden, oder es war nicht gelungen, den Tatverdächtigen die Tat nachzuweisen.

Aufschlussreich war die Statistik, die ich im Zuge meiner Studien herausfilterte, auch in anderen Punkten: Das Alter der Opfer lag zwischen sechs und zweiundneunzig Jahren. Beinahe die Hälfte von ihnen war unter dreißig Jahre alt gewesen, als sie umgebracht wurden, fast ein Fünftel war über sechzig. Bei den Tätern fiel die Spannbreite nicht so groß aus. Der Jüngste war vierzehn gewesen, der Älteste vierundsechzig, und mehr als die Hälfte hatte zum Tatzeitpunkt die Dreißig noch nicht überschritten gehabt. Die Mehrheit der Täter – fünfundsechzig Prozent – hatte Alkohol konsumiert, bevor sie tötete. Und fast genauso viele waren vorbestraft, etwa ein Drittel davon »einschlägig«, das heißt wegen Sexual- oder Tötungsdelikten.

Die Erkenntnis, dass die Taten am häufigsten spätabends

oder nachts verübt wurden, überraschte mich wenig. Dagegen fiel mir keine plausible Erklärung ein, warum Täter bestimmte Wochentage bevorzugen könnten. Die meisten Fälle waren an einem Freitag geschehen, gleich dahinter lag der Dienstag. Am seltensten tauchte der Montag als Tattag auf. Aber wahrscheinlich war das Zufall.

Als häufigste Todesursache kam Strangulation, entweder in Form von Erdrosseln oder Erwürgen oder in Kombination, vor, gefolgt von scharfer Gewalt, womit hauptsächlich Stich-, Schnitt- oder Hiebverletzungen gemeint waren. Dagegen starben lediglich zwei Opfer durch Schüsse, beide Male abgefeuert aus einer Pistole, Kaliber 7,65. Zwei andere überlebten jeweils eine anale Pfählung nicht. Bei beiden hatte sie zu einer Entzündung des Bauchfells geführt, die schließlich todesursächlich war.

Häufig wurden mehrere Arten von Gewalt angewendet, um das Opfer zu töten, zum Beispiel Strangulation in Kombination mit stumpfer oder scharfer Gewalt. Diese Mehrfachanwendung von Gewalt, die jede für sich zum Tod geführt haben konnte, hatte nicht selten zur Folge, dass die Rechtsmediziner später nicht sicher klären konnten, welche Art der Gewalteinwirkung nun tatsächlich todesursächlich gewesen war.

Nicht jedes Mal wurde hinterher eine Tatwaffe gefunden. Und es konnten auch nicht immer anhand der am Opfer festgestellten Verletzungen Rückschlüsse auf ein mögliches Tatwerkzeug gezogen werden. Trotzdem hatte ich am Ende eine ziemlich lange Liste beieinander, mit zum Teil recht ungewöhnlichen Gegenständen. Dass Schals, Halstücher, Krawatten, Kabel, Strumpfhosen, Drahtschlingen, Stricke und Gürtel verwendet wurden, um ein Opfer zu drosseln – gut, sich das vorzustellen, erforderte keine besondere Phantasie. Aber in meiner Übersicht fanden sich auch solche Dinge wie: Stoffhund, Taschentuch, Gehwegplatte, Gullideckel, Säge, Aschenbecher, Bajonett, Weinflasche, Pfeffermühle, Nagelfeile, Hammer, Toilettenbürste, Ondulierstab, Äther, Salzsäure. Dass es so viele waren, hatte damit zu tun, dass sie unterschiedlichen Zwecken gedient hatten. Neben der eigentlichen Tötungshandlung waren sie benutzt worden, um Kontrolle über das Opfer zu erlangen, um eine Verhaltensänderung des Opfers herbeizuführen, sie hatten der Befriedigung von Täterbedürfnissen gedient oder zur Opferbeseitigung. Die Salzsäure zum Beispiel, um die Leiche aufzulösen.

Was im Zusammenhang mit den Tatwerkzeugen auffiel: Bis auf wenige Ausnahmen hatte keiner der Täter eine Waffe oder einen Gegenstand mitgebracht, der im Nachhinein darauf hätte schließen lassen, dass er mit dem festen Vorsatz erschienen war, sein Opfer zu töten.

Der Stoffhund etwa, der in meiner Liste der Tatwerkzeuge auftauchte, war zum Knebeln eines Opfers benutzt worden. Wahrscheinlich hatte der Täter nach dem nächstbesten Gegenstand gegriffen, der ihm für sein Vorhaben geeignet erschien.

Ein wesentlicher Aspekt, um eine Tat rekonstruieren und gleichzeitig wichtige Rückschlüsse auf die Persönlichkeit des Täters und seines Motivs ziehen zu können, ist die Art der Verletzung, die er dem Opfer zugefügt hat, und vor allem der Zeitpunkt, an dem das geschah. Durch die Bestimmung des Alters einer Wunde lässt sich beispielsweise feststellen, ob jemandem Verletzungen über einen längeren Zeitraum zugefügt wurden, während er noch lebte, oder ob sie Bestandteil der eigentlichen Tötungshandlung waren. Ersteres könnte für eine sadistisch motivierte Tat sprechen. Sadisten ziehen Befriedigung aus der Reaktion ihrer Opfer, die sie daher möglichst lange quälen. Sie gehen oft sehr planend vor.

Aufschlüsse über die Psyche und das Wesen eines Täters liefert oft auch sein Verhalten nach der Tötungshandlung, besonders wenn dieses die Zerstückelung oder Verstümmelung des Opfers beinhaltet. Damit meine ich weniger Täter, die ihr Opfer postmortal in Stücke zerteilen, um es besser beseitigen zu können. Interessanter – aus psychologischer Perspektive – sind die, denen es ein inneres Bedürfnis ist, zu solchen Maßnahmen zu schreiten, aus Rache zum Beispiel oder aus einem sexuellen Bedürfnis heraus.

Auch in dieser Hinsicht hatten die untersuchten Fälle einiges aufzuweisen, das schaurig zu nennen keineswegs übertrieben war. Gleich in drei Fällen hatten die Täter ihren Opfern, Frauen zwischen zweiundvierzig und einundfünfzig Jahren, nachdem sie tot waren, mit einem Messer die Brüste ab- und die Genitalregion herausgeschnitten und anschließend mit Hilfe einer Säge Arme, Beine und Kopf vom Körper abgetrennt. Einem einundfünfzigjährigen Mann wurde der Penis abgeschnitten – von einem Täter, der erst vierzehn war. Ähnlich verstümmelt sah die Leiche eines Einundvierzigjährigen aus, ihm fehlten Penis und Hoden. Einem jungen Mann wiederum, der im Strichermilieu verkehrte, wurden außer den Extremitäten und dem Kopf auch Penis und Zunge entfernt. Der Täter hatte dabei ein Messer, eine Säge und eine Axt benutzt.

»Seelische Abartigkeit aufgrund sadistisch gefärbter Vernichtungstendenzen« bescheinigte ein psychiatrischer Gutachter einem vierundzwanzigjährigen Arbeitslosen, der in der Wohnung einer befreundeten Nachbarsfamilie ein wahres Blutbad hinterlassen hatte. In den Akten fand ich Fotos, die im Elternschlafzimmer entstanden waren, dem Tatort. Eines zeigte einen Jungen. Er lag in einem Schlafanzug, der blutverschmiert war, auf dem Bett, neben ihm ein Säbel. Damit hatte ihm der Täter zahlreiche Stich- und Schnittverletzungen im Brust- und Bauchbereich zugefügt. Außerdem hatte er mit der gleichen Waffe den Schädel des Jungen durchbohrt. Bei der Obduktion fand man heraus, dass sämtliche Verletzungen zu

Lebzeiten entstanden waren. Der Junge, gerade zehn Jahre alt, war verblutet.

Auf einem anderen Foto war die fünfunddreißigjährige Mutter des Jungen zu sehen. Sie lag nackt neben dem Bett rücklings auf dem Boden. Um ihren Hals war eine Kinderstrumpfhose geknotet. Der junge Mann hatte sie stranguliert. Aber das war ihm offenbar nicht genug gewesen. Der Frau fehlten beide Brüste. Er hatte sie ihr mit einem Messer abgeschnitten. Außerdem war die Bauchhöhle eröffnet. Neben der Leiche lagen Teile des Darms und ein Teil ihres Magens. Und auch die Gebärmutter hatte er ihr herausgeschnitten. Die befand sich in der Mundhöhle des Opfers. Die Organe, die noch in der Bauchhöhle waren, wiesen mehrere Stichverletzungen auf, die postmortal entstanden waren, also nach Eintritt des Todes.

Aber damit hatte das Grauen noch kein Ende. Quer über dem rechten Bein, auf Höhe des Knies, lag eine dritte Leiche, die der achtjährigen Tochter. In ihrer Brust steckte ein Bajonett. Es war durch den kompletten Körper hindurchgespießt. Auch der Bauchraum des Mädchens war eröffnet worden. Der Dünndarm lag seitlich neben der Leiche. Stattdessen hatte ihr der Täter den der Mutter in den Bauch gesteckt. Aber all das musste der Täter verursacht haben, nachdem er das Mädchen getötet hatte. Auch um den Hals der Achtjährigen war eine Strumpfhose geknotet. Sie war auf die gleiche Weise wie ihre Mutter gestorben.

Gefunden hatte die Leichen der Familienvater. Man kann sich den Schock nicht vorstellen, den er erlitten haben muss.

Der junge Mann, der das Massaker angerichtet hatte, lebte nur ein paar Schritte von der Familie entfernt, in der Wohnung seiner Mutter. Sie alle kannten sich, der Täter war bei der Familie ein und aus gegangen. Für den Abend, als die Tat geschah, hatte er sich angeblich mit der fünfunddreißigjährigen Frau zum Fernsehen verabredet. Ihr Mann hatte Nachtschicht. Wie üblich bei solchen Anlässen, hätten sie reichlich Alkohol getrunken. Irgendwann habe er versucht, seine Nachbarin zu vergewaltigen. Als die drohte, ihn anzuzeigen, wenn er nicht aufhörte, habe er nur noch Rot gesehen, sei völlig ausgerastet, wie er später im Verhör gestand. Erst habe er die Frau getötet, dann die Kinder, die durch den Lärm nacheinander aufgewacht seien.

Vermutlich hätte die Tat verhindert werden können, auch wenn das wie eine der üblichen Floskeln klingt, die nach Gewaltverbrechen häufig durch die Medien geistern, mal mehr, mal weniger begründet. Hier aber scheint diese Vermutung tatsächlich angebracht. Nicht nur, weil seine sexuelle Entwicklung praktisch seit der Kindheit anormal verlief. Das äußerte sich etwa darin, dass er gern Frauenkleider trug, wenn er masturbierte. Zur Stimulanz bastelte er sich eigene Pornohefte, für die er entsprechende Bilder in Stücke schnitt und diese dann so zusammenfügte, dass die Körper keine normalen Körper mehr waren. Entscheidender hätte sein können, dass er zwei Jahre vor der Tat gemeinsam mit einem Cousin, der wie er erwachsen war, seine zwölfjährige Cousine erst mit einem abgesägten Besenstiel vaginal penetrierte und anschließend zum Geschlechtsverkehr zwang und dazu, ihn oral zu befriedigen. Wäre diese Tat damals gleich bekannt geworden, hätte man ihn früher weggeschlossen. Aber davon erfuhr die Polizei erst nach dem Dreifachmord. Dem Täter wurde eine »erheblich verminderte Schuldfähigkeit attestiert«. Das Gericht verurteilte ihn zu fünfzehn Jahren Haft und Unterbringung in einer geschlossenen psychiatrischen Anstalt.

Zwei andere Täter, mit denen ich mich im Zuge meiner Studie intensiv beschäftigte, hatten Jahre später für ähnliches Aufsehen gesorgt. Der eine erlangte als »Heidemörder« eine gewisse, wenn auch zweifelhafte Berühmtheit. Bevor er gefasst wurde, hatte er im Zeitraum von ziemlich genau drei Jahren drei junge Frauen getötet. Die Erste hatte er mit einem Kabel erdrosselt, die Zweite mit den Händen erwürgt, die Dritte starb durch eine Kombination aus Drosseln und Würgen. Alle drei waren vor ihrem Tod vergewaltigt und gequält worden.

Seit seiner Verurteilung ist der »Heidemörder« im Maßregelvollzug untergebracht. Ihm wird eine hohe Rückfallwahrscheinlichkeit bescheinigt. Er gilt als nicht therapierbar.

Letzteres trifft auch auf den anderen Täter zu, der als »Säurefassmörder« in die Annalen der Hamburger Kriminalgeschichte einging. Der sadomasochistisch veranlagte Mann wurde wegen zweifachen Mordes, versuchten schweren Raubes in Tateinheit mit Freiheitsberaubung und wegen erpresserischen Menschenraubes zu lebenslanger Haft und anschließender Sicherheitsverwahrung verurteilt. Er ist inzwischen Mitte sechzig, und es ist davon auszugehen, dass er die restliche Zeit seines Lebens hinter Gittern verbringen wird.

Die Taten ereigneten sich in der zweiten Hälfte der achtziger Jahre. Zunächst entführte er eine einundsechzigjährige Frau, die er eine Woche lang im Keller seines Reihenhauses gefangen hielt und folterte, bevor er sie tötete und ihre Leiche zerstückelte. Zweieinhalb Jahre später war es dann eine einunddreißigjährige Frau, die er in das unterirdische Verlies sperrte, sexuell missbrauchte und auch auf andere Weise quälte. Die sadomasochistischen Handlungen, die er an ihr vornahm, dokumentierte er auf Polaroidfotos. Außerdem zwang er die Frau, eine Tonbandkassette zu besprechen, wobei sie die perversen Praktiken in allen Details zu schildern hatte. Ungefähr vier Wochen dauerte das Martyrium, dann brachte er auch sein zweites Opfer um und zerstückelte es.

Beider Leichen entledigte er sich, indem er jede in ein Fass mit Salzsäure verfrachtete, die er wiederum im Garten vergrub, das mit seinem ersten Opfer hinter dem Reihenhaus, das andere auf seinem Wochenendgrundstück rund fünfzig Kilometer entfernt. Damit es für ihr Verschwinden eine Erklärung gab, hatte er beide Frauen vor ihrem Tod dazu gebracht, Abschiedsbriefe und Postkarten zu schreiben, die er später aus dem Ausland an ihre Verwandtschaft schickte. Jedes Mal hieß es, sie wollten in der Fremde ein neues Leben beginnen und wünschten zu ihren Angehörigen keinen Kontakt mehr.

Ob die Mutter der Einunddreißigjährigen die Einzige war, die daran zweifelte, dass sich ihre Tochter ins Ausland abgesetzt haben könnte, weiß ich nicht. Auf jeden Fall war sie diejenige, die die Polizei auf die Spur des »Säurefassmörders« brachte. Allerdings erst dreieinhalb Jahre nach der Tat. Und auch nur, weil er in der Zwischenzeit eine dritte Frau entführt und gequält hatte, die im Unterschied zu den anderen lebend davongekommen war. Ihr Peiniger wurde kurz darauf verhaftet und ein paar Monate später vor Gericht gestellt. Und im Gerichtssaal saß dann auch die Mutter der Einunddreißigjährigen, der Parallelen zum Verschwinden ihrer Tochter auffielen. Mit ihrem Verdacht wandte sich die Frau an eine der ermittelnden Kriminalbeamtinnen, die sich daraufhin die alten Vermisstenfälle vornahm und alles ins Rollen brachte.

Zuerst entdeckte die Polizei das Säurefass, das der Täter auf dem Wochenendgrundstück vergraben hatte. Durch die Salzsäure waren die Leichenteile, die sich darin befanden, stark zersetzt worden. Dennoch konnte man Kopf, Rumpf, das linke Knie, den rechten Fuß und beide Arme noch als solche erkennen. Die Arme waren auf dem Rücken gefesselt. Unterhalb des linken Knies fanden sich Sägespuren. Das Haar des Opfers war nicht länger als einen Millimeter, er hatte ihr den Kopf geschoren. Den Beweis dafür lieferten die Polaroidfotos, die zusammen mit der Kassette in seiner Wohnung gefunden wurden. Dort im Keller lag auch eine Fleischersäge, die er offenbar zum Zersägen der Knochen benutzt hatte. Die Spuren stimmten überein. Dass es sich zweifelsfrei um die vermisste, bei ihrem Verschwinden einunddreißigjährige Frau handelte, konnte mit Hilfe des Zahnstatus und des Gebissbefundes nachgewiesen werden. Nicht mehr festzustellen war, wie der Täter sie umgebracht hatte.

Damit waren die Rechtsmediziner beim Inhalt des zweiten Fasses noch mehr überfordert. Einzelne Gewebestrukturen ließen sich darin noch ausmachen, die sie als menschliche Haut- und Hirnanteile identifizierten. Dazu einige Amalgamfüllungen und Goldkronen. Ansonsten aber – eine einzige amorphe Flüssigkeit. Die Salzsäure hatte in den sechs Jahren, seit die Leiche in dem Fass steckte, ihre Wirkung hinterlassen. Einen guten Hinweis lieferte noch eine Goldkrone, bei der es sich um eine sogenannte Ringdeckel- oder auch Bandhülsenkrone handelte. Diese Art der Überkronung wurde – zumindest in den alten Bundesländern – seit über zehn Jahren nicht mehr oder nur äußerst selten angewendet. Man konnte also zumindest davon ausgehen, dass es die Reste des Leichnams einer älteren Person waren. Außerdem hatte der Täter selbst erzählt, dass er die Leiche der Einundsechzigjährigen in dem Fass vergraben hatte.

Mit ihrem Tod und auch mit dem des jüngeren Opfers wollte er vor Gericht dann allerdings nichts zu tun haben. Ohnehin schwieg er die meiste Zeit während der Verhandlung. Und wenn er sich doch einmal zu den Vorwürfen gegen ihn ausließ, fabulierte er die absurdesten Geschichten. Einmal sollte eine ominöse Organmafia die Frauen getötet und »ausgeschlachtet« haben. Er habe danach lediglich ihre Leichen beseitigt. Dann wieder sollte das erste Opfer unglücklich eine Treppe hinuntergestürzt sein und sich dabei das Genick gebrochen haben, während das zweite Opfer in einer Sauna zu Tode gekommen sei. Dort hätten er und die Frau Sex gehabt, bis sie ihm auf einmal in seinen Penis gebissen habe, und zwar so heftig, dass es an der Stelle blutete. In dem Augenblick habe er sie erschrocken von sich gestoßen und sei hinausgelaufen, um die Wunde zu verarzten. Durch den Stoß müsse sie unglücklich gestürzt sein.

Fünfzehn Monate zog sich der Prozess vor dem Schwurgericht hin. Insgesamt dreiundneunzig Verhandlungstage brauchte es, ehe das Urteil gesprochen werden konnte. Im Fall der jüngeren Frau sah es das Gericht am Ende als erwiesen an, dass der Angeklagte sie aus sexuellen Gründen getötet hatte, aus Mordlust oder zur Befriedigung seines Geschlechtstriebs. Das war ihm bei dem älteren Opfer nicht nachzuweisen. Hier ging das Gericht von einer Tötung aus Habgier und zur Verdeckung einer Straftat aus. Damit wertete es beide Fälle als Mord. Also lebenslänglich, dazu die Feststellung der besonderen Schwere der Schuld und anschließende Sicherheitsverwahrung – ein härteres Urteil gibt es in der deutschen Rechtsprechung nicht.

Auch wenn ich nur beschriebenes Papier vor mir hatte, es war eine spannende Aufgabe, in solche Fälle »einzusteigen« und sich in die Ermittlungen hineinzuversetzen. Natürlich waren von den hundertneunundzwanzig nicht alle derart spektakulär wie die drei erwähnten. Auch wenn jeder einzelne Fall tragisch war, Tötungsdelikte mit sexuellem Hintergrund sind vergleichsweise selten. Die Zahlen waren in dem Untersuchungszeitraum, mit dem ich mich in meiner Arbeit befasste, sogar leicht rückläufig, was der Mediendarstellung ziemlich widersprach. Aufgrund des zunehmenden öffentlichen Interesses an derartigen Fällen konnte man leicht den Eindruck gewinnen, dass diese ständig zunahmen. Spätestens seit »Das Schweigen der Lämmer« waren Thriller in Mode, in denen psychopathische Serienkiller ihre Opfer reihenweise auf höchst komplexe Art und Weise ermordeten. Daher waren die rückläufigen Zahlen in der Realität für mich etwas überraschend.

Allerdings bildete Hamburg, wie ich erfuhr, damit keine Ausnahme. Auch bundesweit sank die Zahl solcher Taten, und dieser Trend hält bis heute an.

Und noch eine Sache weckte mein Interesse: die relativ schlechte Aufklärungsquote. Sie lag bei gerade einmal siebzig Prozent und damit rund zwanzig Prozent unter dem Schnitt, wenn man sie auf die Quote bezog, die sich für die Gesamtheit aller Tötungsdelikte ergab. Als Ursache hierfür kamen vor allem jene Fälle in Betracht, bei denen Täter und Opfer sich vorher nicht gekannt hatten. Das sind auch heute noch die, deren Aufklärung die größten Schwierigkeiten bereitet, da es häufig kaum Ermittlungsansätze gibt. Dagegen hatte bei den aufgeklärten Fällen mehrheitlich eine Vorbeziehung zwischen Tätern und Opfern bestanden.

In diesem Zusammenhang war ich auf ein kriminalistisches Werkzeug gestoßen, das in den USA vom FBI entwickelt wurde und – in modifizierter Form – zunehmend auch bei uns Akzeptanz zu finden schien: die operative Fallanalyse, auch OFA genannt. Aus den Staaten herübergeschwappt war zuerst der Begriff des Profilers. Deswegen denken noch immer viele, das Wort Fallanalyse beschreibe das Erstellen eines Täterprofils. Dabei ist das nur ein Aspekt von mehreren. Um ein solches Täterprofil erstellen zu können, muss man zunächst den Tathergang analysieren. Und dabei sind unter anderem rechtsmedizinische Befunde von Bedeutung. Die wiederum sind am besten zu interpretieren, wenn man die Verletzungsmuster am Opfer nicht losgelöst betrachtet, sondern im Kontext mit den Spuren am Tatort. Also war es wichtig – so verstand ich es –, dass sich ein Rechtsmediziner damit auskannte, wie eine Fallanalyse vonstattenging, was alles dazugehörte und wie er selbst etwas dazu beitragen konnte.

Ich denke, man merkt, wie sehr mich das Thema fesselte. Ich konnte es kaum abwarten, aus der theoretischen Welt in die praktische zu wechseln. Tatsächlich fügte es sich, wie ich es mir gewünscht hatte: Nach der Zeit als »Arzt im Praktikum« bekam ich eine Stelle am Hamburger Institut für Rechtsmedizin.

Und auch die Sache mit Dave kam ins Lot, allerdings sollte das noch ein Weilchen dauern.

III.
Ein verhängnisvoller Abend

Die Frau lag im Bett, zugedeckt bis übers Kinn. Von der Schlafzimmertür aus hätte man meinen können: welch friedliches Bild. Auf dem Nachttisch, neben einer kleinen Stehleuchte, saß ein Stoffbär, blauweiß kariert. Zu seinen Füßen ein aufgeschlagenes Buch, mit den Seiten nach unten, darauf eine Brille, beide Bügel ausgeklappt, als hätte die Frau sie eben erst abgesetzt und dorthin gelegt. Und auch sonst schien niemand etwas in Unordnung gebracht zu haben. Im Gegenteil, die Bettdecke, die mit einem großflächigen Blumenmuster verziert war, sah aus, als wäre sie extra noch einmal glattgestrichen worden. Wohin ich auch sah, nichts im Zimmer deutete darauf hin, was hier in der zurückliegenden Nacht geschehen sein musste.

Davon bekamen wir – ich war mit einem Kollegen dort – erst eine Ahnung, als wir hineingingen und näher ans Bett traten. Einer der Kriminalbeamten, der uns im Hausflur entgegengekommen war, hatte uns bereits auf den Anblick vorbereitet. Jetzt erklärte sich, was er mit »ziemlich übel« gemeint hatte: Auch das Kopfkissen war mit einem Blumenmuster verziert, doch davon konnte man lediglich am oberen Rand noch einen schmalen Streifen erkennen. Der Stoff darunter war dunkelrot verfärbt – angetrocknetes Blut, da brauchte man nicht lange zu rätseln. Denn auf dem Kissen lag der Kopf der Frau, mit dem Gesicht zum Fenster gewandt, so dass man die Platzwunde auf der rechten Stirnseite, etwas oberhalb der

Schläfe, unmöglich übersehen konnte. Sie war ungefähr so groß wie ein Kronkorken und reichte bis auf den Schädelknochen, wie wir später feststellten. Aus der Wunde war das Blut direkt durch das schwarze Haar der Frau aufs Kissen gesickert und in mehreren kleinen Rinnsalen übers Gesicht gelaufen – in die rechte Augenhöhle, quer über die Stirn und am rechten Ohr vorbei zum Hals hinunter. Das Blut auf der Haut war inzwischen getrocknet, an einigen Stellen hatte sich Kruste gebildet, außer im unmittelbaren Wundbereich, dort schimmerte es noch feucht, dunkelrot glänzend, beinahe schwarz.

Jemand hatte der Frau gegen den Kopf geschlagen, allem Anschein nach mit einem stumpfen Gegenstand. In der Rechtsmedizin unterscheiden wir zwischen scharfer, halbscharfer und stumpfer Gewalteinwirkung. Von scharfer Gewalt spricht man, wenn es sich bei der Tatwaffe um einen spitzen oder scharfkantigen Gegenstand handelt, mit dem Schnitt- und Stichverletzungen herbeigeführt werden. Zur halbscharfen Gewalteinwirkung zählen Hiebverletzungen, zum Beispiel durch eine Axt verursacht. Stumpfe Gewalt dagegen wird einem Opfer durch stumpfkantige oder breitflächige Tatwerkzeuge zugefügt. Das kann zum Beispiel die Schlagfläche eines Hammers sein, der Kolben eines Gewehrs oder ein Holzbrett.

War die Frau im Schlaf überrascht worden? Sonst – davon konnte man mit einiger Sicherheit ausgehen – hätte sie sich gewehrt oder zumindest versucht, dem Angreifer auszuweichen. Das hätte wohl jeder getan, allein aus einem natürlichen Reflex heraus. Doch genau danach sah es eben nicht aus.

Nicht, dass das in diesem Moment die entscheidende Frage gewesen wäre, die es für uns zu klären galt. Doch sie sollte später noch eine wichtige Rolle spielen. Schon deshalb war es gut, sich nicht nur die Leiche, sondern auch alles drum herum anzuschauen, und zwar gründlich.

Es kommt selten vor, dass wir Rechtsmediziner zu einem Leichenfundort gerufen werden, an dem noch nichts verändert wurde. Häufig waren vor uns schon Rettungskräfte da, weil die Person noch lebte oder man die Hoffnung hatte, sie könnte wiederbelebt werden. Dass Notärzte und Sanitäter sich dabei auf andere Sachen konzentrieren, als keine Spuren zu verwischen oder selbst welche zu hinterlassen, die die Ermittler nachher auf eine falsche Fährte führen könnten, liegt in der Natur der Sache. Oder es wurde vorher ein Arzt angefordert, der eine äußere Leichenschau vornahm, um die Todesbescheinigung ausstellen zu können. Geht er dabei gründlich vor, was nach meiner Erfahrung nicht immer der Fall ist, muss er den Toten vollständig entkleiden und dadurch zwangsläufig dessen ursprüngliche Lage verändern. Außer es ist von vornherein offensichtlich, dass der Betreffende gewaltsam ins Jenseits befördert wurde, dann sollte er ihn am besten gar nicht erst berühren.

Manchmal sind es auch die Angehörigen eines Verstorbenen, die sich noch schnell im Zimmer oder in der Wohnung zu schaffen machen, bevor sie überhaupt jemanden verständigen. Nicht weil sie etwas zu verbergen hätten oder etwa vertuschen wollten. Ihnen wäre es einfach nur peinlich, würden Fremde die Wohnung im unaufgeräumten Zustand zu sehen bekommen.

Es gibt wenige Menschen, die – werden sie plötzlich mit der Anwesenheit einer Leiche konfrontiert – erst einmal in Ruhe nachdenken und dann besonnen handeln. Da macht es auch kaum einen Unterschied, wie jemand zu Tode gekommen ist, schockiert sind sie so oder so.

In diesem Fall aber befand sich der Fundort der Leiche in einem beinahe lehrbuchmäßigen Zustand. Wie es schien, war weder im Bett noch sonst wo im Zimmer etwas verändert worden, seit man die Tote entdeckt hatte. Die Polizisten versicherten, von ihnen habe niemand sie angerührt oder gar in eine andere Position gehievt. Offenkundig hatten die Beamten nicht einmal das beigefarbene Schnapprollo angetastet, das das einzige Fenster verdunkelte, obwohl der Raum alles andere als hell erleuchtet war. Hinter dem Milchglasschirm der Deckenlampe brannte eine schwache Glühbirne. Zwei andere, deren Umrisse man durch das matte Glas erkennen konnte, waren entweder defekt oder lockergedreht worden. Zwar fiel an den Seiten und am unteren Ende des Rollos Licht von draußen herein, allerdings war das so diffus, dass man nicht einmal die Tageszeit hätte erraten können. Wir waren gegen elf Uhr dreißig alarmiert worden, inzwischen war es kurz vor zwölf. Es hätte an diesem Tag aber ebenso gut drei Stunden früher oder später sein können, ohne dass es anhand der Helligkeit aufgefallen wäre. Es war einer dieser typischen Herbsttage, die sich in Hamburg jedes Jahr verlässlich einstellten, grau und trist, von Sonnenstrahlen nicht die geringste Spur.

Allerdings korrigierte der Polizist, der uns ins Schlafzimmer geführt hatte, meinen ersten Eindruck: Seine Kollegen von der Spurensicherung, die seit Stunden in der Wohnung zugange waren, hatten im Bereich des Tatorts doch etwas in die Hände genommen und sogar weggeschafft. Neben dem Bett, auf der Seite, wo die Tote lag, hatte eine ungewöhnlich große Flasche gestanden, gut neun Kilo schwer, sechs Liter Inhalt – Rotwein, noch ungeöffnet. Da sie die Weinflasche nach einem Blick auf die Kopfwunde als mögliche Tatwaffe in Betracht zogen, hatten sie sie vorsichtshalber gleich sichergestellt, um ihr Glas auf Fingerabdrücke und Blutspuren untersuchen zu lassen. Immerhin befand sie sich noch in der Wohnung, im Zimmer nebenan, was uns die Gelegenheit gab, einen Blick darauf zu werfen.

Nicht gerade handlich, dachte ich. Kam solch ein Monstrum tatsächlich als Tatwaffe in Frage? Und: Passten Art und Größe der Kopfverletzung überhaupt dazu?

Sich als Rechtsmediziner selbst einen Eindruck vom Tatort beziehungsweise vom Fundort einer Leiche zu verschaffen, halte ich wie gesagt für enorm wichtig. In Fernsehkrimis ist das gang und gäbe, dort sieht man es allenthalben, in der Realität leider nicht. Da stellt es sogar eher die Ausnahme dar. Die Gründe dafür sind so unterschiedlich wie jeder einzelne Fall. Ein Grund besteht darin, dass sich das Rettungswesen in den letzten Jahren enorm weiterentwickelt hat. Trotz schwerster Verletzungen können viele Opfer von Gewaltverbrechen am Leben erhalten oder reanimiert werden. Im schlechtesten Fall nur für eine kurze Zeit, aber auch das hat zur Folge, dass sie schnellstmöglich vom Tatort entfernt und zur Weiterbehandlung in ein Krankenhaus gebracht werden.

Trotzdem würde es auch dann für uns Sinn ergeben, sich vor Ort umzuschauen, erst recht, wenn dort Blut- oder auch andere Spuren vorhanden sind, die Rückschlüsse auf das Tatgeschehen zulassen. Gerade Blutanhaftungen können eine Menge darüber verraten, wie sich eine Gewalttat zugetragen hat. Man muss sie nur richtig zu interpretieren verstehen. Stichwort Blutspurenanalyse: Fallhöhe, Auftreffwinkel, Form, Größe, Anzahl und Anordnung der Bluttropfen – damit lassen sich sogar komplexe Tatabläufe rekapitulieren. Wo befand sich das Opfer, als es attackiert wurde? Stand es, lag es oder kniete es vor dem Täter? Hatte der nur einmal mit dem Messer zugestochen, mindestens zweimal oder noch öfter? Von oben, von unten, von der Seite? Wenn von der Seite – von welcher und aus welchem Winkel? Verletzte er bei seinem Angriff eine Vene oder eine Arterie? War die Tatwaffe womöglich gar kein Messer, sondern ein Hammer oder ein ähnliches Schlagwerkzeug? Fanden sich typische Schlagspritzspuren? Dann musste der Täter mindestens zweimal auf die gleiche Stelle geschlagen haben, denn solche Spritzspuren entstehen frühestens ab dem zweiten Schlag. Blutspuren können selbst Aufschluss darüber geben, ob sich das Opfer nach der Tat selbst noch bewegte oder nicht mehr dazu in der Lage war, aber von jemand anderen bewegt wurde.

Wäre Letzteres bei der Frau im Bett der Fall gewesen, hätte man das an den Blutabrinnspuren an ihrem Kopf erkennen können. Diese wären dann vermutlich nicht nur in eine Richtung verlaufen, sondern hätten eine Art Knick aufgewiesen. Dass es diesen Knick nicht gab, sprach dafür, dass die Frau, als ihr die Wunde zugefügt wurde, genauso dagelegen haben musste, wie man sie später fand. Es sei denn, man hätte sie erst in diese Position gebracht, nachdem das Blut angetrocknet war. Doch auch das wäre uns vermutlich aufgefallen. Abrinnspuren verlaufen üblicherweise der Schwerkraft folgend, also nach unten. Hätte man das Opfer nachträglich anders hingelegt und damit auch die Lage des Kopfes verändert, wäre das Spurenbild nicht mehr stimmig gewesen.

Ein anderer Aspekt, der verhindert, dass Rechtsmediziner häufiger zu einem Tatort gerufen werden, ist sicher die Kostenfrage. Die Vorstellung, dass ausgerechnet an dieser Stelle gespart wird, lässt einen nicht unbedingt ruhiger schlafen, aber so ist es nun mal: Jede Art von Ermittlungsarbeit hat auch eine ökonomische Komponente. Soweit es diesen speziellen Punkt betrifft, geht man in den Behörden, die dafür verantwortlich sind, offenbar davon aus, dass Rechtsmedizinern notfalls auch Fotos vom Tatort genügen sollten, um sich ein Bild machen zu können. Dabei haben Fotos mindestens zwei entscheidende Nachteile: Sie sind nicht dreidimensional, und auf ihnen kann immer nur ein Ausschnitt abgebildet werden – was es dem Betrachter in der Regel unmöglich macht, die Situation am Tatort in ihrer Gesamtheit zu erfassen. Genau darum geht es aber. Beinahe jedes Mal, wenn ich mir den Ort des Geschehens im Nachhinein doch noch angesehen habe, musste ich erkennen, dass die realen Gegebenheiten mit den Vorstellungen, die ich durch Fotos davon gewonnen hatte, nicht gerade übereinstimmten.

Damit will ich keineswegs behaupten, dass Fotos vom Tatort generell unnütz wären für unsere Arbeit. Sie können durchaus hilfreich sein, als Dokumentationsmittel sowieso, und gerade auch bei Blutspurenanalysen. Etwa um sich bestimmte Details eines Spurenbilds später jederzeit ansehen zu können. Manchmal führen wir eigene Tests durch, um herauszufinden, welches Blutspurenbild nach einer bestimmten Handlung entsteht. Auch dafür ist es wichtig, Fotos von den Spuren am Tatort zu haben, zum Vergleichen. Nur sollten diese nicht die Begegnung mit der Realität gänzlich ersetzen, also auch nicht die eigenen Sinneswahrnehmungen am Tatort.

Allerdings soll es auch Rechtsmediziner geben, denen es ganz lieb ist, wenn ihnen die Besichtigung eines Tatorts erspart bleibt. Diese Kollegen ziehen es vor, ihren Anteil an der Aufklärung eines Tötungsdelikts auf die Tätigkeit im Sektionssaal zu beschränken. Mir scheint diese Auffassung zu theoretisch. In der Praxis ist es doch eher so, dass man viele Verletzungsspuren am Körper eines Toten gerade im Kontext eines Tatorts besser »lesen« kann.

Falls sich überhaupt ein Vorteil daran finden lässt, einen Tatort nicht aus eigenem Erleben zu kennen, dann besteht der in meinen Augen am ehesten noch darin, dass man auf diese Weise weniger verleitet wird, sich Gedanken über den Tod desjenigen zu machen, dessen Leiche vor einem auf dem Sektionstisch liegt. Die Gefahr, dass einen das Schicksal einer Person emotional berührt, ist umso geringer, je weniger man über sie weiß. Ihr Tod bleibt dann eher etwas Abstraktes, ein rein biologischer Vorgang – was er ja auch ist, wenn man es ganz sachlich betrachtet.

Die Wohnung, in der die Frau getötet worden war, befand sich im dritten Stock eines schmucklosen Mehrfamilienhauses aus den siebziger Jahren am nördlichen Rand der Innenstadt. Keine besonders schicke Gegend, dafür zahlte man hier noch halbwegs moderate Mieten. Die zweiunddreißigjährige Christiane Wellbrinck, so hieß das Opfer, hatte seit etwas mehr als einem halben Jahr hier gelebt, nachdem sie sich von ihrem Freund getrennt hatte und aus der gemeinsamen Wohnung ausgezogen war.

Als mein Kollege und ich uns an die Arbeit machten, schien der Fall so gut wie geklärt, zumindest aus Sicht der Polizei. Mike Perlott, der ehemalige Freund von Christiane Wellbrinck, ein fünfunddreißigjähriger Werbekaufmann, hatte sich kurz zuvor auf einer Wache ganz in der Nähe gestellt, sichtlich alkoholisiert, aber noch einigermaßen Herr seiner Sinne. Gleich in der ersten Vernehmung stammelte er sich ein Geständnis von der Seele. Dabei deckten sich seine Ausführungen im Wesentlichen mit dem, was er unmittelbar nach der Tat einem Bekannten am Telefon gebeichtet hatte: »Ich habe Christiane erschlagen, mit einer Weinflasche!«

Gut möglich, dass Mike Perlott tatsächlich von dem überzeugt war, was er sagte – doch: Es stimmte nicht. Wäre es nur der Schlag gewesen, Christiane Wellbrinck hätte vermutlich noch gelebt.

Nachdem die Auffindesituation der Leiche von einem Polizeifotografen ausgiebig dokumentiert worden war, konnten wir mit der Leichenbesichtigung beginnen. Als wir die Bettdecke hochnahmen, fiel uns auf, dass sie an der Unterseite einige Blutflecke aufwies, und zwar an Stellen, die nicht der Lage des Leichnams und seiner Verletzung entsprachen. Entweder war das Blut schon länger an der Decke gewesen, oder der Fünfunddreißigjährige hatte sie nach der Tat in eine andere Position gebracht. Das schien uns wahrscheinlicher, zumal es unsere anfängliche Vermutung bestätigt hätte, dass jemand die Decke sorgfältig glattgestrichen hatte. Dazu passte auch das Handtuch, das quer über dem Hals der Frau ausgebreitet lag, als sollte damit etwas verdeckt werden.

Wir hatten es hier offenbar mit einem Phänomen zu tun,

das *Undoing* genannt wird – ungeschehen machen. Der Begriff wird in der operativen Fallanalyse verwendet, von der schon die Rede war. Bei der Fallanalyse geht es unter anderem darum, einen Tatort genau zu untersuchen, um möglichst viele Informationen über den Täter und sein Verhalten zusammenzutragen, die für die Aufklärung des Falls von Bedeutung sein könnten. Fallanalytiker bezeichnen ein solches Nachtatverhalten auch als »emotionale« beziehungsweise »symbolische Wiedergutmachung«.

Ich erinnerte mich an einen Fall, mit dem ein ehemaliger Kollege einige Jahre davor zu tun hatte. Bei dem Opfer hatte es sich ebenfalls um eine Frau gehandelt, die wie Christiane Wellbrinck tot in ihrem Bett gefunden worden war. Der psychisch kranke Täter, ihr Liebhaber, den sie während einer Therapie kennengelernt hatte, hatte sie mit bloßen Händen erwürgt, anschließend seine Tat aber offenbar bereut und als Akt der Wiedergutmachung erst die Bettdecke über sie gelegt und diese dann auf der gesamten Fläche mit Dingen verziert, die sie zu Lebzeiten besonders gemocht hatte: Blumen, Kosmetika, Stofftiere, Kleidungsstücke, eine Flasche ihres Lieblingsweins.

Für Ermittler sind solche Handlungsweisen häufig ein Indiz dafür, dass zwischen Täter und Opfer eine enge Beziehung bestand oder zumindest, dass das Opfer für den Täter eine besondere Bedeutung besaß. Allerdings sollte man sich eine derartige Inszenierung immer sehr genau ansehen. Es könnte nämlich auch sein, dass man es mit einem gewieften Täter zu tun hat, der das Opfer gar nicht oder nicht besonders gut kannte, sondern die Kriminalbeamten mit dem Schmücken des Tatorts lediglich auf eine falsche Fährte lenken will. In diesem Fall würde man von *Staging* sprechen. Dazu zählen auch Tatortinszenierungen, durch die verhindert werden soll, dass der Verstorbene von anderen in einer entwürdigenden Position aufgefunden wird. Zum Beispiel nach autoerotischen Unfällen, die tödlich endeten, oder nach Suiziden. Hinterbliebene schämen sich oft oder fühlen sich schuldig, wenn sich ein naher Angehöriger auf diese Weise aus dem Leben gestohlen hat.

Auch auf den umgekehrten Fall, das sogenannte Positionieren – also: *Posing* – stößt man gelegentlich. Dabei hinterlässt der Täter sein Opfer bewusst in einer Position, die dessen Ruf nicht gerade zuträglich wäre. Entweder weil er dabei seine eigene, kranke Phantasie ausleben möchte, das Opfer nachträglich in seinem Ansehen beschädigt werden soll, oder in der Absicht, denjenigen, der die Leiche findet, noch mehr zu schockieren, als das ohnehin geschehen wäre.

Die Leiche von Christiane Wellbrinck lag auf dem Rücken. Sie war mit einem hellblauen Nachthemd bekleidet, das bis zu den Knien reichte. Ihr linker Arm lag dicht am Körper, der rechte war etwas abgewinkelt, beide Handflächen zeigten nach oben. Als wir das Handtuch entfernten, das den Hals bedeckte, wurden an beiden Seiten des Halses deutliche Unterblutungen sichtbar, die aussahen wie ausgedehnte unförmige blaue Flecken – und an den gleichen Stellen Hautvertrocknungen. Der Abschnitt des Halses darüber und das Gesicht wirkten unnatürlich aufgedunsen. Die Augenbindehäute und die Lidhäute waren von zahlreichen punktförmigen Einblutungen gesprenkelt, ebenso die Gesichtshaut und die Hautpartien unmittelbar hinter den Ohren. All das klassische Anzeichen für eine Gewalteinwirkung gegen den Hals. Anscheinend war die Frau erstickt.

Beim Erstickungstod haben wir es in der Rechtsmedizin mit vielen verschiedenen Formen zu tun, die anhand der Mechanik und Pathophysiologie unterschieden werden. Ersticken kann unter anderem durch äußere mechanische Einwirkung herbeigeführt werden, zum Beispiel durch Zuhalten der Atemwege, Knebelung oder Strangulation. Unter dem Oberbegriff Strangulation unterscheidet man wiederum drei Arten: Erhängen, Erdrosseln, Erwürgen. Da eine ansteigende Strangmarke, die charakteristisch für ein Erhängen gewesen wäre, ebenso fehlte wie eine horizontale Drosselmarke, die für einen Tod durch Erdrosseln gesprochen hätte, kam am ehesten in Frage, dass die junge Frau erwürgt worden war. Letzte Gewissheit, ob wir damit richtig lagen, konnten wir allerdings erst durch eine Obduktion erlangen.

Zu unseren wichtigsten Aufgaben am Tatort gehört die Bestimmung der Todeszeit. Wobei man treffender sagen sollte, dass wir versuchen, den wahrscheinlichen Todeszeitpunkt so eng wie möglich einzugrenzen. Wir sprechen von einer maximal möglichen Annäherung, was umso schwieriger wird, je länger der Moment zurückliegt, in dem der Tod eintrat.

In Kriminalfilmen wird es häufig so dargestellt, als genüge dem geschulten Rechtsmediziner ein Blick auf die Leiche, um einigermaßen genau sagen zu können, wann derjenige sein Leben ausgehaucht hat. In Wirklichkeit sind dafür verschiedenste Untersuchungen, Messungen und Berechnungen erforderlich, und selbst dann kommt man seriös selten zu einem Resultat, das nicht mindestens ein Zeitfenster von mehreren Stunden als möglichen Todeszeitpunkt umfasst. Bei aller Erfahrung, und die größte Sorgfalt vorausgesetzt, bleibt es am Ende doch meistens nur eine mehr oder weniger grobe Schätzung.

Man darf sich das auch nicht als die Ein-Personen-Aktion eines schweigsamen Rechtsmediziners vorstellen, der still an der Leiche vor sich hin brütet. Die Zusammenarbeit, der ständige Austausch mit den Kriminalisten ist dabei unerlässlich. Sie könnten an Informationen gelangen, die für unsere Arbeit von Bedeutung sind. Ebenso könnten Erkenntnisse, zu denen wir durch unsere Untersuchungen gelangen, ihnen weiterhelfen.

Einen ersten Anhaltspunkt erhielten wir durch die Leichenflecken, die sich blauviolett auf der Körperrückseite der Toten gebildet hatten. Unter normalen Umständen werden die ersten etwa zwanzig bis dreißig Minuten nach Eintritt des Todes sichtbar. Innerhalb von drei bis sechzehn Stunden haben sie sich dann vollständig ausgeprägt, und zwar der Schwerkraft entsprechend in den Körperregionen, die am tiefsten liegen. Danach sind sie noch eine Zeitlang wegdrückbar, wie wir es nennen. Das heißt, wenn man mit der Fingerkuppe gegen die Haut drückt, blasst sie an dieser Stelle ab.

Auch die Leichenstarre war bereits eingetreten, hatte sich aber noch nicht komplett ausgebildet. Sie setzt bereits kurz nach dem Todeseintritt ein und beginnt üblicherweise im Kiefergelenk. Danach kann es bis zu zwanzig Stunden dauern, ehe sie alle Muskelfasern erfasst hat. Bei hohen Temperaturen wird dieser Prozess – wie alle postmortalen Vorgänge – beschleunigt, bei niedrigen entsprechend verzögert.

Um festzustellen, wie weit fortgeschritten die Leichenstarre ist, bricht man sie an einem der großen Gelenke, zum Beispiel am Knie oder am Ellenbogen. Tritt danach in diesem Bereich – wie bei dem Opfer hier – erneut die Leichenstarre ein, wenn auch in schwächerer Ausprägung, ist das ein Zeichen dafür, dass sie zuvor noch nicht vollständig ausgeprägt war. Und das bedeutete, dass die Frau noch keine zehn Stunden tot sein konnte.

An den relativ weit gefassten Zeitspannen sieht man, wie ungenau solche Hinweise zunächst sind. Erst indem man alle relevanten Veränderungen am Leichnam würdigt, die durch den Faktor Zeit bestimmt sind, kann man zu einem konkreteren Ergebnis gelangen. Wobei die Betonung selbst dann noch auf dem kleinen Wörtchen *kann* liegt. Generell gilt dementsprechend: Je schneller man mit den Untersuchungen an einer Leiche beginnen und je mehr Methoden man anwenden kann, desto genauer fällt das Ergebnis aus.

Eine recht verlässliche Methode, zumindest unter bestimmten Voraussetzungen, ist die Todeszeitbestimmung anhand der Veränderung der Körperkerntemperatur im Verhältnis zur Umgebungstemperatur. Hier lautete eine Faustregel: Eine normal bekleidete Leiche kühlt bei normaler Zimmertemperatur in der ersten Phase, die etwa zwei bis drei Stunden umfasst, kaum ab, danach pro Stunde um etwa 0,5 bis 1,5 Grad Celsius. In unserem Fall dürfte die Bettdecke diesen Prozess erheblich verlangsamt haben. Für solche und andere Abweichungen vom angenommenen Normalfall sind bestimmte Korrekturfaktoren zu berücksichtigen, die zum Körpergewicht in Bezug gesetzt werden. Für die Bettdecke etwa hatten wir den Faktor zwei anzunehmen. Da die Frau achtundfünfzig Kilo wog, mussten wir also davon ausgehen, dass sie unter der Decke so abgekühlt war, als wäre sie doppelt so schwer gewesen. Aber das nur, um eine Vorstellung von dem Prinzip zu vermitteln. Die Methode selbst ist um ein Vielfaches komplexer.

Wichtig zu erwähnen ist vielleicht noch, dass man sie nicht unbegrenzt lange anwenden kann. Sobald sich die Körperkerntemperatur der Leiche der Umgebungstemperatur angeglichen hat, ergeben Rückwärtsrechnungen keinen Sinn mehr.

Anschließend versuchten wir, dem möglichen Todeszeitpunkt durch die elektrische Reizung der Muskulatur näherzukommen. Dafür stachen wir jeweils zwei Nadelelektroden nacheinander ins linke und rechte Oberlid, etwa drei Millimeter tief, eine Elektrode in die Mitte, die zweite in den inneren Lidwinkel. So lässt sich feststellen, ob die mimische Muskulatur auf Stromstöße reagiert. Mit zunehmender Todesdauer werden die Kontraktionen, die man auf diese Weise herbeiführen kann, schwächer. Nach ungefähr viereinhalb bis fünf Stunden bleiben sie normalerweise ganz aus. An den beiden inneren Lidwinkeln waren bei vierzig Volt Reizstrom noch welche auszumachen, wenn auch spärlich, bei nur zehn Volt dagegen nicht mehr.

Wir überprüften auch die Pupillenreaktion, indem wir bestimmte Arzneimittel in die Augen der Leiche träufelten. Wie bei der Reizstrom-Methode geht es darum herauszufinden, ob dadurch sogenannte supravitale Reaktionen hervorgerufen werden. Das wäre dann ein Nachweis dafür, dass in dem betreffenden Bereich des Körpers einzelne Zellen oder Zellsysteme noch auf äußere Reize reagieren. Man erkennt das zum Beispiel daran, ob die Irismuskulatur eine Reaktion zeigt, sich die Pupillen weiten oder verengen, je nachdem welches Medikament verwendet wird. Was dann wiederum Rückschlüsse darauf zulässt, wie viel Zeit ungefähr seit Todeseintritt vergangen sein dürfte. Der Tod ist ja ein Prozess. Wenn ein Mensch stirbt, sind nicht mit einem Schlag auch sämtliche Körpergewebe tot. Bis dieser Zustand eingetreten ist, vergehen in der Regel mehrere Stunden.

Nach Auswertung aller Untersuchungen und Tests kamen wir zu der Einschätzung, dass Christiane Wellbrinck nach Mitternacht gestorben sein musste, in einem Zeitfenster von einigen Stunden.

Am nächsten Tag berichtete eine Lokalzeitung über das Tötungsdelikt. Ich staunte, was der Verfasser des Artikels in der kurzen Zeit alles herausgefunden hatte. Das meiste erwies sich hinterher als pure Spekulation. Offenbar hatte ihn der Ehrgeiz gepackt, aus den wenigen Fakten, die von der Polizei in einer Pressemitteilung bekanntgegeben wurden, unbedingt eine runde Story »stricken« zu wollen, so simpel wie einleuchtend – nach dem Schema: erst die großen Gefühle, dann die große Tragödie. Dabei war die wahre Geschichte, die Beziehung zwischen Christiane Wellbrinck und Mike Perlott, alles andere als »rund« gewesen, sondern reichlich verkorkst.

Keine Ahnung, wie die beiden sich kennenlernten, bei welchem Anlass. Ihre erste Begegnung muss ungefähr acht Jahre zurückgelegen haben, als die Tat geschah. Für Christiane Wellbrinck, hieß es später im Gerichtsprozess, soll Mike Perlott die große Liebe gewesen sein, praktisch vom ersten Tag an. Kaum dass die zwei zusammengekommen waren, drehte sich ihr Leben ausschließlich um ihn. Sie vernachlässigte ihre Freundinnen, sagte vereinbarte Wochenendbesuche bei den Eltern ab und achtete stets darauf, pünktlich ihre Arbeitsstelle zu verlassen, um jede freie Minute an seiner Seite verbringen zu können. Allerdings musste sie bald feststellen, dass ihre Zuneigung nicht im gleichen Maße erwidert wurde. Perlott war emotional noch zu sehr in seiner vorherigen Beziehung gefangen. Selbstmitleidig trauerte er der Verflossenen nach. Die sanfte Christiane Wellbrinck schien für ihn eine Art Trostpflaster zu sein. Ging es ihm schlecht, ließ er sich gern von ihr bemuttern. Ansonsten aber lehnte er eine allzu enge Bindung ab, wohl aus Angst, er könnte wieder enttäuscht werden. In seiner Freizeit zog er lieber mit Freunden um die Häuser, und sogar in den Urlaub flog er allein oder mit ein paar Kumpels. Er zögerte auch nicht, kurzerhand nach Mannheim umzuziehen, als ihm dort ein besserer Job angeboten wurde. Ohne ihr eine Silbe davon zu erzählen, unterschrieb er den neuen Arbeitsvertrag und stellte sie vor vollendete Tatsachen. Dass sie mit ihm dorthin ziehen könnte, schien für ihn keine Option zu sein.

So sehr sie sein egoistisches Verhalten kränkte, war sie doch sofort wieder zur Stelle und kümmerte sich um ihn, als sich der vermeintliche Traumjob als Reinfall entpuppte, er von den neuen Kollegen gemobbt wurde und schließlich Depressionen bekam. Perlott musste sich eingestehen, dass er weder der größeren Verantwortung noch dem gestiegenen Erfolgsdruck gewachsen war. In der schlimmsten Phase seiner Erkrankung wurde er in einer psychiatrischen Klinik behandelt. Trotz der großen Entfernung besuchte Christiane Wellbrinck ihn dort jedes Wochenende. Doch all ihre Zuneigung und Unterstützung – sie grenzte an Selbstaufgabe – verhinderte nicht, dass Perlott, nachdem er nach Hamburg zurückgekehrt war, wieder in die gewohnten Verhaltensmuster verfiel.

Fast drei Jahre ertrug Christiane Wellbrinck dieses Gefühlschaos, litt dabei weit häufiger, als dass sie glückliche Momente erlebte, dann machte sie mit Mike Perlott Schluss. Kurz zuvor war ihr ein anderer Mann begegnet, den sie mochte, aber nicht liebte, dafür wäre sie gar nicht offen gewesen. Seine Avancen waren Balsam auf ihrer Seele, vor allem gaben sie ihr das Selbstbewusstsein, endlich auch mal an sich zu denken.

Auf einmal schien Mike Perlott – wohl tief verletzt in seinem Stolz – zu erkennen, welch große Gefühle er doch für seine Freundin hegte. Er sei sich ihrer immer absolut sicher gewesen, erzählte er später vor Gericht, dass sie ihm plötzlich den Laufpass gab, habe er als schlimmen Schock empfunden. Um die Abtrünnige zurückzuerobern, schrieb er zuckersüße Briefe an sie und schickte ihr Blumen mit kleinen Liebesbotschaften. Überhaupt zeigte er sich von einer gefühlvollen Seite, die sie so an ihm bisher nicht gekannt hatte. Offenbar imponierte ihr das. Es dauerte jedenfalls nicht lange, dann waren sie wieder ein Paar. Sie zogen sogar gemeinsam in eine Wohnung, was sie vorher schon gern getan hätte, er aber stets vehement abgelehnt hatte.

Eine Weile lief es tatsächlich besser zwischen den beiden, bis die alten Diskrepanzen wieder zum Vorschein kamen. Christiane Wellbrinck träumte von einer eigenen Familie. Spätestens mit dreißig wollte sie heiraten und dann Kinder bekommen. Prinzipiell schien auch Mike Perlott nicht abgeneigt, eine Familie zu gründen, zumindest behauptete er das. Nur sah er den richtigen Zeitpunkt noch nicht gekommen, und auf einen späteren wollte er sich nicht festlegen. Er konzentrierte sich hauptsächlich auf sein berufliches Fortkommen. Und bald fing er auch wieder an, in alter Manier freie Wochenenden für sich einzufordern, um diese mit Freunden zu verbringen. Das heißt, er nahm sie sich einfach. Genauso wie er Weihnachten einmal kein Geschenk für sie hatte, er Silvester danach gleich ganz ohne sie feierte und sich kurz darauf allein einen Urlaub in der Karibik gönnte.

Ich kann es nur vermuten, aber es müssen diese ständigen Demütigungen gewesen sein, die Christiane Wellbrinck irgendwann die Augen öffneten. Eine Zeitlang versuchte sie noch, ihrem Freund klarzumachen, wie sehr sein Verhalten sie verletzte, dass sie so nicht weitermachen wolle, nicht könne. Meistens stritten sie dann, und anschließend schränkte er seine Alleingänge ein – doch nie für lange.

Ihre Beziehung schien ein einziges Missverständnis zu sein. Je unglücklicher sie wurde und je mehr sie sich von ihm zurückzog, als umso angenehmer empfand er die Situation. Doch das anscheinend nur, weil ihm der Blick für die Realität abhandengekommen war. Er bemerkte zwar, dass sie immer mehr auf Distanz zu ihm ging, ein Alarmzeichen erkannte er darin aber offenbar nicht. Vielmehr deutete er die Entwicklung als einen Schritt hin zum Besseren.

Das mag für Außenstehende absurd klingen, in der eigensinnigen Gedankenwelt von Mike Perlott jedoch schien sich diese Schlussfolgerung regelrecht aufzudrängen. Was hatte er dieser Frau nicht schon alles angetan? Sogar geschlagen hatte er sie, mehrfach, und trotzdem war sie – bis auf die kleine Auszeit, die er inzwischen vergessen zu haben schien – nicht davongelaufen. Eine flüchtige Entschuldigung von ihm am nächsten Tag genügte, und schon hatten sie sich wieder versöhnt.

Einer dieser Vorfälle, bei denen Perlott handgreiflich geworden war, kam später im Prozess zur Sprache. Christiane Wellbrincks beste Freundin erinnerte sich, wie er sie einmal in ihrem Beisein ins Gesicht geschlagen hatte, mit solcher Wucht, dass ihre Lippe aufgeplatzt war. Und das nur, weil die beiden Frauen in der Bar aufgetaucht waren, in der er mit ein paar Freunden gesessen hatte. Dabei war das von ihnen gar nicht beabsichtigt, sondern reiner Zufall gewesen. Wie üblich hatte er ihr nämlich nicht verraten, wo er den Abend – und die halbe Nacht – zu verbringen gedachte.

Ob dieses Erlebnis für Christiane Wellbrinck der letzte Auslöser war, in ihrem Leben etwas zu ändern, lässt sich nur vermuten. Immerhin mussten erst noch sechs Monate vergehen, ehe sie ihre Sachen packte und auszog.

Es dürfte ein Ausdruck innerer Zerrissenheit gewesen sein, dass sie zuvor noch ihren kompletten Sommerurlaub mit Mike Perlott verbrachte. Und selbst nachdem sie die räumliche Trennung vollzogen hatte, schien sie sich im Unklaren darüber zu sein, ob sie wirklich ohne ihn leben wollte. Einerseits wandte sie sich recht bald einem anderen Mann zu, der ihr seit längerem den Hof machte. Andererseits hörte sie nicht auf, sich auch mit Mike Perlott zu verabreden. Sie übernachtete sogar bei ihm, in demselben Bett, das sie jahrelang miteinander geteilt hatten. Dabei tauschten sie Zärtlichkeiten aus und versicherten sich gegenseitig, den anderen noch immer zu lieben. Einzig seinen Wunsch, mit ihr Sex zu haben, lehnte sie ab.

Diese Achterbahn der Gefühle, sie mache ihn fertig, soll Mike Perlott seinen Freunden geklagt haben, nicht nur einmal. Sowieso gab es nur noch ein Gesprächsthema für ihn: sein Liebesleid. Und wenn mal niemand da war, dem er sein Herz ausschütten konnte, hockte er zu Hause und ertränkte sein Selbstmitleid in Wein und Bier. Es muss für ihn wie ein Strudel gewesen sein, der ihn jeden Tag ein Stück tiefer nach unten riss. Er ging nicht mehr zur Arbeit, ließ sich krankschreiben; später kündigte er seinen Job, lebte vom Ersparten – und immer wieder wohl auch von der Hoffnung, Christiane Wellbrinck könnte es sich anders überlegen und zu ihm zurückkehren. Dann würde alles wieder gut.

Diese Hoffnung starb nicht einmal in dem Moment, als sie ihm offenbarte, wie schön der Sex mit dem anderen Mann sei. Als hätte Perlott die Fähigkeit besessen, bestimmte Informationen zwar wahrzunehmen, diese im nächsten Atemzug aber gleich wieder auszublenden, so gründlich, als wären sie niemals bis zu ihm gedrungen. Umgekehrt schrieb er jeder noch so kleinen Geste, die sie ihm an Zuneigung entgegenbrachte, eine völlig überzogene Bedeutung zu.

Dann kam der Tag, an dem man hätte ahnen können, dass die Sache kein gutes Ende nimmt. Bei einem Telefonat, in dem Christiane Wellbrinck ihm wieder einmal vor Augen führte, dass es da einen anderen Mann gab, attackierte er sie mit unflätigen Bemerkungen und warf dann das Telefon vor lauter Wut an die Wand, dass es krachend in Stücke brach. Anschließend schluckte er einige Schlaftabletten und legte sich ins Bett. Christiane Wellbrinck, die seine depressive Neigung kannte, fürchtete, er könnte sich etwas antun. Sie versuchte, ihn auf dem Handy zu erreichen. Nach einer Weile ging er ran und jammerte, es habe alles keinen Sinn mehr, er werde sich umbringen.

Tatsächlich setzte er sich an seinen Computer und verfasste einen Abschiedsbrief. Später kam heraus, dass er einige Tage davor bereits einen Ordner mit dem Titel »TOD« angelegt und mehrere Abschiedsbriefe entworfen hatte – unter anderem für seine Eltern, für seinen früheren Chef und für einen Freund.

Da Christiane Wellbrinck an diesem Tag gerade ihre Großmutter besuchte, die außerhalb von Hamburg in einem Altenheim lebte, rief sie sofort eine Freundin an und bat sie, so schnell es geht bei Perlott vorbeizuschauen. Dann setzte sie sich selbst ins Auto und fuhr auf kürzestem Weg zu dessen Wohnung. Sie wählte immer wieder seine Nummer, jetzt aber vergeblich, und zu Hause öffnete er auch nicht die Tür. Aus Angst, er könnte seine Ankündigung wahrgemacht haben, verständigte sie die Polizei, die Gefahr in Verzug sah und die Wohnungstür aufbrechen ließ.

Perlott hätte die Tür gar nicht öffnen können, jedenfalls nicht von innen. Er hatte sich in der Zwischenzeit in sein Auto verkrochen, das auf einem Parkplatz unweit der Wohnung stand. Dort fanden sie ihn schließlich. Durch die Tabletten, die er mit Bier hinuntergespült hatte, war er ziemlich neben der Spur. Er wirkte apathisch, schwebte aber nicht in Lebensgefahr, dafür war die Dosis zu gering gewesen. Die Polizisten brachten ihn trotzdem in ein Krankenhaus, sicherheitshalber.

So halbherzig sein Suizidversuch gewesen sein mag, Christiane Wellbrinck soll die Vorstellung, dass er es doch ernst gemeint haben könnte, schwer belastet haben. Trotz der Trennung schien sie sich weiterhin für ihn verantwortlich zu fühlen. Vielleicht war sie, was ihre Gefühle anbetraf, mit sich selbst nicht im Reinen. Man hätte meinen können, sie liebte ihn noch.

Anders lässt sich kaum erklären, dass sie nach diesem Zwischenfall sogar eine Paartherapie mit ihm anfing. In der Zeit gab es Phasen, in denen sie Mike Perlott beinahe täglich traf. Selbst wenn er sie manchmal nachts aus dem Schlaf klingelte und wütend beschimpfte, weil sie es nicht bleiben ließ, mit dem anderen Kerl »rumzumachen«, wie er es ausdrückte, endeten solche Telefonate selten, ohne dass sich die beiden nicht für einen der nächsten Tage verabredet hätten.

So geschah es auch in der Nacht vor Perlotts fünfunddreißigstem Geburtstag. Die Worte, die er am Telefon losließ, mag man nicht wiederholen – und trotzdem: Am Abend darauf stand sie pünktlich zur ausgemachten Zeit vor seiner Tür. Sie schenkte ihm zwei Eintrittskarten für einen gemeinsamen Konzertbesuch, der anderthalb Monate später stattfinden sollte. Dazu hatte sie eine Glückwunschkarte mit Herzchen verziert und darunter geschrieben:

Ich wünsche Dir alles Glück dieser Welt und uns einen schönen Abend. Vergiss bitte niemals, wie lieb ich Dich habe.

Deine Christiane

Außer ihr waren einige befreundete Pärchen eingeladen. Die Party zog sich bis zum frühen Morgen. Als die Letzten gegangen waren, blieb Christiane Wellbrinck wie selbstverständlich und legte sich zusammen mit ihm schlafen. Sex ließ sie auch diesmal nicht zu, dafür revanchierte sie sich mit einer Einladung in ihre neue Wohnung, die er bis dahin noch nicht betreten hatte – gleich für den nächsten Tag.

Hin und her, so ging es ständig, als hätten die beiden jegliche Orientierung verloren und nicht mehr gewusst, wo sie eigentlich hingehörten. Für eine Trennungsphase kein untypischer Zustand, er sollte nur nicht ewig andauern.

Jemand wie Mike Perlott muss diese Situation als doppelt schlimm empfunden haben. Als hätte sich die Welt mit einem Mal gegen ihn verkehrt. Ausgerechnet die Frau, von der er sich oft eingeengt gefühlt hatte, weil es ihm vorkam, als hinge sie wie eine Klette an ihm, ließ ihn plötzlich abblitzen. Und als wäre das nicht schon Demütigung genug, hatte sie sich nicht nur *gegen* ihn, sondern gleichzeitig *für* einen anderen entschieden. Zwar behauptete sie, selbst nicht recht zu wissen, wie viel ihr der andere bedeutete. Doch mit ihm schlief sie, mit Perlott nicht. Und das war's, was für den letztlich zählte.

Irgendwann wusste Perlott keinen Ausweg mehr. Mit ihr ging es nicht, das begriff er allmählich – aber ohne sie wollte er auch nicht sein.

Wenn es ihm besonders schlechtging, setzte er sich an seinen Computer, öffnete den Ordner »TOD«, schrieb neue Abschiedsbriefe oder änderte die, die er dort bereits gespeichert hatte – und wenn es nur ein Datum war, das er aktualisierte. In einem schrieb er:

... Ich werde eine lange Reise antreten, in eine bessere Zukunft. Auf diese Reise nehme ich Christiane mit. Das muss ich tun. Sie könnte es nicht verwinden, wenn ich sie alleine zurücklasse. Das hat sie mir gesagt. Es ist schon eine Weile her, aber ich denke, das gilt immer noch. Wir gehören zusammen. Und sie soll sich auch nicht verantwortlich fühlen. Sie fühlt sich immer verantwortlich.

Zuletzt war ich gezwungen zuzusehen, ohne etwas tun zu können. Da war der andere. Diesen Gedanken konnte ich nicht ertragen. Sie und er, das hat mich aufgefressen. Ich kann nur etwas ändern, wenn ich wieder selbst handele. Ich muss handeln, auch für Christiane. Wir gehören zusammen. Das weiß sie auch. Vielleicht verdrängt sie es gerade, aber tief in ihrem Herzen weiß sie es.

Der Tod wird uns wieder zusammenbringen, diesmal für immer.

Er wird ein Ende sein und ein neuer Anfang. Obwohl ich nicht weiß, was danach kommt. Irgendwas wird kommen.

Ich hätte gern eine Waffe aufgetrieben, um es für uns kurz und schmerzlos zu machen. Aber das war mir leider nicht möglich. Jetzt muss ich einen anderen Weg finden. Christiane soll nicht leiden.

Ich will auch nicht mehr leiden.

Wir werden dann beide erlöst sein …

Die anderen Abschiedsbriefe, die später auf Perlotts Computer gefunden wurden, ähnelten sich in den wesentlichen Passagen. Demnach schlossen seine Todesphantasien immer auch Christiane Wellbrinck mit ein. Er betrachtete sie als einen untrennbaren Teil von sich selbst. Nie schrieb er, nur allein abtreten zu wollen. Wenn er gehe, so seine krude Logik, müsse sie mit ihm gehen – was zu ihrem Besten sei, denn nur so bliebe ihr das Leid erspart. Offenbar sah er sich als den großen Erlöser.

Es gab allerdings auch Phasen, in denen Mike Perlotts Denken regelrecht von Hoffnung überschwemmt wurde. Sogar kurz vor der Tat noch, als nämlich der andere Mann für zwei Wochen zu einer Dienstreise nach Kanada aufbrach. Sofort schmiedete Perlott Pläne, die helfen sollten, Christiane Wellbrinck zu ihm zurückzuführen. Er erinnerte sich, dass sie vor ihrer Trennung einen gemeinsamen Trip nach Paris geplant hatten, und suchte nach entsprechenden Flug- und Hotelangeboten. Als er sie mit dem Vorschlag überraschte, schien sie nicht einmal abgeneigt. Mit ihm in die Stadt der Liebe? Sofort ginge das nicht, aber vielleicht später, soll sie gemeint haben. Durch diese Reaktion ermutigt, schlug er ihr auch gleich vor, man könne doch gemeinsam eine Oper besuchen oder eine Ballettaufführung. Damit wollte er ihr beweisen, dass er sich geändert hatte. Als sie noch zusammen waren, konnte sie ihn selbst mit Bitten und Betteln nicht bewegen, sich ein klassisches Konzert oder gar ein Ballett mit ihr anzusehen.

Christiane Wellbrinck soll sich über seinen Sinneswandel gefreut haben, wenn man den Äußerungen Perlotts Glauben schenken konnte. Ob sie der Wahrheit entsprachen? Schwer zu sagen. Durchaus denkbar, dass sie ihm etwas vorspielte – um Zeit zu gewinnen, oder auch aus Angst, er könnte sich etwas antun, in dem psychisch labilen Zustand, in dem er sich befand. Das dürfte ihr kaum verborgen geblieben sein.

Trotzdem sind das nur Vermutungen. Nicht einmal vor Gericht konnte mit Sicherheit geklärt werden, wie es sich tatsächlich zutrug. Im Urteil findet sich deshalb die Formulierung: »vorgenommene Wahrunterstellung«. Die Richter gingen also – ohne dass es einen Beweis gab – davon aus, dass es so gewesen sein könnte – *in dubio pro reo* sozusagen.

Eine solche Wahrunterstellung spielte dann auch eine Rolle, als es im Prozess um die letzten Stunden vor der Tat und um die Tat selbst ging. An Mike Perlotts Täterschaft bestand kein Zweifel, er hatte wie gesagt ein Geständnis abgelegt, von dem wich er auch nicht ab. Die Frage war allerdings: Stimmte sein Geständnis? Stimmte es in allen Details?

Da es keine Tatzeugen gab, war das Gericht auf Perlotts Schilderungen angewiesen, auf die Ermittlungsergebnisse der Kriminalbeamten – und auf unsere Erkenntnisse nach der Tatortbesichtigung und der Obduktion des Opfers. Da ich beides durchgeführt hatte, wurde ich vom Gericht als Sachverständige geladen. Die wichtigste Frage, die ich helfen sollte zu klären, lautete sinngemäß: Ist es anhand ihrer Verletzungen und der Auffindesituation der Leiche vorstellbar, dass Christiane Wellbrinck während eines Streits getötet wurde?

Nach Perlotts Version sollte sich Folgendes zugetragen haben: Wie am Vortag verabredet, stand er an dem Abend punktgenau um neunzehn Uhr vor ihrer Wohnung. Angeblich in bester Stimmung, weil die letzten Treffen zwischen ihnen überaus harmonisch verlaufen waren, aber wohl auch, weil er sich seit dem Nachmittag einige Dosen Bier genehmigt hatte. Die beiden machten einen Spaziergang durch das Viertel und holten sich an einer Imbissbude jeder einen Döner, er zahlte. Nach ungefähr einer Stunde beendeten sie ihre Runde, steuerten Christiane Wellbrincks Wohnung an, öffneten dort in der Küche eine Flasche Rotwein und machten es sich auf der Couch im Wohnzimmer gemütlich. Sie sprachen wieder über gemeinsame Urlaubspläne. Irgendwann schaltete Christiane Wellbrinck das Radio ein. Eine Zeitlang dudelte es nebenher, dann standen sie auf und tanzten miteinander, eng umschlungen wie ein Liebespaar. Perlott meinte, sie seien schon auf der Couch zärtlich zueinander gewesen, mit Händchenhalten und so. Beim Tanzen wagte er den nächsten Vorstoß: Er küsste sie – und sie ließ es geschehen. Irgendwann landeten sie im Bett.

Genau an diesem Punkt ging es um besagte Wahrunterstellung. Perlott sagte aus, Christiane Wellbrinck hätte ihm die gleiche Leidenschaft entgegengebracht wie er ihr. Zum ersten Mal seit der Trennung sei sie einverstanden gewesen, mit ihm zu schlafen. Sie habe lediglich darauf bestanden, dass er ein Kondom benutzte, was er auch tat.

Allerdings dauerte das Vergnügen für ihn nicht lange, und für sie war es vermutlich gar keins. Urplötzlich drückte sie ihn von sich weg und wand sich unter seinem Körper hervor. Ohne dass er sich ihren abrupten Sinneswandel habe erklären können, sei die Stimmung innerhalb von Sekunden umgeschlagen. Sie habe ihn angeschrien und mit wüsten Beschimpfungen attackiert. Ein regelrechter Ausbruch sei das gewesen, so aufbrausend habe er sie vorher noch nie erlebt. Und auch nicht so verletzend.

So weit war vorstellbar, was er erzählte. Vielleicht hatte sie Mitleid mit ihm gehabt. Vielleicht hatte sie die Zärtlichkeiten aber auch genossen, zumindest am Anfang. Und vielleicht war ihr dann mit einem Mal bewusst geworden, dass sie das alles doch nicht wollte, die Küsse, den Sex, ihm Hoffnung machen. Deshalb die Wahrunterstellung, die Annahme, es könnte so gewesen sein.

Allerdings ließ sich die auf den weiteren Verlauf des Abends nicht anwenden, so wie Perlott ihn erlebt haben wollte. Christiane Wellbrinck habe sich rasch angezogen und das Schlafzimmer verlassen, erzählte er, um kurz darauf wieder dorthin zurückzukehren. Vermutlich sei er ihr nach nebenan gefolgt, könne sich daran aber nicht erinnern. Er wisse nur noch, dass er plötzlich die Sechs-Liter-Weinflasche in seinen Händen hielt, und dann sei alles sehr schnell gegangen. Aber nicht, weil er ohnehin vorgehabt hätte, sie umzubringen. Das sei im Affekt geschehen, er habe sich einfach nicht mehr unter Kontrolle gehabt. Der viele Alkohol und die schlimmen Beleidigungen, die sie ihm an den Kopf geknallt habe – da seien ihm die Sicherungen durchgebrannt.

Das wäre dann nicht als Mord zu werten gewesen, wie es in der Anklageschrift formuliert stand, sondern als Totschlag – was Perlott einige Jahre Gefängnis erspart hätte. Doch konnte sich die Tat überhaupt so abgespielt haben?

Das Gericht hegte starke Zweifel, ich auch. Oberflächlich betrachtet mag Perlotts Version durchaus plausibel geklungen haben: Zwei Menschen hatten Sex miteinander, die Frau wollte plötzlich nicht mehr, es kam zum Streit, der Mann schlug zu. Sie war nur in keiner Weise mit dem, was von den Polizisten und auch von uns am Tatort vorgefunden – oder vielmehr *nicht* vorgefunden – wurde, in Einklang zu bringen. Außerdem wiesen Perlotts Schilderungen bei näherer Betrachtung verdächtige Lücken und zahlreiche Widersprüche auf.

Es fing damit an, dass die Tat im Schlafzimmer geschehen sein sollte – was durchaus glaubhaft schien –, die Weinflasche jedoch vorher nachweislich im Wohnzimmer gestanden hatte, und dort nicht etwa griffbereit, sondern verpackt in einer Holzkiste. Um an sie heranzukommen, musste man erst ein kleines Brett entfernen, mit dem sie am Flaschenhals gesichert war. Ganz abgesehen davon, dass sie aufgrund ihrer Größe und des Gewichts von reichlich neun Kilo nicht besonders handlich war.

Perlott hätte also vom Schlafzimmer über den Flur ins Wohnzimmer gehen, die Halterung lösen und die Flasche heraushieven müssen, um sich anschließend mit seiner schweren Fracht wieder zurück ins Schlafzimmer zu begeben. Und dort wartete das spätere Opfer in aller Seelenruhe, was als Nächstes geschehen würde – oder wie sollte man sich das vorstellen?

Wäre Christiane Wellbrinck betrunken gewesen, man hätte vermuten können, dass sie die Gefahr unterschätzte oder einfach eingedöst war. In ihrem Blut wurde aber kein Alkohol nachgewiesen. Vielleicht hatte sie im Verlauf des Abends etwas Wein getrunken, viel kann es aber nicht gewesen sein.

Auch die Möglichkeit, Perlott könnte die Weinflasche bereits vor dem Streit ins Schlafzimmer bugsiert haben, schied mit hoher Wahrscheinlichkeit aus. Weshalb hätte er das tun sollen? Christiane Wellbrinck hatte die Flasche vor allem als Dekorationsstück gekauft, das wusste er. Und in der Küche standen genügend andere Weinflaschen normaler Größe, die sie hätten trinken können.

Nur einmal angenommen, es wäre doch so gewesen – mit diesem Monstrum von Flasche hätte er weder überraschend noch blitzschnell zuschlagen können. Überraschend schon deshalb nicht, weil sie der Schlag frontal getroffen hatte, das konnte man an der Wunde erkennen. Christiane Wellbrinck hätte den Angriff also kommen sehen und garantiert versucht, ihm auszuweichen. Und falls er ihr diese Möglichkeit genommen hätte, etwa indem er sie vorher in eine Ecke des Zimmer drängte, sie hätte auf jeden Fall ihre Arme nach oben gerissen, um den Schlag abzuwehren, ihren Kopf zu schützen. Das wiederum hätte Spuren an ihren Händen oder Armen hinterlassen, irgendwelche Verletzungen, zumindest ein Hämatom. Doch nicht einmal die Andeutung eines Hämatoms hatte ich finden können, bei der äußeren Leichenschau so wenig wie bei der Obduktion.

Ganz zu schweigen von Blutspuren, die es dann im Zimmer hätte geben müssen, wenigstens einige Spritzer oder kleine Tropfen, an der Wand, am Schrank, auf dem Boden, irgendwo – aber da war nichts! Nicht einmal im Bett, außer an den bereits beschriebenen Stellen, was jedoch nicht auf einen Kampf hindeutete, nicht einmal auf eine Abwehrreaktion. Hätte Christiane Wellbrinck in ihrem Bett auch nur gesessen, als Perlott mit der überdimensionalen Flasche auf sie einschlug, wäre mit Sicherheit Blut auf andere Bereiche des Betts gespritzt, gegen das Kopfende oder gar gegen die Wand dahinter. Oder auch getropft. Denn so viel stand fest: Der Schlag hatte – vermutlich auch durch das Gewicht der Flasche – eine relativ große Kopfplatzwunde verursacht, aus der es sofort stark geblutet haben musste.

Und es gab noch zwei Details, die Perlotts Ausführungen wenig glaubhaft erscheinen ließen: Einmal die Tatsache, dass Christiane Wellbrinck auf eine Sehhilfe angewiesen war, ohne wäre sie vermutlich nicht einmal ins Bad gelangt, ohne irgendwo gegenzulaufen. Hätte sie aber ihre Brille aufgehabt, als Perlott zuschlug, wäre diese beschädigt worden oder auf den Boden gefallen, wahrscheinlich beides. Stattdessen lag sie völlig unversehrt auf dem Nachtschrank. Und Kontaktlinsen hatte sie auch keine getragen.

Der zweite Punkt betraf ihre Kleidung. Perlott sagte aus,

die Zweiunddreißigjährige habe sich wieder angezogen, nachdem sie den Sex mit ihm abgebrochen hatte. Demnach hätte sie sich während des anschließenden Streits wieder entkleiden und ihr Nachthemd überstreifen müssen, in dem sie dann gefunden wurde.

Nein, es sprach so ziemlich alles dafür, dass Christiane Wellbrinck nicht nur im Bett gelegen, sondern auch geschlafen haben musste, und somit völlig wehrlos war, als er auf sie einschlug.

Die Sache mit dem Nachthemd war allerdings tatsächlich etwas rätselhaft. Und genauso, dass sie sich nach dem heftigen Streit zum Schlafen ins Bett legte, ohne Perlott vorher aus der Wohnung zu werfen. Doch es muss so gewesen sein, anders war es nicht zu erklären. Er besaß keinen Schlüssel, der es ihm ermöglicht hätte, erst zu gehen und dann später noch einmal zurückzukehren und unbemerkt in die Wohnung zu gelangen, um die Tat auszuführen.

Dass Christiane Wellbrinck an einem emotional aufgeladenen Abend wie diesem anscheinend völlig arglos war, lässt sich wohl nur nachvollziehen, wenn man sich die Beziehung der beiden vor Augen führt, in der so etwas wie Harmonie ein äußerst seltener Zustand war. Dagegen gehörten Streitereien zum Alltag. Man könnte sagen, sie waren geübt darin, wobei ihre Auseinandersetzungen wenig konstruktiv gewesen sein können, sonst hätten sie sich nicht dauernd wiederholt. Diese Regelmäßigkeit hatte dazu geführt, dass irgendwann beinahe jeder Streit zwischen ihnen ablief wie nach einem festen Regieplan – immer nach demselben, unabhängig davon, welches Thema gerade zur Debatte stand: Einer fing an, dem anderen Vorwürfe zu machen. Der wehrte sich, indem er mit Anschuldigungen zurückfeuerte. Beide gerieten ordentlich in Fahrt, was sich in einer entsprechenden Lautstärke niederschlug, aber selten lange andauerte. Ähnlich einem Gewitter, das sich genau dann entlädt, wenn es über einen hinwegzieht, und danach ist es vorbei. So schnell sie aufbrausten, so schnell beruhigten sich ihre Gemüter wieder, als wäre es nicht mehr als eine lästige Gewohnheit. Jedenfalls hatten solche Streitereien niemals dazu geführt, dass einer den anderen vor die Tür setzte, oder dass einer von ihnen davonrannte, was noch naheliegender gewesen wäre. An diesem eingespielten Verhalten hatten sie anscheinend auch nach ihrer Trennung nichts geändert, wenn sie einander besuchten.

Für beide war es also ein ganz normaler Vorgang, dass sich Christiane Wellbrinck nach dem Streit ins Bett legte, um zu schlafen, und sich auch nicht weiter um ihn scherte.

Was Perlott in der Zeit anstellte, bis sie fest schlief, in welchem Zimmer er sich derweil aufhielt, ob er womöglich selbst für ein Weilchen einnickte – all das konnte das Gericht nicht klären. Im Urteil wurde von der Vermutung ausgegangen, dass er zu aufgebracht gewesen sei, um einschlafen zu können. Ihm sei nach dem missglückten Liebesakt und dem anschließenden Wortgefecht offenbar endgültig klargeworden, dass die Beziehung nicht mehr zu retten war. Dadurch sei er in einen akuten depressiven Verstimmungszustand verfallen, in dem er keine Zukunft mehr für sich gesehen habe. Als Folge dessen habe sich sein Denken ausschließlich darauf gerichtet, die seit Monaten anhaltenden Todesphantasien wahr werden zu lassen.

Es muss nach Mitternacht gewesen sein, als er die Weinflasche aus der Holzkiste nahm, ins Schlafzimmer ging, neben dem Bett stehenblieb – vielleicht noch einen Augenblick überlegte, welche Position die geeignetste war – und die Flasche niedersausen ließ. Hätte Christiane Wellbrincks Kopf auf einem harten Untergrund gelegen, ihr Schädelknochen (oder die Flasche) wäre vermutlich zertrümmert worden. So aber federten die Matratze und das weiche Kissen den Schlag ab, wodurch einiges an seiner Wucht verlorenging. Die Platzwunde über der Schläfe muss sofort heftig geblutet haben, zum Tod geführt hatte sie nicht.

Perlotts Aussage nach war sein Opfer zwar bewusstlos gewesen, hatte aber noch geatmet. Er hat angeblich auch den Puls gefühlt. Einen zweiten Schlag mit der Flasche kann er nicht gewagt haben, sonst hätte das Blutspurenbild im Bett anders ausgesehen, es hätte weiträumig verteilte Blutspritzer geben müssen. Ich ging davon aus, dass Christiane Wellbrinck durch den Schlag aufgewacht war. Perlott wird nicht zugelassen haben, dass sie sich groß regte. Er muss schnell seine Hände um ihren Hals gelegt und sie erwürgt haben. Möglicherweise hielt er ihr dabei auch den Mund zu, aus Furcht, dass sie schreien könnte. Todesursache war jedenfalls eindeutig Erwürgen.

Keine halbe Stunde nach der Tat saß Mike Perlott bereits in seiner Wohnung am Laptop, stellte einige der vorformulierten Abschiedsbriefe fertig und verfasste noch einen gänzlich neuen Text mit der Überschrift »Ein letzter Gruß«:

Die Abschiedsbriefe sind geschrieben. Ich hoffe, die Menschen, an die sie gerichtet sind, werden mich verstehen. Ich habe in den letzten Wochen oft überlegt, wie es weitergehen soll. Dabei ist der Gedanke in mir gereift, diese schreckliche Tat zu begehen. Ich weiß keinen anderen Ausweg, für mich nicht und für Christiane auch nicht. Ich habe das Leben immer geliebt, aber jetzt hat es für mich keinen Sinn mehr.

In der heutigen Nacht ist diese Tat nun Wirklichkeit geworden. Christiane liegt tot in ihrer Wohnung. Leider, oder sollte ich das nicht sagen? Ich habe es doch so gewollt. Aber warum spüre ich keine Erleichterung?

Ich hoffe, ich finde jetzt die Kraft, meinem Leben ebenfalls ein Ende zu setzen. Sonst wäre alles umsonst gewesen.

Das soll ein letzter Gruß sein. Nehmt ihn als Abschied, spätestens in zwei Stunden werde ich auch nicht mehr leben.

Und bitte glaubt mir, ich konnte nicht anders.

Euer Mike

Es dauerte siebenunddreißig Minuten, dann hatte er alles erledigt, die Texte ausgedruckt, den Ordner »TOD« gelöscht und den Laptop ausgeschaltet. Beamten der Kriminaltechnischen Untersuchung (KTU) gelang es später, die gelöschten Daten wiederherzustellen. Deshalb auch die genaue Zeitangabe.

Anschließend legte Perlott das Blatt mit seinem »letzten Gruß« auf den Küchentisch, steckte die anderen Abschiedsbriefe in einen braunen Umschlag und verließ die Wohnung.

Obwohl er während der Zeit am Schreibtisch noch mehr Alkohol getrunken hatte und sein Pegel bei ungefähr zwei Promille gelegen haben dürfte, wie wir später errechneten, stieg er wieder ins Auto, fuhr zur Wohnung seines besten Freundes, um den Umschlag in dessen Briefkasten zu deponieren. Anstatt der Adresse hatte er »Bitte an die entsprechenden Personen weiterleiten!« draufgeschrieben, und darunter das Wort »DANKE«, in krakeligen Großbuchstaben, als hätte ihm beim Schreiben die Hand gezittert.

Dafür, dass er sich wochenlang intensiv mit dem Gedanken beschäftigt hatte, sich umzubringen, wirkte sein Verhalten in dieser Nacht geradezu unentschlossen. Als hätte ihn auf einmal der Mut verlassen. Nachdem er die Briefe eingeworfen hatte, kurvte er ziellos durch die Stadt. Erst als der Morgen dämmerte, hielt er in einer Hochhaussiedlung am östlichen Stadtrand. Er parkte sein Auto, ging von Eingang zu Eingang, bis er eine Haustür fand, die nur angelehnt war. Drinnen fuhr er mit dem Lift ins oberste Stockwerk und ging aufs Dach hinaus. Dort wählte er auf seinem Handy die Nummer seines besten Freundes, doch es sprang nur dessen Mailbox an. Die Nachricht, die er darauf hinterließ, kam im Prozess zur Sprache – als Beweis seiner Täterschaft, aber auch dafür, dass er nicht mit dem Vorsatz zu Christiane Wellbrinck gefahren war, sie zu töten. Diese Frau, klagte er mit weinerlicher Stimme auf dem Band, habe ihn völlig fertiggemacht. Es sei schrecklich, aber er habe einfach nicht mehr anders gekonnt.

Mike Perlott sprang nicht. Er musste auch nicht gerettet werden. Nachdem er eine Weile dort oben verbracht hatte, noch zwei oder drei Telefonate führte, bei denen er immer dasselbe von sich gab, stieg er wieder herunter, steuerte die erwähnte Polizeiwache an und stellte sich. Das muss etwa zu der Zeit gewesen sein, als wir zum Tatort aufbrachen. Jemand von den Angerufenen hatte die Polizei verständigt und damit die Ermittlungen in Gang gebracht.

Die Große Strafkammer des Landgerichts verurteilte Mike Perlott wegen Mordes. Die Richter sahen es als erwiesen an, dass er die Arg- und Wehrlosigkeit seines Opfers bewusst ausgenutzt hatte, um es zu töten. Damit erfüllte die Tat das Mordmerkmal der Heimtücke. Da beim Angeklagten eine schwere Persönlichkeitsstörung in Form »seelischer Abartigkeit« diagnostiziert wurde, trat Paragraph 21 des Strafgesetzbuchs in Kraft, der für den Fall einer verminderten Schuldfähigkeit ein geringeres Strafmaß vorsieht, maximal fünfzehn Jahre. Außerdem wurde ihm zugutegerechnet, dass er nicht vorbestraft war, sich selbst gestellt und die Tat gestanden hatte, wenn auch in einer mit Schutzbehauptungen gespickten Version. Und noch ein Aspekt spielte bei der Strafzumessung offenbar eine Rolle: Ohne das wohlmeinende beziehungsweise ambivalente Verhalten Christiane Wellbrincks, fanden die Richter, wäre es wahrscheinlich nicht zu der schrecklichen Tat gekommen. Ihre Hinwendung zum Angeklagten während der Trennungsphase habe zu seiner katastrophalen psychischen Entwicklung mit beigetragen.

Statt einer für Mord vorgesehenen lebenslangen Haftstrafe kam Perlott mit zehn Jahren davon. Inzwischen wurde er vorzeitig aus dem Gefängnis entlassen und seine Reststrafe auf Bewährung ausgesetzt.

IV.
Der unsichtbare Tod

Es ist nicht üblich, eine Obduktion unter freiem Himmel vorzunehmen. In diesem Fall jedoch war Vorsicht geboten – und frische Luft. Der Auftrag wurde uns als Eilsektion angekündigt. Ein Mann, der in einem Dorf in Niedersachsen, etwa siebzig Kilometer südlich von Hamburg, umgekommen war. Bei einem Betriebsunfall. Sein Leichnam wurde in der Leichenhalle eines Friedhofs in der Gegend aufbewahrt. Normalerweise wäre ich mit einem Kollegen hingefahren, um die Sektion vor Ort durchzuführen. Ich hatte mich auch schon auf den Ausflug aufs Land eingestellt, doch es kam anders.

Um mir eine Vorstellung darüber zu verschaffen, was mit dem Mann geschehen war, rief ich die zuständige Polizeidienststelle an und ließ mich mit einem Kommissar verbinden, der in der Sache ermittelte. Durch das Gespräch änderte sich mein Plan. Der Kommissar und ich verständigten uns darauf, dass es für die Beteiligten sicherer wäre, eine erste Inaugenscheinnahme nicht in einem geschlossenen Raum durchzuführen, also auch nicht im Sektionssaal. Am besten sei, schlug ich vor, er würde die Leiche zu uns ins Institut bringen lassen. Bis dahin könnten wir auf dem Hof alles vorbereiten.

Von dem Kommissar erfuhr ich, dass der Unfall nicht nur ein Todesopfer gefordert hatte. Neben dem Mann, den ich obduzieren sollte, war noch ein zweiter umgekommen. Auch seine Leiche sollte zu uns nach Hamburg überführt werden. Außerdem gab es drei weitere Opfer, die noch lebten. Sie wurden seit über zehn Stunden in einem Krankenhaus intensivmedizinisch versorgt. Zwei von ihnen, ein dreiundfünfzigjähriger Mann und eine vierunddreißig Jahre alte Frau, waren am Unfallort von Notärzten reanimiert worden. Jetzt schwebten sie in akuter Lebensgefahr. Ihre Chancen stünden mehr als schlecht, meinte der Kommissar. Bei dem dritten Opfer, einem achtundzwanzigjährigen Mann, seien die Ärzte weitaus zuversichtlicher.

Der Unfall hatte sich am frühen Morgen in einer Biogasanlage ereignet, von denen in dieser Region einige zu finden waren. In den meisten wurden ausschließlich pflanzliche Gärstoffe zur Erzeugung von Biogas genutzt. In der betreffenden verwendete man zusätzlich tierische Abfälle und Essensreste. Das erzeugte Gas wurde anschließend in ein Blockheizkraftwerk geleitet, wo Strom und Wärme daraus entstanden – erneuerbare Energie.

Für Bernd Wenzig, den Betriebsleiter der Anlage, und zwei seiner Mitarbeiter, darunter die bereits erwähnte Frau, hatte der Arbeitstag gerade erst begonnen. Es war kurz nach sechs Uhr. Die drei hielten sich in der Anlieferungshalle auf. Draußen vor dem Tor wartete bereits der Fahrer eines Tanklastwagens aus Belgien, der seine Fracht loswerden wollte. Geladen hatte er mehrere Tonnen Schweinedünndarmschleim, der in einem Pharmaunternehmen als Abfallprodukt angefallen war. Die unappetitliche Brühe brodelte in dem Tank bei einer Temperatur von etwa sechzig Grad Celsius vor sich hin. Durch Fäulnis- und Zersetzungsprozesse hatte sich Schwefelwasserstoff gebildet, ein nach faulen Eiern riechendes, stark giftiges Gas.

Der Laster rangierte rückwärts in die Halle, bis zu einer Grube, die normalerweise mit einer Metallklappe abgedeckt war, an diesem Tag aber offen stand. Bevor die Tankladung in die Grube gefüllt wurde, musste das Tor wieder verschlossen werden, um die Wirkung der Entlüftungsanlage nicht zu beeinträchtigen. Diese sorgte dafür, dass in der Halle ein gewisser Unterdruck entstand, der zu einem schnelleren Abzug der beim Umfüllen freigesetzten Gase führte. Gleichzeitig wurde über einen Ventilator großflächig ein Geruchsneutralisierungsmittel versprüht, um den Beschäftigten die Arbeit erträglicher zu machen.

Bernd Wenzig schloss einen dicken Schlauch an den Tank des Lasters an, das andere Ende befand sich in der Grube. Dann öffnete der Fahrer das Ventil, damit der Dünndarmschleim durch den Schlauch in die Grube laufen konnte.

Die anderen beiden Beschäftigten der Biogasanlage müssen sich zu diesem Zeitpunkt woanders in der Halle aufgehalten haben, allerdings in Sichtweite.

Kurz vorher war ein zweiter Tanklastwagen auf dem Gelände eingetroffen. Da der Fahrer – ein achtundzwanzigjähriger Mann aus Bremerhaven – sah, dass er warten musste, ging er ins Büro, um einen Kaffee zu trinken. Das Büro war ein abgetrennter kleiner Verschlag innerhalb der Anlieferungshalle. Durch eine Glasscheibe konnte man beobachten, was sich in der Halle tat. Fahrer, die mit dem Entladen ihrer Transporter noch nicht an der Reihe waren, warteten meistens dort, um zu sehen, wann es für sie weiterging. Wie viel Zeit zwischen dem Öffnen des Ventils durch den belgischen Lastwagenfahrer und dem Moment verstrich, als der junge Mann im Büro hastig seine Kaffeetasse absetzte und aufsprang, um hinauszurennen, ließ sich hinterher nicht genau rekapitulieren. Es dürften nur einige wenige Minuten gewesen sein.

Aufgeschreckt hatte ihn, was vor seinen Augen in der Halle geschehen war: Nur einen Augenblick nachdem der Belgier das Ventil aufgedreht hatte, waren er selbst und gleich darauf auch der Betriebsleiter Bernd Wenzig zusammengebrochen und bewusstlos auf dem Boden liegengeblieben. Als wären sie nacheinander von einer unsichtbaren Faust ausgeknockt worden. Die zwei Mitarbeiter, die sich ebenfalls in der Halle aufhielten, eilten ihnen zu Hilfe. Oder vielmehr: Sie taten es in der Absicht, ihnen zu helfen. Doch kaum hatten sie sich der offenen Grube genähert und zu den Bewusstlosen hinuntergebeugt, brachen auch sie zusammen, ohne noch mehr als ein klägliches Röcheln von sich zu geben.

Im ersten Impuls lief der achtundzwanzigjährige Lastwagenfahrer zu den vier Personen in die Halle. Sein Glück war, dass er gar nicht erst versuchte zu verstehen, was passiert war. Instinktiv muss ihm beim Anblick der anderen klargeworden sein, dass er nichts tun konnte, außer sich selbst in Sicherheit zu bringen. Und dafür musste er schleunigst aus dem Gebäude verschwinden.

Er schaffte es bis vor das große Hallentor, lief weiter über den Hof, Richtung Zufahrtsstraße. Sein Handy hatte er vorher schon aus der Tasche gezogen, und während er rannte, verständigte er keuchend die Feuerwehr. Nur noch wenige Meter, dann hatte er das Eingangstor des Zauns erreicht, der das weitläufige Areal umgab. Seine Schritte wurden immer schwerer, bis die Kraft, die ihn aufrecht hielt, ganz versagte. Er blieb stehen, rang schwer nach Luft, während ihn Übelkeit übermannte, dann sackte er zusammen.

Es dauerte fast eine Viertelstunde, bis die ersten Rettungskräfte eintrafen. Und das war schon schnell, da das nächste Krankenhaus über fünfzehn Kilometer entfernt lag. Am Eingangstor stießen sie auf den achtundzwanzigjährigen Lastwagenfahrer. Der kurze Aufenthalt in der Anlieferungshalle hatte bei ihm schwere Atemwegsverletzungen verursacht. Es ging ihm schlecht, aber er war bei Bewusstsein – und geistesgegenwärtig genug, die Rettungskräfte davor zu warnen, die Anlieferungshalle ohne Atemschutz zu betreten.

Während der junge Mann im Rettungswagen mit Blaulicht ins Krankenhaus gebracht und dort sofort intubiert und beatmet wurde, machten sich auf dem Gelände der Biogasanlage mehrere Feuerwehrleute daran, die Verunglückten aus der Halle zu bergen. Alle vier atmeten nicht mehr, bei keinem von ihnen war der Puls fühlbar, und sie hatten Schaum vor dem Mund.

Inzwischen waren weitere Rettungssanitäter und Notärzte eingetroffen. Minutenlang versuchten sie, die vier Verunglückten wiederzubeleben. Bei dem belgischen Lastwagenfahrer und der vierunddreißigjährigen Mitarbeiterin der Anlage gelang ihnen das. Beide wurden künstlich beatmet und, nachdem man sie für transportfähig hielt, in ein Krankenhaus gebracht.

Für Bernd Wenzig und seinen Angestellten kam jede Hilfe zu spät.

Alles deutete darauf hin, dass die Opfer schwere Vergiftungen erlitten hatten. Auch zahlreiche Einsatzkräfte klagten mittlerweile über Kopfschmerzen, Augenbrennen, Übelkeit und Erbrechen. Besonders die, die selbst in der Halle gewesen waren, wenn auch nur für einen kurzen Moment – der hatte genügt. Betroffen waren aber auch jene, die nur außerhalb der Anlieferungshalle mit den Verunglückten in Kontakt gekommen waren. Bei den Wiederbelebungsmaßnahmen hatten sie den unangenehmen Geruch von faulen Eiern wahrgenommen und offenbar giftige Gase eingeatmet, die sich in der Kleidung der Opfer festgesetzt hatten und im Freien ausdünsteten.

Wie es bei Unfällen mit sogenanntem Gefahrgut üblich ist, war die Feuerwehr mit spezieller Messtechnik angerückt. Zunächst wurde geprüft, ob auf dem Betriebsgelände Giftstoffe durch die Luft waberten. Mittlerweile hatte sich der Gestank weiter ausgebreitet. Er wurde vom Wind bis in den Ort hinübergetragen, der ein Stück entfernt lag.

Es handelte sich um ein Gemisch aus Kohlendioxid, Ammoniak und Schwefelwasserstoff. Wobei der mit Abstand größte Bestandteil Schwefelwasserstoff war. Das hätte einiges erklären können, wäre es den Einsatzkräften bekannt gewesen. Das war es zu dieser Zeit aber noch nicht. Erst Stunden später fand man das heraus.

Im Freien war die Konzentration, die gemessen wurde, zwar für die Nase unangenehm, aber nicht weiter gefährlich. In der Halle jedoch lag sie deutlich höher. Und das, obwohl die Absaugvorrichtung die ganze Zeit gelaufen war. Berücksichtigte man ihre Betriebsleistung, konnte man davon ausgehen, dass zum Zeitpunkt des Unfalls der Wert eine Dimension erreicht hatte, bei der wenige Atemzüge genügen, um mindestens bewusstlos zu werden, wenn nicht gar sofort zu sterben.

Schwefelwasserstoff wirkt nach Einatmen als starkes Zellgift für die Atmungskette. Liegt die Konzentration in der Luft bei 0,1 Prozent, tritt der Tod nach wenigen Minuten ein. Liegt sie bei 0,5 Prozent, wirkt das Gift innerhalb von Sekunden tödlich. Im schlimmsten Fall ist ein einziger Atemzug schon zu viel. Die amerikanische Wissenschaftlerin Alice Hamilton verglich die plötzliche, todbringende Wirkung des Schwefelwasserstoffs vor vielen Jahren in einem Buch mit einem Blitzschlag: »Death may come on like a stroke of lightning …«

Das Tückische dabei ist, dass man den typischen Geruch nach faulen Eiern, der einen alarmieren könnte, nur dann wahrnimmt, solange das Gas in einer relativ geringen Konzentration vorkommt, die keine irreversiblen Folgen hat. Übersteigt diese jedoch einen gewissen Wert, werden die Geruchsrezeptoren betäubt, so dass man die Gefahr im wahrsten Sinne des Wortes nicht mehr riechen kann.

Und noch etwas macht Schwefelwasserstoff, das auch Kloakengas genannt wird, in bestimmten Situationen besonders gefährlich: Aufgrund seiner hohen Dichte sammelt sich das nicht wasserlösliche Gas am Boden beziehungsweise direkt über der Gülle, oft auch in Blasen in der obersten Schicht davon. Das bedeutet, dort ist die Konzentration auch am höchsten. Als die beiden Mitarbeiter sich in der Halle nach unten gebeugt hatten, um Bernd Wenzig und dem belgischen

Fahrer zu helfen, waren sie mit ihren Köpfen förmlich in den Bereich mit der giftigsten Dosis eingetaucht. Deswegen wurden sie auch so schnell ohnmächtig.

Begünstigt wurde die Tragödie zusätzlich dadurch, dass in der Grube ein Rührwerk lief, wodurch das Gas freigesetzt und nach oben getrieben wurde, unterstützt durch den Sog, der durch die eingeschaltete Absaugeinrichtung in der Halle entstand. Doch das alles hätte möglicherweise nicht zu diesen schlimmen Folgen geführt, wäre die Grube durch die Klappe verschlossen gewesen. Das war sie an diesem Vormittag aber nicht, da der Elektromotor, mit dem sie sonst geöffnet und geschlossen wurde, nicht funktionierte.

Ungefähr zwei Jahre vor dem Unglück in der Biogasanlage hatte unser Institut mit einem ähnlichen Fall zu tun, der in seiner Tragik kaum zu fassen war. Zugetragen hatte er sich auf einem Bauernhof in Schleswig-Holstein, auf dem es eine Güllegrube gab, in die regelmäßig Tierfäkalien eingeleitet wurden. Sie war über eine Rohrleitung mit einem Güllesilo verbunden, das sich gleich daneben befand und wie ein nicht zu Ende gebauter Turm etwa drei Meter in die Höhe ragte, oben offen. Von der Grube konnte man dagegen so gut wie nichts erkennen. Der Landwirt, dem der Hof gehörte, hatte sie mit großen Betonplatten abgedeckt. Nur eine Stelle am Rand war offen geblieben, sie diente als Einstieg. Normalerweise lag darauf eine schwere Metallplatte, damit niemand hineinfallen konnte.

An dem betreffenden Tag, kurz vor Mittag, hievten der Landwirt und einer seiner Arbeiter die Platte beiseite. Sie wollten das Verbindungsrohr zwischen Grube und Silo reinigen und den Schieber, der auf der Seite der Grube eingebaut war und seit einiger Zeit den Dienst versagte, wieder in Gang bringen. Nachdem sie den Einstieg freigeräumt hatten, schoben sie eine Eisenleiter durch die Öffnung, bis sie auf dem Boden der Güllegrube Halt fand. Dann kletterte der Landwirt hinunter. Offenbar hatte der Achtunddreißigjährige gewusst, dass sein Vorhaben nicht ungefährlich war. Zur Sicherheit hatte er sich ein Seil um den Bauch gebunden und seinen Arbeiter angewiesen, das andere Ende gut festzuhalten und sich ja nicht von der Stelle zu rühren.

Die Grube war etwa dreißig Zentimeter hoch mit Gülle gefüllt. Darüber hatte sich eine Schicht Schwefelwasserstoff abgesetzt, die durch die Fäulnisprozesse entstanden war.

Eine Atemschutzmaske aufzusetzen, daran hatte der Landwirt nicht gedacht. Aber wahrscheinlich hätte die ihm auch nicht geholfen. Es vergingen nur wenige Minuten, dann brach er in der Grube bewusstlos zusammen und landete der Länge nach in der Gülle, sein Kopf tauchte darin unter.

Ob er vorher noch einen Hilferuf herausgebracht hatte, weiß man nicht. Denn anstatt seinen Chef sofort an dem Seil hochzuziehen, kletterte der Arbeiter ebenfalls in die Grube. Das mag in bester Absicht geschehen sein – es war ein fataler Fehler. Unten angekommen, fiel auch er um wie ein gefällter Baum. Kopf, Körper und Gliedmaßen verschwanden in der Gülle.

Die genauen Uhrzeiten ließen sich später nicht mehr eruieren, aber lange kann es nicht gedauert haben, bis die Mutter des Landwirts auf dem Hof erschien. Sie hatte in der Küche das Mittagessen zubereitet und sich gewundert, dass niemand gekommen war. In der Familie herrschten feste Tischzeiten. Sie suchte eine Weile nach ihrem Sohn, ehe sie die Leiter in der Grube entdeckte – und kurz darauf die beiden Männer, die reglos in der Tiefe lagen.

Hätte die Achtundsechzigjährige gewusst, dass sie ihnen nicht mehr helfen konnte, vermutlich wäre sie nicht hinabgestiegen. So aber starb auch sie dort unten.

Nach einer Weile kam der zweite Sohn der Bäuerin nach Hause. Er war offenbar unterwegs gewesen und hatte sich zum Essen verspätet. Da er die Küche leer vorfand, ging auch er nach draußen, um nachzusehen, wo Mutter und Bruder blieben.

Man mag es kaum glauben, aber er wurde an diesem Tag das vierte Opfer. Und das, obwohl er nicht einmal bis zum Boden der Grube hinunterkletterte. So weit kam er nicht, ihm schwanden bereits auf der Leiter die Sinne. Er wurde bewusstlos, blieb aber irgendwie an der Leiter hängen, stürzte nicht hinunter.

Als am frühen Nachmittag ein Futtermittellieferant auf den Bauernhof fuhr, anhielt und aus seinem Traktor stieg, hörte er den jungen Mann in der Grube röcheln. Der Lieferant schaltete schnell und bugsierte ihn nach oben ins Freie. Doch da war es schon zu spät. Noch bevor die Rettungskräfte eintrafen, starb er.

Der Futtermittellieferant blieb der Einzige, der ohne ernsthafte Vergiftungssymptome davonkam. Vermutlich hatte sich die Schwefelwasserstoffwolke, die durch die ersten drei Todesopfer aufgewirbelt worden war, inzwischen wieder wie eine unsichtbare Schicht auf die Gülle »gelegt«. Der Lieferant war aber auch nicht so tief in die Grube hinabgestiegen wie die anderen.

Die Leichen der vier Verunglückten wurden damals im Rahmen von Außensektionen in einem Krankenhaus in der Nähe obduziert. Der Raum, der dafür zur Verfügung stand, war weder besonders groß noch verfügte er über eine leistungsstarke Lüftungsanlage, wie sie heute in den meisten rechtsmedizinischen Instituten Standard ist. Vielleicht waren meine Kollegen, die die Sektionen durchführten, nicht besonders gut informiert worden. Oder sie hatten nicht damit gerechnet, dass sich das Gas so lange an und in den Körpern halten würde. Die Schwefelwasserstoff-Konzentration, die während der Leichenöffnungen in den Lungen und Atemwegen der Verstorbenen gemessen wurde, lag noch immer im toxischen

Bereich, so dass auch die Obduzenten und Sektionsgehilfen die Wirkung des Gases zu spüren bekamen. Zumal sie ihre Arbeit ohne besondere Schutzvorkehrungen verrichteten. Noch ehe sie fertig waren, klagte jeder von ihnen über leichte Vergiftungserscheinungen – Augenbrennen, Übelkeit und Reizung der Atemwege.

Dem wollten wir diesmal vorbeugen, deswegen zog das Obduktionsteam, das aus meinem Kollegen Dr. Lars Oesterhelweg, einem Sektionsgehilfen und mir bestand, nach draußen. Bis die Leichen von zwei Bestattern gebracht wurden, hatten wir neben der Einfahrt des Instituts, in einem Bereich, der von außen nicht einsehbar war, ein Zelt aufgebaut und alles für eine erste äußere Leichenschau vorbereitet. Das Zelt ließen wir an zwei Seiten offen, damit es darin luftig genug war. Es war Ende August, kein heißer, aber ein angenehm milder Spätsommertag. Am blauen Himmel trieben Schönwetterwolken, hin und wieder schob sich eine vor die Sonne und verdeckte sie für ein paar Minuten.

Die Leichen wurden wie üblich in Bergesäcken angeliefert. Bevor wir beim ersten Opfer mit der äußeren Leichenschau begannen, hatten wir die Feuerwehr verständigt. Sie schickte ein mit Messgeräten ausgestattetes Team, das die Höhe der Gaskonzentration feststellen sollte, die die Leichen ausdünsteten. Auch zu unserem eigenen Schutz.

Ich war für die Obduktion des verstorbenen Betriebsleiters zuständig. Wir öffneten den Reißverschluss des Bergesacks und hoben den Leichnam von Bernd Wenzig heraus. Sein Name stand auf einem Transportformular, das einer der Notärzte der Leiche beigelegt hatte. Wenzig war mit einer blauen Arbeitshose und einem schwarzen T-Shirt bekleidet, das die Rettungskräfte bei ihren Wiederbelebungsversuchen im Brustbereich aufgeschnitten hatten. Füße und Waden steckten in schwarzen Gummistiefeln, die im unteren Bereich mit bräunlichen Erdanhaftungen und kleinen weißlichen Sprenkeln, die wie getrocknete Milchflecken aussahen, beschmutzt waren. In den Hosentaschen fanden wir verschiedene Euro- und Cent-Münzen, einen Autoschlüssel, eine Minitaschenlampe sowie ein Schlüsselbund mit acht verschiedenen Schlüsseln und einem kleinen runden Schlüsselanhänger, der auf einer Seite weiß emailliert und mit einem geschwungenen blauen »G« verziert war. Mit diesem Buchstaben begann der Vorname seiner Frau.

Anschließend entkleideten wir die Leiche. Die Rückseite des Körpers wies deutlich sichtbar blau-violette Leichenflecke auf, die ich mit dem Finger nicht mehr wegdrücken konnte. Auffällig war, dass die Leichenflecke in der Kopfregion eine andere Farbe hatten, nämlich Grün. Es war sogar ein ziemlich sattes Grün, mit einer leichten Spur ins Bläuliche. So etwas hatte ich bei einer Leiche vorher noch nie gesehen. Jedenfalls bei keiner, die noch so »frisch« war.

Eine ähnliche, aber noch intensivere Grünfärbung der Haut ist typisch für Faulleichen. So nennen wir Leichen, die erst gefunden werden und bei uns auf dem Sektionstisch landen, nachdem die Verwesungs- und Fäulnisprozesse im Körper bereits ein fortgeschrittenes Stadium erreicht haben.

Ansonsten schien Bernd Wenzigs Kopf unverletzt, zumindest soweit man das von außen beurteilen konnte. Offenbar hatte er sich noch abstützen können, während er zusammengebrochen und auf den betonierten Hallenboden gefallen war. Davon zeugten einige Schürfwunden und kleinere Hämatome, die ich an den Knien, am rechten Handgelenk und an verschiedenen Stellen beider Arme fand. Wie es aussah, könnte er zunächst auf die Knie gesunken und dann seitlich auf den linken Ellenbogen gekippt sein, bevor er mit leicht zusammengekrümmtem Oberkörper auf dem Boden landete. Die eigentliche Fallhöhe des Kopfes dürfte nur sehr gering gewesen sein.

Nachdem wir die äußere Leichenbesichtigung beendet hatten, stellte die Feuerwehr noch einmal Messungen an. Dadurch, dass wir die kontaminierte Kleidung entfernt hatten und die Leiche inzwischen gut »ausgelüftet« war, lagen die Messwerte unterhalb des bedenklichen Bereichs. Deshalb entschlossen wir uns, die innere Besichtigung nun doch in den Sektionssaal zu verlegen. Wir hätten es auch draußen machen können, aber drinnen waren die Arbeitsbedingungen natürlich um einiges besser.

Nur einmal war der typische Schwefelwasserstoffgeruch noch deutlich wahrnehmbar – als wir die Atemwege eröffneten und dabei auch die Luftröhre durchtrennten. Dort war das Gas nach wie vor in einer relativ hohen Konzentration vorhanden.

Aber das war nur ein weiterer Hinweis auf eine Vergiftung. Bevor wir zu den Atmungsorganen vorgedrungen waren, hatten wir schon andere gefunden. Im Kopf zum Beispiel, dort stellten wir ein ausgeprägtes Hirnödem fest. Die Hirnrinde – sowohl des Groß- als auch des Kleinhirns – und die Stammknoten wiesen außerdem eine deutliche Grünfärbung auf. Die Farbe war ähnlich der der Leichenflecken, die sich am Kopf gebildet hatten.

Für eine Vergiftung sprachen aber auch ein blutiges Lungenödem, Schocknieren, ein akuter Blutstau in den inneren Organen, Erstickungsblutungen an der Herzaußenhaut, im Kehlkopfinneren und in den Nierenbecken.

Aufgrund der Vorgeschichte blieb am Ende nicht der geringste Zweifel, dass es eine Schwefelwasserstoffvergiftung war, die den Tod des Mannes herbeigeführt hatte. Und nicht nur seinen. Auch die Obduktion des belgischen Tanklastzugfahrers, die Lars und ich im Anschluss vornahmen, führte zu diesem Ergebnis.

Am nächsten Tag erreichte uns am Institut die Nachricht, dass in der Zwischenzeit auch zwei der anderen Opfer gestorben waren. Trotz intensivmedizinischer Behandlung hatte die vierunddreißigjährige Frau nicht einmal die Nacht nach dem

Unglück überstanden. Und nur wenige Stunden danach hatten die Ärzte auch den Kampf um das Leben des zweiten Mitarbeiters der Biogasanlage – er war drei Jahre jünger als sie – aufgeben müssen.

Einzig der junge Tanklastzugfahrer aus Bremerhaven schaffte es. Er sollte noch Wochen im Krankenhaus liegen, wurde später aber wieder völlig gesund.

Mit einem nicht weniger tragischen, wenn auch völlig anders gearteten Todesfall auf dem Land hatten wir uns einige Zeit später zu beschäftigen. Der Ort war so klein, dass man ihn kaum auf einer Karte finden konnte. Damals hatten wir noch kein Navigationsgerät im Auto. Im Grunde war es gar kein richtiger Ort, sondern eine weitflächig verstreute Ansammlung einzeln stehender Gehöfte, die von Feldern umgeben waren. Es gab weder so etwas wie einen Ortskern noch ein Gemeindehaus, nicht mal einen winzigen Supermarkt oder eine Schulbus-Haltestelle. Jedes Anwesen war so weit vom nächsten entfernt, dass man ein Fahrrad nehmen musste oder das Auto, um zum Nachbarn zu gelangen.

Das Gehöft, zu dem wir mussten, lag direkt neben einer Landstraße. Es gehörte den Nachfahren eines Schmieds, die den alteingesessenen familiären Handwerksbetrieb zu einer kleinen Metallbaufirma erweitert hatten. Als wir – mein Kollege Jan Sperhake und ich – auf den Hof fuhren, fielen mir drei Paletten mit schlanken, hohen Gasflaschen ins Auge; es waren solche, die man beim Schweißen verwendete. So aufgereiht sahen sie wie ein kleines Raketendepot aus.

Unmittelbar hinter ihnen erhob sich die grau-verwitterte Wellblechwand einer Halle, die ein ganzes Stück höher in den Himmel ragte als das Wohnhaus der Familie, das sich links davon befand und offensichtlich schon bessere Zeiten erlebt hatte. Von den Wänden, auch die waren grau, blätterte an mehreren Stellen der Putz. Rechts und links eines jeden Fensters hingen Fensterläden windschief in rostigen Halterungen. Ihr Holz schien früher grün gewesen zu sein, jetzt ließ sich die Farbe höchstens noch erahnen.

Bevor wir losgefahren waren, hatten wir nur relativ spärliche Informationen erhalten. Auf dem Gelände der Firma sei ein Arbeiter ums Leben gekommen, hatte man uns gesagt, offenbar zerquetscht von einem Gabelstapler. Nun sind Unfälle mit Gabelstaplern keine Seltenheit, auch wenn die wenigsten davon tödlich enden. Trotzdem hatte es der Polizist am Telefon höchst eilig gemacht und gedrängt, wir sollten so schnell wie möglich kommen, der ganze Vorgang sei ziemlich rätselhaft.

Grund zur Eile gab es auch deshalb, weil die Leiche des verunglückten Arbeiters noch immer am Unfallort lag – falls wir es denn mit einem Unfall zu tun hatten. Um diese Frage ging es nämlich vor allem.

Auf dem Hof hatte sich bereits eine kleine Abordnung versammelt: zwei Kriminalbeamte, ein Staatsanwalt, zwei Feuerwehrleute, jemand vom Gewerbeaufsichtsamt, und ein Rettungssanitäter war auch noch da. Wie sie dort standen, bildeten sie einen Halbkreis um eine etwas untersetzte Frau mit halblangen brünetten Haaren, die ich auf Mitte, Ende fünfzig schätzte. Sie trug schwarze Jeans und eine weinrote Strickjacke mit einem Gürtel aus Wolle, dessen Enden an beiden Seiten herunterhingen. Während sie sprach, rieb sie ihre Hände, als sei sie gerade dabei, sie unter einem Wasserstrahl zu waschen. Die Frau schien nervös zu sein, was man irgendwie verstehen konnte – sie war die Chefin der Firma.

Keine fünf Schritte von der Gruppe entfernt lag der Tote auf dem betonierten Boden, ausgestreckt in Rückenlage, die Arme dicht am Körper. Das rechte Bein berührte mit dem Knie das Vorderrad eines Gabelstaplers. Der wiederum stand etwa einen Meter vor einem hohen Stahlkoloss, von dem wir nicht wussten, welche Funktion er erfüllte. Die Firmenchefin klärte uns auf, es handelte sich um eine Maschine, mit der Metall gepresst wurde.

Etwa in der Mitte des eigentümlichen Monstrums befand sich eine Öffnung, wie ein aufgerissener metallener Schlund, das Ganze in Übergröße. Dorthinein ragten die Spitzen der Gabeln des Staplers. Die Aufgabe des Mannes, der jetzt zwischen Gabelstapler und Metallpresse lag, hatte darin bestanden, Metallplatten aus dem Lager zu holen und eine nach der anderen in besagten Schlund zu verfrachten, wo sie eine neue Form erhielten. Diese Arbeit hatte er nicht zum ersten Mal verrichtet, diesmal musste etwas schiefgegangen sein.

Unter dem Kopf des Mannes hatte sich kreisförmig eine Blutlache von etwa fünfzig Zentimetern Durchmesser ausgebreitet. Der Kopf war leicht zur Seite geneigt, von vorn betrachtet wirkte er unnatürlich schmal, als wäre er in einen großen Schraubstock gespannt worden.

Dieser Vergleich war gar nicht so abwegig, wie wir erfuhren. Tatsächlich war der Schädel des Mannes in Höhe der Schläfenregion auf beiden Seiten eingedrückt worden. Und zwar so stark, dass an den Bruchstellen jeweils ein Spalt klaffte, durch den man ins Schädelinnere sehen und das Hirngewebe erkennen konnte. Bei der Sektion des Kopfs zählten wir später mehr als zwanzig Knochenfragmente, in die der Schädel zerborsten war. Selbst das Hirngewebe war stellenweise regelrecht zu Brei gequetscht.

Um die Todesursache musste man bei einem massiven Schädel-Hirn-Trauma wie diesem kein großes Rätselraten veranstalten. Eine solch schwere Kopfverletzung überlebt niemand. Nicht die geringste Chance auf Rettung gibt es da, ganz gleich wie schnell der Betroffene ärztliche Hilfe bekäme. Und auch ungeachtet der Tatsache, dass der Mann in diesem Fall, nachdem ihm die Verletzungen zugefügt worden waren, noch eine gewisse Zeit gelebt haben dürfte. Wir fanden Blut in seinen Atemwegen, das musste er eingeatmet haben. Wobei ich von höchstens einigen wenigen Minuten Überlebenszeit spreche, mehr konnten es unmöglich gewesen sein.

Die Todesursache hätte man nur in Frage stellen können, wären wir bei der Obduktion auf andere schwerwiegende Verletzungen gestoßen, denen man ebenfalls eine todesursächliche Wirkung hätte zuschreiben müssen. Dann wäre aber immer noch zu prüfen gewesen, ob sie dem Opfer vor den Verletzungen am Kopf zugefügt wurden. Das erübrigte sich hier. Bis auf ein paar harmlose Blessuren war der Körper des Toten unversehrt.

Die eindeutig schwierigere Frage war, wie es zu den tödlichen Verletzungen kommen konnte. Angeblich gab es keine Zeugen, die gesehen hätten, was mit dem Mann passiert war. Die Ersten, die nach dem Vorfall in seiner Nähe auftauchten, zwei andere Arbeiter, wurden bereits mit dessen Folgen konfrontiert: Sie fanden ihn in aufrechter Position zwischen der Hubvorrichtung des Gabelstaplers und dem Oberteil des Metallpressenschlunds, das etwas hervorstand. Vermutlich war er da bereits tot. Ganz sicher aber hätte er längst auf dem Boden gelegen, wäre sein Kopf nicht zwischen der Presse und der Querverbindung am hinteren Ende der Gabeln eingequetscht gewesen.

Bei diesem Einsatz lernten wir einiges über Gabelstapler. Eine der wichtigsten Informationen, soweit es den Fall anging, war die, dass die meisten Stapler heutzutage mit Sitzkontaktschaltern ausgestattet sind. Diese sorgen unter anderem dafür, dass sich der Stapler nur dann fortbewegen kann, wenn jemand mit seinem Körper den Sitz belastet. Sobald der Fahrer seine Position verlässt, wird der Stromkreis unterbrochen und alles blockiert. Und genau das war der Punkt, der den Verdacht nahelegte, dass es vielleicht gar kein Unfall war, sondern jemand nachgeholfen hatte.

Die Ermittlungen zogen sich über Wochen hin. Bei einem zweiten Ortstermin, etwa einen Monat später, ging man daran, den Vorfall zu rekonstruieren. Nach einigen Versuchen konnte man mit ziemlicher Sicherheit beschreiben, aus welcher Position der Gabelstapler herangefahren sein musste und in welcher Höhe sich die Hubvorrichtung mit den Gabeln und der Querverbindung höchstwahrscheinlich befand. Nur löste das die entscheidende Frage nicht: Wie hatte sich der Stapler überhaupt in Bewegung setzen können, nachdem der Fahrer abgestiegen war?

Solange das nicht klar war, musste die Polizei in alle Richtungen ermitteln – Unfall, Mord, fahrlässige Tötung und was noch alles in Frage kam. Auch der Gabelstapler wurde begutachtet, sogar mehrmals. Dabei stellten die Fachleute zahlreiche Mängel fest, aber keinen, der dazu geführt hätte, dass der Motor von allein ansprang und der Stapler losfuhr.

Wir hatten unseren Auftrag mittlerweile erledigt, konnten nicht mehr helfen. Trotzdem interessierte uns natürlich, wie dieser Fall ausgehen würde.

Am Ende war es Kommissar Zufall, der den Ermittlern zum Durchbruch verhalf. Nach einer der technischen Untersuchungen, die nichts ergeben hatten, wurde der Gabelstapler zu der Firma zurückgeschafft. Beim Abladen passierte etwas beinahe Spukhaftes. Die Ladeplattform wurde hinten so weit geneigt, dass man den Stapler vorwärts hätte herunterrollen können. Doch der bewegte sich plötzlich in die andere Richtung, nach oben – ganz von allein. Also brachte man ihn gleich wieder in die Werkstatt. Wieder wurden alle denkbaren Messungen angestellt, um zu kontrollieren, ob die Fahrsteuerung ordnungsgemäß funktioniert. Und wieder kam man zu keinem Ergebnis, das einen weitergebracht hätte.

Erst als jemand – mehr aus Versehen – die Kabelenden des Sitzkontaktschalters berührte, fand man die Erklärung: Durch diese zufällige Überbrückung setzte sich plötzlich der Motor in Betrieb. Wäre die Bremse nicht angezogen gewesen, der Stapler hätte sich selbständig gemacht.

Da ich kein Sachverständiger für die Funktionsweise von Gabelstaplern bin, mache ich es kurz: Das Gefährt hatte schon einige Jahre auf dem Buckel, befand sich in Sachen Technik nicht auf dem neuesten Stand. Es besaß zwar den erwähnten Sitzkontaktschalter, aber der war erst nachträglich eingebaut worden – nicht fachgerecht, wie sich nun herausstellte. Offenbar hatte der Monteur zwei Kabel verwechselt. Aber das allein hätte noch nicht einmal zu dem tödlichen Zwischenfall geführt. Der Schalter funktionierte nämlich trotzdem – solange die Kabelenden durch den Sitzbezug geschützt waren. Mit der Zeit jedoch war der Sitzbezug ziemlich verschlissen, so dass in bestimmten Situationen, begünstigt durch Staub, Schmutz und Feuchtigkeit, eine leitfähige Verbindung zwischen zwei Kontakten entstand, die es nicht hätte geben dürfen. Und dadurch war der Stapler an dem Tag einfach losgefahren. Im denkbar schlechtesten Moment, nämlich als der Arbeiter abgestiegen und vor den Gabelstapler gegangen war, um die Metallplatte, die er antransportiert hatte, im Schlund der Presse in die richtige Position zu rücken. Es war also niemand anderes dagewesen. Kein Tötungsdelikt, ein tragischer Unfall.

V.
Urgewalten

Es war noch dunkel, als Berthold Grundoff an diesem Morgen seine Wohnung verließ. Ein stürmischer Novembertag. Vor der Tür schlug ihm eisiger Wind entgegen. Der Achtundvierzigjährige lebte in einem Dorf in der Nähe von Cuxhaven. Sein Auto hatte er am Abend wie immer am Straßenrand geparkt, direkt vor dem Haus. In der Nacht musste es Frost gegeben haben, die Scheiben des Wagens waren zugefroren. Berthold Grundoff kratzte sie frei, setzte sich hinters Lenkrad und fuhr los. Die Strecke führte über eine Landstraße. Er kam an mehreren Bauerngehöften vorbei. In einigen Häusern und Ställen brannte Licht, von anderen waren in der Dunkelheit nur die Umrisse zu erkennen. Nach einer Viertelstunde erreichte er seine Arbeitsstelle, einen Wasserbaubetrieb, in dem er seit siebzehn Jahren als Berufstaucher beschäftigt war.

Etwa anderthalb Stunden später – inzwischen war es hell geworden – verließ er das Firmengelände wieder, begleitet von zwei Kollegen. Die drei Männer steuerten den Kleintransporter, in dem sie unterwegs waren, nach Südosten und erreichten nach einiger Zeit das Hafenbecken einer kleinen Gemeinde an der Nordsee. Berthold Grundoff kannte die Gegend gut, und auch das Hafenbecken mit dem dazugehörigen Sperrwerk war ihm vertraut. Darin hatte er schon des Öfteren Tauchgänge absolviert. In der Mehrzahl waren es Routineeinsätze, bei denen er die verschiedenen Bereiche der Hafenanlage, die sich unter der Wasseroberfläche befanden, auf mögliche Defekte zu überprüfen hatte. Gelegentlich mussten kleinere Reparaturen erledigt werden. Die Aufträge erhielt seine Firma vom Amt für ländliche Räume.

Der achtundvierzigjährige Taucher war aber auch erfahren genug, um zu wissen, dass es trotz aller Routine und bei bester Kenntnis der örtlichen Gegebenheiten jedes Mal aufs Neue ein lebensgefährliches Unterfangen sein konnte. Hafenbecken und Sperrwerke an einem Meer wie der Nordsee haben ihre eigenen Gesetze – man könnte auch sagen: ihre eigenen Tücken. Durch die Tiden wechseln permanent Strömung und Sogwirkung des Wassers. Tauchgänge sind nur zu bestimmten Zeiten möglich, um das Risiko einigermaßen kalkulierbar zu halten. Und vor allem nur dann, wenn die Schotts des Sperrwerks geschlossen sind.

Für den ersten Tauchgang hatte er sich das Hafenbecken vorgenommen und die sogenannte Sielkammer, die direkt hinter dem Sperrwerk lag, geschützt vom Meer. Wie es die Vorschrift verlangte, war er dabei über ein Seil mit seinen Kollegen verbunden. Die beiden passten abwechselnd auf. Einer von ihnen saß im Auto, während der andere mit dem Seil in der Hand am Hafenbecken stand, um sofort reagieren zu können, falls Berthold Grundoff über das Seil ein Zeichen gegeben hätte. Sie hätten zusätzlich einen Funkkontakt einrichten können, doch darauf verzichteten sie. Das schien ihnen für diesen Auftrag nicht erforderlich. Der Tauchgang verlief dann auch ohne Komplikationen.

Nach der Mittagspause legte Berthold Grundoff ein zweites Mal seine Tauchausrüstung an. Er entschied sich für ein Leichttauchgerät mit zwei Flaschen, die mit zweihundert Bar komprimierter Luft gefüllt waren – ausreichend für zweieinhalb bis drei Stunden.

Bevor er erneut ins Wasser stieg, diesmal auf der Meerseite, vergewisserten sich seine beiden Kollegen noch einmal, ob die Schotts des Sperrwerks tatsächlich geschlossen waren. Hierfür gingen sie zur Kaimauer, wo sich eine Kontrollanzeige dafür befand. Bei seinem Tauchgang am Vormittag war Berthold Grundoff an einer Stelle eine Strömung aufgefallen, die es dort nicht hätte geben dürfen. Als Ursache kamen zwei Möglichkeiten in Betracht: Entweder war ein Schott doch nicht vollständig geschlossen, oder es hatte ein Leck.

Die Schotts muss man sich vorstellen wie große Metalltore, jedes wog mehrere Tonnen. Geöffnet und geschlossen wurden sie über eine Vorrichtung, die von einem Elektromotor angetrieben wurde. Bei einem routinemäßigen Probelauf, der einige Wochen zuvor stattgefunden hatte, war festgestellt worden, dass sich eines der Schotts weder heben noch senken ließ. Damals hatte man angenommen, der Elektromotor – nicht mehr das jüngste Modell – hätte den Geist aufgegeben. Und deswegen dachte man, das betreffende Schott sei gar nicht bewegt worden und demnach geschlossen. Das war auch das, was die Kontrollanzeige an der Kaimauer anzeigte – nach dem missglückten Probelauf genauso wie an dem Tag Ende November, als Berthold Grundoffs Kollegen darauf schauten.

Die Kontrollanzeige war defekt, aber das war nicht zu erkennen. Also gaben sie ihm grünes Licht, und er verschwand im Wasser. Wieder war er mit den an Land Gebliebenen über ein Seil verbunden.

Die beiden wunderten sich, dass er nach kurzer Zeit zwanzig Meter Seil verlangte, obwohl er in dem Bereich normalerweise nur sechs benötigt hätte. Um sicherzugehen, dass mit ihm alles in Ordnung war, zogen sie dreimal kurz am Seil. Das war das vereinbarte Signal, um ihm mitzuteilen, dass sie ihn hochziehen wollen. Berthold Grundoff »antwortete«, indem er seinerseits zweimal am Seil zog. Das bedeutete: Stopp. Also Entwarnung. Anscheinend sah er keinen Grund, dass sie ihn hochzogen.

Wobei man sich im Nachhinein fragen konnte, ob die Bewegungen des Seils überhaupt durch ihn herbeigeführt wurden. Es pfiff ein scharfer Wind, das Wasser war mehr als unruhig, noch dazu musste sich in der Tiefe ein höllischer Sog entwickelt haben. Denn das Schott, das sich bei dem Probelauf angeblich nicht bewegt hatte, stand doch einen Spaltbreit offen.

Falls das Seilsignal doch als solches gemeint und von Berthold Grundoff gesendet worden war, musste der Achtundvierzigjährige die Situation völlig falsch eingeschätzt haben. Jedenfalls war es das letzte Zeichen, danach kam keins mehr.

Seine Kollegen schienen daran zu zweifeln, dass das zweimal zuckende Seil als Signal zu werten war. Deswegen, berichteten sie später, hätten sie es ignoriert und stattdessen versucht, den Taucher aus dem Wasser zu ziehen. Erst nur einer allein, dann beide zusammen. Doch selbst mit doppelter Kraft gelang es ihnen nicht, von dem Seil mehr als einen oder zwei Meter zurückzubekommen. Es musste sich irgendwo verfangen haben.

Oder Berthold Grundoff selbst war es, der feststeckte.

Oder er war durch ein Leck – und infolge des enormen Sogs in einem solchen Fall – in den Umlaufkanal des Sperrwerks geraten.

Nichts davon ließ etwas Gutes ahnen.

Da sie in die eine Richtung nichts bewirken konnten, änderten die beiden Männer an Land ihre Taktik. Anstatt am Seil zu ziehen, rollten sie noch mehr davon ab und ließen Meter um Meter ins Wasser gleiten, erst zwanzig, dann dreißig, am Ende waren es fast hundert Meter. Ungefähr so viel Seil, schätzten sie, würde ihr Kollege brauchen, um durchs Sperrwerk bis zum Ende der Sielkammer zu gelangen. Ihre Hoffnung bestand darin, dass er dort wieder auftauchen würde. Luft musste er noch genug in den Flaschen haben.

Sie versuchten auszurechnen, wie lange er unter Wasser bis dahin bräuchte. Diese Zeit warteten sie ab. Als das Erhoffte nicht eintraf, alarmierten sie die Feuerwehr. Bis die ersten Rettungskräfte anrückten, hatte sich der Tag in die Dunkelheit verabschiedet, und es goss in Strömen.

Es war Sven Bennsen, der als Nächster ins Wasser stieg. Der Fünfunddreißigjährige wollte den vermissten Taucher retten. In der Zwischenzeit waren mehrere Feuerwehrzüge aus verschiedenen Orten der Umgebung eingetroffen, dazu Hilfskräfte vom THW, Rettungswagen mit Sanitätern und ein Notarzt. Später sollte die Bundeswehr noch einen Hubschrauber und Marinetaucher schicken.

Sven Bennsen war mit der Freiwilligen Feuerwehr seiner Heimatstadt gekommen, die rund dreißig Kilometer entfernt lag. Er hatte vor Jahren die Ausbildung zum Rettungstaucher absolviert und seither regelmäßig an Rettungsübungen teilgenommen. Außerdem spielte er Fußball in einem Verein und ging wöchentlich zum Schwimmtraining. Anders gesagt: Er war körperlich topfit und qualifiziert für den Einsatz. Trotzdem hätte er ihn nicht machen müssen, es war seine freie Entscheidung.

Die Feuerwehrmänner stellten Lichtmasten auf, deren Scheinwerfer grelles Licht aufs Wasser warfen. Bis auf einige, die so ausgerichtet waren, dass sie das Sperrwerk und den Platz, auf dem die Fahrzeuge der Rettungskräfte standen, taghell ausleuchteten. Vermutlich sogar etwas heller – ich weiß noch, dass es extrem düstere Tage waren damals.

Auch Sven Bennsen bekam ein Seil. Zusätzlich wurde über ein Tauchertelefon eine Sprechverbindung zwischen ihm und seinen Kameraden eingerichtet. Und es machte sich ein zweiter Rettungstaucher bereit, für den Fall, dass er blitzschnell Unterstützung gebraucht hätte.

Was sich danach ereignete, offenbar innerhalb von wenigen Augenblicken, stellte ich mir mehr als gruselig vor, als ich einen Tag später davon erfuhr.

Bei dem Wort »Taucher« wurde ich sofort hellhörig, da ich seit einiger Zeit selber tauchte. Ich war vor vielen Jahren Schnorcheln im Roten Meer. Seitdem bin ich total begeistert von der Welt unter Wasser. Ich wollte damals gern noch tiefer darin eintauchen, im wörtlichen Sinne. Aber es sollte gut zehn Jahre dauern, bis ich endlich die Gelegenheit hatte, einen Tauchkurs zu absolvieren. Ich machte meinen ersten Tauchschein in Hamburg und war sofort fasziniert, das war noch viel besser als Schnorcheln. Dieses Gefühl der Schwerelosigkeit unter Wasser! Am liebsten hätte ich jede freie Minute getaucht. Ich ließ keine Gelegenheit verstreichen, meine Tauchkünste zu verbessern. Sobald ein freies Wochenende anstand, fuhr ich an einen See zum Tauchen. Ich absolvierte alle möglichen Kurse, bis ich es zur Rettungstaucherin gebracht hatte. Der Kreidesee Hemmoor, nordwestlich von Stade, wurde zu einem meiner Lieblingsreviere. Der See war mal ein Kalkbergwerk, bis es geschlossen und geflutet wurde. Noch heute ist der Kalkgehalt des Wassers ziemlich hoch, wodurch darin kaum Pflanzen wachsen. An guten Tagen hat man über zwanzig Meter Sicht. Allerdings kann das Wasser selbst im Sommer recht kalt sein, unter zehn Grad. Dort zu tauchen ist nicht ungefährlich, aber das ist Tauchen nirgends. Besonders wenn man leichtsinnig wird oder es übertreibt und zu weit hinuntergeht. Die tiefste Stelle des Sees misst sechzig Meter. Normale Sporttaucher sollten spätestens bei dreißig Metern kehrtmachen. Besser vorher, um nicht Gefahr zu laufen, von einem Tiefenrausch, auch Stickstoffnarkose genannt, gepackt zu werden. Dabei wird das logische Denken ausgeschaltet, zumindest partiell, das Urteilsvermögen lässt einen im Stich, es kommt zu Angstattacken oder auch zu Euphorie, die in der Situation völlig unangebracht ist. Man stellt die dümmsten Sachen an, und das kann unter Wasser schnell böse enden. Von solchen Fällen sind schon einige bei mir auf dem Sektionstisch gelandet. Wenn man selber taucht, kommt man da natürlich ins Grübeln. Und ich muss auch jedes Mal daran denken, wie es mich einmal beinahe selbst erwischt hätte – allerdings nicht wegen eines Tiefenrausches.

Es war im Urlaub auf den Kapverdischen Inseln, mein erster Tauchurlaub. Mit einer kleinen Gruppe von Tauchern unternahm ich einen Tauchgang von der Küste aus. Wir liefen über den Strand. Uns fegte eine ordentliche Brise um die Ohren. Dass die Brandung nicht ohne war, konnte man sehen. In einem fort überschlugen sich am Ufer Wellen, kaum war eine da, rollte schon die nächste an. Trotzdem kamen wir ganz gut rein ins Wasser und tauchten ziemlich weit hinaus.

Wir waren nur zu viert, ein Ehepaar, beide sehr erfahrene Taucher, unser Divemaster und ich. Damals war ich noch sehr unerfahren, hatte weniger als dreißig Tauchgänge in meinem Logbuch stehen. Ich tauchte an der Seite des Divemasters, das Ehepaar bildete ein weiteres »Buddy-Team«. Das ist eine der wichtigsten Regeln beim Tauchen: Tauche niemals allein, sondern immer mit Buddy. Und der Buddy sollte stets in Reichweite sein, für den Fall, dass es Probleme gibt.

Die Sicht in der aufgewühlten See war nicht umwerfend, aber es lief alles wunderbar. Ein Problem bekam ich erst, als der Tauchgang zu Ende war und wir wieder an Land gehen wollten.

Ich hielt mich an den Divemaster, er kannte das Revier. Ich ging davon aus, dass er die Situation unter Kontrolle hatte. Das Wasser war schon recht flach, man konnte beinahe stehen, aber angesichts der Brandung versuchten wir so lange es ging unter Wasser zu bleiben. Der Divemaster war ein ganzes Stück größer als ich und konnte irgendwann stehen und aus dem Wasser schauen. Kurz nach ihm tauchte auch ich auf. Es waren noch gut zwanzig Meter bis zum Strand. Eigentlich ein Klacks, nur nicht wenn man sich mit dem kompletten Tauchgerät, inklusive Blei, Tarierjacket und Flasche, fortbewegen muss – und noch dazu Flossen an den Füßen hat. Bevor ich dazu kam, die Flossen abzustreifen, sah ich im Augenwinkel eine riesige Welle, die auf mich zurollte. Keine Chance, dachte ich nur, besser schnell abtauchen, bevor die Welle dich umhaut.

Aber sie packte mich und wirbelte mich herum, als wäre ich in die Trommel einer übergroßen Waschmaschine geraten, in der das Schleuderprogramm lief. Die Wassermassen rissen mir die Tauchermaske vom Kopf, reflexartig kniff ich die Augen zusammen, ich wollte meine Kontaktlinsen nicht verlieren. Ich dachte, solange ich den Atemregler im Mund behalte und meine Pressluftflasche auf dem Rücken habe, kann mir nichts passieren. Ich holte tief Luft und zog – trotz Atemreglers im Mund – eine stattliche Ladung Wasser, wovon ein Teil durch die Luftröhre direkt bis in die Lungen gespült wurde. Es brannte fürchterlich. Ich fühlte, wie Panik in mir aufstieg. Warum hatte ich statt Luft Wasser gezogen, wo ich doch den Regler fest zwischen meinen Zähnen hielt?

Kaum dass ich mich halbwegs wieder orientiert hatte, krachte eine neue Welle mit Karacho heran, so dass sich die Situation von eben wiederholte: Der nächste Schwung Salzwasser landete in meinen Lungen. Ich wusste nicht mehr, wo oben und unten war. Die Kräfte verließen mich. Mir schoss nur noch ein Gedanke durch den Kopf: Das war's, jetzt ist es vorbei! So also fühlt sich Ertrinken an!

Plötzlich spürte ich eine andere Kraft, die mich schnappte. Sie schien stärker als die Wellen zu sein. Das Herumwirbeln hörte mit einem Mal auf. Ich bewegte mich nur noch in eine Richtung, ohne dass ich hätte sagen können, welche es war. Und dann war plötzlich kein Wasser mehr um mich herum. Ich lag auf Sand. Jemand zog mir den Atemregler heraus, ich röchelte und hustete, und Flüssigkeit schwappte aus meinem Mund, sie schmeckte nach Salz.

Der zweite Divemaster, der an Land geblieben war, hatte bemerkt, dass ich in der Bredouille steckte. Ich möchte nicht wissen, was geschehen wäre, hätte er nicht so schnell reagiert und mich aus dem Wasser gefischt.

Der andere Divemaster, mein Buddy, hatte selbst genug Mühe, an Land zu kommen, er hätte mir nicht helfen können. Und das Ehepaar war gleich wieder abgetaucht, als es gesehen hatte, welche Schwierigkeiten uns die Brandung bereitete. Die beiden suchten sich einen günstigeren Abschnitt, wo die Wellen nicht mit solcher Kraft ans Ufer schlugen, um aus dem Wasser zu kommen.

Als ich einigermaßen wieder bei mir war, begriff ich auch, warum ich Wasser anstelle von Luft eingeatmet hatte. Der Atemregler war ursprünglich mit einem Kabelbinder an dem Gummimundstück befestigt gewesen und über einen Schlauch mit der Pressluftflasche auf meinem Rücken verbunden. Doch der Wucht des Wassers hatte der Kabelbinder nicht standgehalten, der Atemregler war abgerissen worden. Was ich krampfhaft zwischen meinen Zähnen festgehalten hatte, war einzig und allein das Gummimundstück gewesen.

Ich war fix und fertig und schwor mir, nie wieder zu tauchen. Mit diesem Vorsatz ging ich am nächsten Tag zum Tauchlehrer, doch der wollte davon nichts hören. »Natürlich tauchst du wieder!«, sagte er entschieden, und ehe ich mich versah, fand ich mich auf dem kleinen Boot wieder, mit dem unsere Tauchgruppe aufs Meer hinausschipperte. Meine Ausrüstung hatte ich auch dabei. Doch als die anderen in die Fluten stiegen und ich mit sollte, heulte ich Rotz und Wasser. Ich brachte es einfach nicht über mich – ich hatte Angst, mir könnte wieder etwas passieren. Und ich wusste, Angst war für einen Taucher ein denkbar schlechter Begleiter. Alles Zureden nützte nichts, ich blieb im Boot.

Beim nächsten Tauchgang versuchte ich es noch einmal. An dem Tag war das Meer schön ruhig. Wir fuhren wieder mit dem Boot hinaus. Ich ging es ganz langsam an, Schritt für Schritt, beinahe wie in Zeitlupe. Wäre jemand an Bord gewesen, der mich nicht kannte, er hätte vermutlich gedacht, dass ich mich zum ersten Mal ins offene Meer wagte.

Irgendwann war ich mit dem Kopf unter Wasser und sah die ersten Fische vorbeihuschen – ich liebe Fische. Da wusste ich: Es geht wieder.

Eines hat sich seitdem allerdings nicht geändert: Ertrinken ist für mich eine der schlimmsten Todesvorstellungen. So will ich auf keinen Fall sterben.

Rettungstaucher Sven Bennsen wird gewusst haben, dass der Einsatz vor dem Hafenbecken an der Nordsee nicht ungefährlich war. Und das nicht nur wegen der Dunkelheit und des aufgewühlten Wassers, das im Licht der Feuerwehrscheinwerfer schlammbraun schimmerte und keine gute Sicht vermuten ließ. Immerhin wurde mit Berthold Grundoff kein Lebensmüder und auch kein leichtsinniger Schwimmer vermisst – was um diese Jahreszeit ohnehin ausgeschlossen war –, sondern jemand, der von Berufs wegen tauchte, der solche Sperrwerksanlagen wie seine Westentasche kannte und die Erfahrung von Hunderten von Tauchgängen ähnlicher Art vorzuweisen hatte.

Der Wasserstand war inzwischen weiter angestiegen, so dass auch der Druck gegen das Sperrwerk stärker geworden sein dürfte – und entsprechend der Sog, der durch das leicht geöffnete Schott entstand. Von einer besonders starken Strömung oder einem gefährlichen Sog war von oben allerdings nichts zu sehen. Dafür war es zu stürmisch, das Wasser zu unruhig.

Nachdem die bei solchen Einsätzen üblichen Sicherheitsvorkehrungen getroffen worden waren, stieg Sven Bennsen auf der Seeseite des Sperrwerks über eine Eisenleiter ins Wasser. Er schwamm zu dem Seil, durch das Berthold Grundoff mit seinen Kollegen verbunden gewesen war, und griff danach. Wenn er dem Seil folgte, so sein Plan, müsste er irgendwann auf den vermissten Taucher stoßen.

Die anderen Rettungskräfte beobachteten ihn von der Kaimauer aus. Dort stand auch der zweite Rettungstaucher, einsatzbereit in voller Montur. Es dauerte nicht länger als drei Minuten, dann sahen sie, wie der Fünfunddreißigjährige abtauchte, die Kappe des Taucheranzugs, die er über seinen Kopf gezogen hatte, verschwand als Letztes unter Wasser.

Das Nächste, was sie von ihm wahrnahmen, war ein Notruf über Tauchertelefon, nur einen Augenblick später. »Sog! Sog! Sog!«, rief er, dann war plötzlich Stille, der Funkverkehr brach ab. Sofort versuchte der Feuerwehrmann, der das Sicherheitsseil gehalten hatte, ihn zurückzuziehen. Er schaffte es nicht, auch nicht mit der Unterstützung seiner Kameraden. Man muss sich die Urgewalt des Wassers dort unten vorstellen: Da zogen dreizehn ausgewachsene Männer mit ihrer ganzen Kraft, und trotzdem bekamen sie das Seil nicht einen einzigen Meter zurück.

Einen Moment überlegte der Einsatzleiter, den zweiten Rettungstaucher hinterherzuschicken. Schließlich entschied er sich dagegen. Die Gefahr, dass ihm das Gleiche widerfahren könnte, schien zu groß. Stattdessen ordnete er an, Sven Bennsen mehr Seil zu geben. Anscheinend trieb ihn dieselbe Hoffnung, die zuvor bereits die beiden Kollegen von Berthold Grundoff zur gleichen Entscheidung geführt hatte. Da sich die aber auch jetzt nicht erfüllte, beschloss man, das Sperrwerk zu fluten. Falls die beiden Taucher tatsächlich in den Umlaufkanal gesogen worden waren, wovon einige inzwischen ausgingen, hätten sie auf diese Weise hinausgespült und vielleicht gerettet werden können. Zumindest für Sven Bennsen konnte diese Chance bestehen, in seinen Taucherflaschen dürfte noch ausreichend Luft gewesen sein – für Berthold Grundoff schon längst nicht mehr.

Doch es blieben beide verschollen.

Erst als in der Nacht Ebbe einsetzte und dadurch die Strömung nachließ, wagten sich die nächsten Rettungstaucher ins

Wasser. Sie suchten über eine Stunde, ehe sie die Männer in dem Umlaufkanal fanden, dessen Schott ein Stück offen gestanden hatte. Beide waren tot.

Es muss ein ungeheuer starker Sog gewesen sein, der sie durch die kleine Öffnung förmlich hineingesaugt hatte, samt ihrer Seile, die mehrfach um die Leichen geschlungen waren, gerade so, als hätte jemand versucht, sie zu einem Paket zusammenzuschnüren, es dann aber aufgegeben hatte. Deswegen konnten die Leichen auch nur gemeinsam geborgen werden.

Beiden Männern waren die Masken und die Flaschen weggerissen worden, man fand sie später im Hafenbecken, wo auch die Flossen im Wasser trieben. Die Druckminderer an den Flaschen waren kaputt, die Manometer abgebrochen, nichts war heil geblieben.

Ich fuhr zusammen mit einem Kollegen zu den Außensektionen. Da beide direkt nacheinander erledigt werden sollten, wechselten wir uns ab – zuerst war ich federführende Obduzentin, danach machten wir es umgekehrt. Außer dem Sektionsgehilfen und uns waren noch zwei Kripokommissare anwesend, die die Ermittlungen in dem Fall durchführten. Kommt jemand auf unnatürliche Art zu Tode, wird immer die Kripo eingeschaltet, ohne Ausnahme.

Wir begannen mit der Leiche von Berthold Grundoff. Er war zuerst gestorben, das konnte man voraussetzen. Es wurde aber auch durch den Ermittlungsbericht vom Unglücksort bestätigt. Darin waren einige Angaben des Notarztes festgehalten, der den Tod der beiden Taucher bescheinigt hatte. Demnach war bei der Leiche des Achtundvierzigjährigen die Leichenstarre bereits ausgeprägt gewesen, als sie geborgen wurde, während sie bei der Leiche des Rettungstauchers noch nicht eingesetzt hatte. Bei beiden wird die niedrige Temperatur des Wassers – sie lag bei fünf Grad Celsius – diesen Prozess erheblich verzögert haben.

Ich hätte mir gern einen Eindruck von dem demolierten Tauchgerät verschafft, aber das hatte die Polizei komplett sichergestellt, um es von einem Sachverständigen begutachten zu lassen. Obwohl der Fall klar schien, da beide Taucher dasselbe Schicksal ereilt hatte, musste geklärt werden, ob nicht möglicherweise ihre Ausrüstung manipuliert worden war. Die Männer waren sich zu Lebzeiten nie begegnet, auch über Dritte hatte keine Verbindung zwischen dem einen und dem anderen bestanden. Es wäre also ein unglaublicher Zufall gewesen, hätte beiden jemand auf diese perfide Art nach dem Leben getrachtet, noch dazu zur gleichen Zeit und am gleichen Ort. Aber wer hätte entscheiden wollen, ob es einen solch unglaublichen Zufall nicht doch geben konnte?

Ansonsten aber kam Berthold Grundoffs Leichnam auf den Sektionstisch, wie man ihn aus dem Wasser gezogen hatte. Bekleidet war er mit einem schwarzen Neoprenanzug, der an beiden Knien aufgerissen war. Auch an den Handmanschetten hing das Kautschukmaterial in Fetzen. Wodurch diese Beschädigungen auch entstanden sein mochten, sie hatten offenbar dazu geführt, dass er seine Handschuhe verlor, beide waren weg. Und die Handrücken der Hände wiesen Schleifverletzungen auf.

Wir schnitten den Tauchanzug vom Hals nach unten auf und schälten die Leiche vorsichtig heraus. Vier- oder fünfmal wiederholten wir das, so viele Schichten hatte Berthold Grundoff übereinandergezogen, was ich angesichts der Jahreszeit nicht überraschend fand. Die Kleidung unter dem Neoprenanzug war unbeschädigt, außer an den Knien, dort waren die verschiedenen Stoffe durchgescheuert bis auf die Haut, und von der war auch nicht mehr viel da.

Das meiste hatte jedoch der Kopf abbekommen. Die Gesichtshaut war an einigen Stellen aufgerissen, das Nasenbein gleich mehrfach gebrochen, seitlich vom Kinn, auf der linken Gesichtshälfte, klaffte eine tiefe Wunde. Der Oberkopf sah aus, als wäre er skalpiert worden. Die Kopfschwarte war komplett vom Schädelknochen abgelöst, die Haare fehlten. Der Hinterkopf schien deformiert, auch dort war ein Stück Kopfschwarte abgelöst.

Wir stellten fest, dass die Verletzungen kaum unterblutet waren. Normalerweise spricht das dafür, dass sie postmortal entstanden sein mussten. Doch bei Wasserleichen ist das nicht immer so klar zu definieren. Im Wasser kommt es bei offenen Verletzungen auch vor Eintritt des Todes nicht unbedingt zu nennenswerten Unterblutungen. Umso weniger, je näher beides zeitlich beieinander lag.

Bei der Sektion kamen dann auch noch eine Halswirbelfraktur und ein Rippenbruch zum Vorschein. Beide Verletzungen dürften durch stumpfe Gewalt herbeigeführt worden sein und waren am ehesten als Folge eines Aufpralls erklärbar. Schwieriger war es mit der Zuordnung, wann er sie erlitten hatte: Wurde er durch die Halswirbelfraktur außer Gefecht gesetzt, oder war er zu diesem Zeitpunkt bereits tot und wurde durch den enormen Sog und die Wasserverwirbelungen irgendwo gegengeschleudert? Vorstellbar war beides.

Wenngleich man nur vermuten konnte, was in der Tiefe mit dem Taucher geschehen war – zur Todesursache ließ sich eine klare Aussage treffen. Bei der Sektion der Hals- und Brustorgane stießen wir auf eindeutige Zeichen des Ertrinkens: vom ausgeprägten Lungenödem und einer Überblähung der Lungen über Blutarmut und Schlaffheit der Milz, weißlichen feinblasigen Schaum in den Atemwegen bis hin zu sogenannten Paltauf'schen Flecken unter den Lungenüberzügen. Das sind spezielle fleckenförmige Blutungen, die typischerweise auftreten, wenn jemand ertrunken ist. In der Regel sind sie bis zu fingernagelgroß, rötlich und etwas verschwommen, ohne klare Ränder. Hervorgerufen werden sie durch Gewebszerreißungen mit der Folge von Blutungen aus Kapillaren, den kleinsten Blutgefäßen im menschlichen Organismus.

Wobei ich dazusagen sollte, dass ertrinkungstypische Befunde von Fall zu Fall unterschiedlich ausgeprägt sind und eine geringgradige Ausprägung beziehungsweise ein Fehlen dieser Befunde nicht automatisch dagegensprechen, dass die Person ertrunken ist.

Rein wissenschaftlich betrachtet macht es übrigens einen Unterschied, ob beim Ertrinken Salzwasser oder Süßwasser in die Lungen und damit in den Blutkreislauf gelangt. Ich glaube, das wissen viele nicht. Da Süßwasser so gut wie kein Natriumchlorid, also Kochsalz, enthält, der Salzgehalt im Blut dagegen bei etwa 0,6 Prozent liegt, kommt es zur Diffusion – vereinfacht gesagt: ein Teil des eingeatmeten Wassers tritt ins Blut über. Dadurch wird das Blut innerhalb weniger Minuten verdünnt, vor allem steigt das Flüssigkeitsvolumen in den Blutgefäßen rapide an, was wiederum eine enorme Mehrbelastung für die rechte Herzkammer mit sich bringt. Außerdem quellen durch das Ausgleichen des Salzgehalts die roten Blutkörperchen auf und platzen.

Beim Ertrinken in Salzwasser geschieht praktisch das Gegenteil. Dadurch, dass der Salzgehalt des Wassers, das eingeatmet wird, mit drei bis vier Prozent deutlich über dem des Bluts liegt, geht der Austausch in die andere Richtung vonstatten. Blutflüssigkeit, aber auch Flüssigkeit aus dem umgebenden Gewebe, diffundiert in die Lungen und verursacht ein Lungenödem, die Lungen quellen stark auf. Also, grob gesagt – insgesamt ist es natürlich ein weitaus komplexeres Geschehen.

In beiden Fällen laufen diese Prozesse innerhalb kürzester Zeit ab, wobei der Ertrinkungsvorgang im Salzwasser wesentlich länger dauert als im Süßwasser. Im Süßwasser sind es nur etwa vier Minuten, im Salzwasser sind es dagegen etwa acht, vom ersten, noch bewussten Atemanhalten bis zum Eintritt des Todes. Das klingt kurz, wenn man sich allerdings vorstellt, dass man eine gewisse Zeit davon noch im vollen Bewusstsein erlebt, relativiert sich der Begriff »kurz« doch etwas. Als Betroffener wird man es als eine Ewigkeit empfinden.

Der Vollständigkeit halber soll noch erwähnt werden, dass sich die Leiche von Sven Bennsen, die wir danach obduzierten, in einem ähnlichen Zustand befand. Am Kopf, im Gesicht und an den Händen wies sie nahezu die gleichen Verletzungen auf, außer dass ihr noch das rechte Ohr abgetrennt worden war. Eine Halswirbelfraktur hatte der Fünfunddreißigjährige nicht erlitten. Dafür waren mehr als die Hälfte seiner Rippen gebrochen, fast alle zwei-, teilweise auch dreifach, dass man schon von einer Zertrümmerung sprechen konnte. Die dürfte schwerlich durch nur einen einzigen Aufprall verursacht worden sein. Außerdem war das linke Kniegelenk regelrecht auseinandergerissen. Der Unterschenkel wurde nur noch von der Haut gehalten, er war fast um hundertachtzig Grad nach hinten verdreht.

Aber auch hier bestand kein Zweifel, dass der Tod durch Ertrinken eingetreten war.

Jahre später, ich lebte inzwischen in London, wurde ich noch einmal mit einem verunglückten Taucher konfrontiert. Der Unfall, wie er sich abgespielt haben sollte, gehörte in die Kategorie der klassischen Tauchunfälle. Das Ungewöhnliche, weshalb ich mich gut daran erinnere, waren eher die Umstände der Obduktion. Und die Tatsache, dass er – es handelte sich um einen Mann Mitte vierzig – während einer Kreuzfahrt durch die Karibik gestorben war, bei einem Tauchgang vor den Virgin Islands. Normalerweise hatte ihn seine Frau immer bei den Tauchgängen begleitet. An diesem Tag war sie jedoch an Bord geblieben, da sie sich eine Ohrinfektion zugezogen hatte. So stand es im Untersuchungsprotokoll, das zusammen mit der Leiche aus der Karibik nach London gebracht worden war.

Stirbt ein britischer Staatsangehöriger während eines Auslandsaufenthalts, wird der Leichnam fast immer über Heathrow zurückgeflogen – und bei unklarer Todesursache obduziert. Die Leichen, die in Heathrow ankommen und für eine Obduktion vorgesehen sind, werden in eine von drei Leichenhallen gebracht, die im Zuständigkeitsbereich des Coroners für das Gebiet West London liegen. Eine davon steht in Fulham, und für die arbeitete ich. Also, nicht für die Leichenhalle, sondern dort im Auftrag des Coroners beziehungsweise seiner Dienststelle – zu den Besonderheiten des britischen Leichenschauwesens komme ich noch.

Die Leiche des Mannes war bereits auf den Virgin Islands obduziert worden. Dort hatte man festgestellt, dass er offenbar schon vorher Probleme mit dem Herzen gehabt hatte und sein Tauchunfall darauf zurückzuführen war. Aber das wollten seine Angehörigen, allen voran die Ehefrau, nicht glauben – oder nur nicht wahrhaben. Die Frau meinte, er sei kerngesund gewesen. Gut möglich, dass es einen versicherungstechnischen Hintergrund gab, der sie motivierte, auf dieser Feststellung zu beharren. Das kann ich nicht beurteilen.

Tatsächlich schien es ein paar Ungereimtheiten zu geben. Zum Beispiel, warum keiner früh genug bemerkt hatte, dass er in Schwierigkeiten steckte. Immerhin war er nicht allein im Wasser gewesen, sondern zusammen mit einer Tauchergruppe, angeführt von einem Tauchlehrer. Wieso war niemandem aufgefallen, dass er plötzlich weg war? Und warum hatte er keinen Buddy neben sich gehabt? Es wäre auch interessant gewesen zu erfahren, ob er vorher Alkohol konsumiert hatte oder vielleicht auch Drogen; in der Karibik einen Joint aufzutreiben, dürfte nicht weiter schwierig sein. Dafür wäre ein toxikologisches Gutachten erforderlich gewesen. Ein solches hatte auf den Virgin Islands allerdings niemand in Auftrag gegeben, jedenfalls nicht, dass wir es erfahren hätten.

Ich konnte all diese Fragen auch nicht mehr klären. Um die

Leiche für die Überführung nach England transportfähig zu machen, hatte man sie einbalsamiert. Dabei wurde das Blut im Gefäßsystem des toten Körpers durch eine formaldehydhaltige, desinfizierende Lösung ersetzt, die mit Hilfe einer speziellen Pumpvorrichtung eingespritzt worden war. Ungefähr elf Liter benötigt man bei der Leiche eines Erwachsenen dafür. Meistens wird das über die Halsschlagader bewerkstelligt. Außer es wurden zuvor große Blutgefäße durchtrennt, etwa bei einer Obduktion, dann muss man das Mittel an mehreren Stellen einleiten. Ziel ist es, dass sich die Flüssigkeit anschließend durch die Zellwände hindurch überallhin verbreitet. Erst dadurch kann der Verwesungsprozess im gesamten Körper verzögert werden. Allerdings nur für einige Wochen, je nach Konzentration der Lösung. Irgendwo habe ich gelesen, dass die Frau von Michail Gorbatschow, nachdem sie in Münster gestorben war, mit derselben Methode für den Rücktransport nach Russland konserviert wurde. Und auch Papst Johannes Paul II. soll nach seinem Ableben eine solche Behandlung erfahren haben, damit man ihn bedenkenlos im Vatikan aufbahren konnte.

Manche behaupten, die Haut von Toten, die auf diese Weise einbalsamiert werden, sehe im Vergleich zu der von unbehandelten Leichen geradezu rosig aus. Dem kann ich nur widersprechen. Ich finde, dass sie eher aschfahl aussehen. Auf jeden Fall macht das Einbalsamieren mir die Arbeit nur schwerer. Solche Leichen zu sezieren, ist ein einziger Albtraum. Man kann nicht beschreiben, welch fürchterlichen Gestank sie verbreiten, sobald man ihre Körperhöhlen öffnet. Und gesund ist Formaldehyd auch nicht gerade. Meine Augen brennen jedes Mal höllisch, und mir laufen in einem fort die Tränen.

Ungeachtet dessen konzentrierte ich mich darauf herauszufinden, was mit dem Mann während seines letzten Tauchgangs passiert war. Oder sollte ich besser sagen: passiert sein könnte?

Laut Ermittlungsprotokoll war er seit vierundzwanzig Minuten im Wasser, als der Unfall passierte. In dieser Zeit hatte er es bis in eine Tiefe von dreiundzwanzig Metern geschafft. Dort unten herrschte eine starke Strömung. Dagegen anzuschwimmen dürfte ihn ziemlich viel Kraft gekostet haben. Dass man leicht in Luftnot gerät, wenn man sich beim Tauchen mehr als üblich anstrengt, hatte ich selbst schon erlebt. In so einer Situation kommt es darauf an, Ruhe zu bewahren und nicht zu hyperventilieren.

Der Mann war übergewichtig, sein Herz wird schwer gepumpt haben. Bei der Obduktion zeigte sich, dass es auch vergrößert war. Das musste nicht, konnte aber ein Indiz für eine Herzschwäche sein. Zudem fand ich im Bereich des Herzmuskels kleinere Narben. Auch das ein Hinweis, dass sein Herz nicht unbedingt das allergesündeste Organ gewesen war.

Für mich stellte sich das so dar: Aufgrund der vorbestehenden Herzerkrankung hatte er mehr Probleme mit der Strömung als die anderen Taucher. Durch die Erschöpfung und die Luftnot musste er in Panik geraten sein. Anstatt sich in einem vernünftigen Tempo Richtung Wasseroberfläche zu bewegen, schien er versucht zu haben, so schnell wie möglich dorthin zu gelangen. Sein Tauchcomputer hatte ihm Aufstiegswarnungen gegeben, das ging aus dem Ermittlungsprotokoll hervor. Solche Signale weisen Taucher darauf hin, wenn sie zu schnell nach oben unterwegs sind. Durch zu schnelles Auftauchen aus einer bestimmten Tiefe kann es zu einem Dekompressionsunfall kommen. In der Tiefe werden die Körpergewebe aufgrund des erhöhten Partialdrucks mit Stickstoff angereichert. Entsprechend entsättigen sie sich wieder beim Aufstieg. Bei einem zu schnellen Aufstieg passiert in etwa das, was man beobachten kann, wenn man eine Champagnerflasche schüttelt und dann öffnet. Aufgrund des raschen Druckabfalls bilden sich in den Gefäßen Stickstoffbläschen, die dort Schäden anrichten, sogar zu einer Verstopfung derselben führen können. Lebensgefährlich kann beides sein.

Es war allerdings weder ein besonders tiefer noch ein besonders langer Tauchgang gewesen, von daher hielt ich diese Möglichkeit für wenig wahrscheinlich. Es gibt aber noch ein anderes Problem bei einem zu schnellen Aufstieg, welches weitaus häufiger auftritt. Die Luft, die sich in den Lungen befindet, wird in der Tiefe durch den Druck stark komprimiert. Bei einem raschen Aufstieg dehnt sie sich kräftig aus und kann Lungenrisse verursachen, sofern man nicht ständig ausatmet.

Ich ging davon aus, dass der Mann ertrunken war, möglicherweise in Kombination mit einem Lungenriss.

VI.
Tödliche Ohrfeige

Ich hockte in einem kleinen Waldstück am nordöstlichen Stadtrand von Hamburg. Es war bitterkalt, und es regnete. Neben mir zwei Polizisten, die mit Schaufeln ein Loch in den Erdboden gegraben hatten. Es maß ungefähr zwei mal ein Meter und war geschätzt dreißig Zentimeter tief. Über unseren Köpfen spannte sich das Dach eines Zelts, eine Art Gartenpavillon, die Seitenteile fehlten. Ein paar Meter weiter hatte die Feuerwehr einen Lichtmast aufgestellt, der die Szenerie in ein gespenstisches Licht tauchte. Es war der Tag vor Weihnachten, am frühen Abend. Da ich Dienst hatte, war der Anruf bei mir aufgelaufen. Es hieß: »Wir haben einen Tatort.«

Fundort wäre treffender gewesen, obwohl man es sicher auch als Tat bezeichnen konnte, jemanden in der Erde zu vergraben. Wir hatten die Leiche einer Frau vor uns, so viel konnte man bereits erkennen. Sie lag auf dem Rücken, ihre Konturen waren freigelegt. Die Polizisten hatten, bevor ich eingetroffen war, das Erdreich vorsichtig Schicht für Schicht abgetragen. Sie wussten, was sie erwartete – nur nicht, wie tief sie die Grube ausheben mussten, um auf den Leichnam zu stoßen. Damit wir ihm jetzt mit den Schaufeln keine neuen Verletzungen zufügten, nahmen wir unsere Hände, die in Handschuhen steckten, um ihn komplett freizulegen.

Viel zu klären gab es für mich vor Ort nicht. An eine Bestimmung der möglichen Todeszeit war nicht zu denken, dafür lag die Leiche bereits zu lange dort. Der Körper der toten

Frau befand sich mittlerweile in einem fortgeschrittenen Stadium der Fäulnis.

Die sogenannten späten Leichenveränderungen beginnen mit der Autolyse. Diese setzt unmittelbar nach Eintritt des Todes ein. Dabei zersetzen sich die Körperzellen praktisch selbst, bewirkt durch körpereigene Enzyme. Das Ganze geschieht also von innen heraus, ohne Beteiligung körperfremder Organismen oder irgendwelcher Bakterien. Durch die autolytischen Prozesse brechen die Abwehrmechanismen endgültig zusammen, wodurch die Einwanderung von Mikroorganismen begünstigt wird, die nunmehr einen idealen Nährboden vorfinden.

Für die Fäulnisvorgänge spielt die Umgebungstemperatur eine maßgebliche Rolle. Zusätzlich beeinflussen Sauerstoffgehalt und Ausmaß der bakteriellen Besiedlung des Körpers die zeitlichen Verhältnisse. Als grobe Faustregel gilt, dass Fäulnisprozesse bei einer Leiche an der Luft doppelt so schnell ablaufen wie im Wasser und achtmal schneller als bei einer, die wie die Frau in der Erde vergraben wurde.

Äußerlich sichtbar werden die Vorgänge im Körper meist zuerst im rechten Unterbauch, wo sich die Haut grünlich verfärbt. Dort wird der Dickdarm gewöhnlich am meisten gasgebläht und liegt dann an der Bauchwand an. Das Fäulnisgas Schwefelwasserstoff diffundiert durch die Bauchwand und verursacht die Grünfärbung. Im weiteren Verlauf verfärbt sich die Haut dann auch an anderen Körperpartien, und das Venennetz beginnt durchzuschimmern. Die nächste Stufe zeichnet sich durch eine Aufblähung der Körperhöhlen und Weichteile ab, was durch typische Fäulnisgase wie Ammoniak und Schwefelwasserstoff, aber auch durch Methan, Stickstoff und Kohlendioxid verursacht wird, die sich im Inneren bilden. Aus Mund und Nase tritt Fäulnisflüssigkeit aus, die von Laien meist für Blut gehalten wird, aber keines ist. Auf der Haut bilden sich Fäulnisblasen, die mit einer schmutzig-rötlich-bläulichen oder grünlichen Flüssigkeit gefüllt sind. Später beginnt sich die Haut abzulösen, Haare und Nägel lassen sich leicht herausziehen ... So geht es weiter, bis der Körper ins Stadium der Verwesung eintritt. Wobei sich Fäulnis und Verwesung teilweise parallel vollziehen. Bis irgendwann nur noch das Skelett übrigbleibt. Liegt eine Leiche im Freien, vergehen bis dahin mehrere Monate bis Jahre. Unter der Erde dauert es entsprechend länger. Das hängt unter anderem von der Luftdurchlässigkeit der Erde ab, die bei lehmigen und tonigen Böden nicht selten extrem eingeschränkt ist und zu sogenannten Fettwachsleichen führen kann, die selbst nach dreißig oder vierzig Jahren noch nicht verwest sind.

Eine solche Fettwachsbildung kommt auch bei Wasserleichen vor, die aus irgendwelchen Gründen nicht zeitnah an die Wasseroberfläche aufgestiegen sind. Bei Leichen, die sich in bewegter trockener Luft befinden, kommt es hingegen zur Mumifizierung. Die Haut trocknet aus, fühlt sich lederartig an und ist von bräunlicher Farbe. Nase, Lippen, Ohren, Finger und Zehen trocknen besonders schnell und verfärben sich schwarz. Es kann durchaus vorkommen, dass Mumifizierung, Skelettierung und Fettwachsbildung gleichzeitig an einer Leiche auftreten.

Die freigelegte Leiche vor mir hatte vermutlich etwa drei Monate dort gelegen, so lange wurde die Frau bereits vermisst. Und so lange hatte sie auch niemand gesehen. Immer wieder hatten die Lokalzeitungen über ihr Verschwinden berichtet. Manchmal stand ihr Name sogar in der Überschrift: Melanie Bricksmann. Sie war sechsundvierzig Jahre alt gewesen, von Beruf Krankenschwester, geschieden, Mutter von zwei Töchtern, Zwillingen, die gerade das Teenageralter erreicht hatten.

Melanie Bricksmanns Spur hatte sich an einem Samstagabend verloren, als sie die beiden Mädchen alleinließ, um zu ihrem Freund zu fahren, der Geburtstag hatte. Sie kannte den

Mann erst wenige Wochen, und sie wusste auch nicht, ob es der Richtige war, aber vor ihm hatte sich lange überhaupt niemand für sie interessiert. Als Krankenschwester im Schichtdienst und alleinerziehende Mutter hatten ihr sicher auch die Gelegenheiten gefehlt, jemanden kennenzulernen.

Mit ihren Töchtern hatte sie ausgemacht, dass sie über Nacht wegbleiben, am nächsten Morgen aber zum Frühstück wieder zurück sein würde. Auf dem Heimweg wollte sie vom Bäcker frische Brötchen mitbringen – »und dann machen wir es uns richtig schön gemütlich«, hatte sie gesagt, »nur wir drei Mädels«.

Am Morgen deckten die Mädchen den Tisch, und dann warteten sie. Als ihre Mutter zur vereinbarten Zeit nicht auftauchte, waren sie enttäuscht. Als sie zwei Stunden später immer noch nicht da war und sie sie auch auf ihrem Handy nicht erreichen konnten – das war ausgeschaltet –, schlug die Enttäuschung in Sorge um.

Aufgeregt riefen sie ihre Großeltern an, die im gleichen Viertel wohnten, nur ein paar Straßen weiter. Sie kamen sofort und versuchten die Mädchen zu beruhigen. Die Geburtstagsfeier sei sicher etwas länger gegangen, ihre Mutter habe bestimmt nur verschlafen. Doch mit jeder Stunde, die verging, ohne dass sich die Sechsundvierzigjährige meldete, glaubten sie selbst immer weniger daran. Den Freund ihrer Tochter konnten sie nicht anrufen, sie kannten weder seinen Namen noch wussten sie, wo er wohnte.

Am Abend fuhr der Großvater zur nächsten Polizeiwache und erstattete eine Vermisstenanzeige. Seine Tochter hätte ihre beiden Töchter niemals im Stich gelassen, sagte er, es müsse irgendetwas passiert sein.

Die Beamten kamen ziemlich schnell darauf, bei wem Melanie Bricksmann die Nacht verbracht hatte. Eine Kollegin im Krankenhaus hatte sich wenige Tage zuvor die Handynummer eines Anrufers auf dem Rand ihrer Schreibtischunterlage notiert; er hatte Melanie Bricksmann sprechen wollen und meinte, es sei privat. Die Nummer gehörte tatsächlich ihrem neuen Freund.

Werner Manritz, ein neununddreißigjähriger Installateur, machte gegenüber den Beamten, die kurz darauf bei ihm vor der Tür standen, keinen Hehl daraus, dass er seinen Geburtstag mit ihr gefeiert hatte und sie auch über Nacht geblieben war. Am Morgen jedoch sei sie gleich nach Hause gefahren. Um welche Uhrzeit, das wisse er nicht, auf jeden Fall viel zu früh. Er sei noch hundemüde gewesen, habe sich nur umgedreht und weitergeschlafen. Falls sie ihm nicht glaubten, könnten sie seinen Stiefbruder fragen, der sei an dem Abend dabei gewesen und habe ebenfalls bei ihm übernachtet. Dem Stiefbruder sei gar nichts anderes übriggeblieben, wurde Werner Manritz regelrecht redselig. So blau wie er gewesen sei, wäre er nicht einmal die Treppe im Hausflur unfallfrei hinuntergekommen. Sie hätten alle drei ordentlich zugelangt, ihm brumme jetzt noch der Schädel, wenn er nur daran denke.

Der zweiundzwanzigjährige Stiefbruder, der keinen Beruf erlernt hatte und sich mit Gelegenheitsjobs durchschlug, meistens anscheinend auf irgendwelchen halblegalen Baustellen, konnte sich an kaum etwas erinnern. Oder er wollte es nicht. Melanie habe mit ihnen gefeiert, das stimme. Wie lange, könne er allerdings nicht sagen. Als sie gekommen sie, sei es draußen bereits dunkel gewesen. Genauso wie am nächsten Tag, als er wieder aufgestanden sei, irgendwann am Nachmittag, nachdem er seinen Rausch ausgeschlafen habe. Aber zu der Zeit sei Melanie nicht mehr da gewesen. Zuletzt gesehen habe er sie irgendwann in der Nacht, vielleicht war es auch früh am Morgen, jedenfalls bevor die beiden – sie und Werner – im Schlafzimmer verschwunden seien. Er selbst habe im Wohnzimmer auf der Couch genächtigt – und geschlafen wie ein Stein.

Die meisten Tötungsdelikte sind Beziehungstaten. Und die

beiden Männer waren anscheinend die Letzten, die mit Melanie Bricksmann zusammen gewesen waren. Nach dem Abend in der Wohnung ihres Freundes hatte niemand mehr die Krankenschwester gesehen. Es lag also auf der Hand, dass sich die Polizisten mit den Auskünften von Werner Manritz und seinem Stiefbruder nicht zufriedengeben konnten. Sie vernahmen die beiden mehrere Male, und mit jedem Mal fühlten sich die Kriminalbeamten etwas mehr in ihrem Verdacht bestätigt, dass sie ihnen die Wahrheit verheimlichten oder zumindest einen Teil verschwiegen.

Zwei oder drei Tage nachdem Melanie Bricksmann vermisst gemeldet worden war, startete die Polizei eine Suchaktion. In einem Waldgebiet, nicht weit von ihrer Wohnung entfernt, das von kleineren Wiesen unterbrochen wurde und sehr unübersichtlich war. Auf einem Parkplatz, den kaum noch jemand benutzte, hatte ein Pärchen, das dort spazieren ging, ein verwaistes Auto gefunden, einen Seat, und sich an einen Zeitungsartikel erinnert, in dem ein solches Modell als gesucht beschrieben worden war. Das Kennzeichen hatten sie sich nicht gemerkt, aber die Farbe stimmte, ein helles Metallicgrün, das verwaschen aussah und dem jeglicher Glanz fehlte.

Tatsächlich handelte es sich um Melanie Bricksmanns Auto. Die erste heiße Spur. Noch am selben Tag rückte eine Hundertschaft Bereitschaftspolizisten an, um die Gegend zu durchkämmen. Es dämmerte bereits, als sie im Unterholz eine Stelle entdeckten, die nicht wie der Boden ringsherum dickschichtig mit Laub bedeckt war. Sie kratzten die oberste Erdschicht beiseite, die locker war und relativ weich – und stießen auf einen dunkelgrünen Müllsack.

»Oberschenkelknochen mit Fleischanhaftungen«, so stand es später im Einsatzbericht, die einen »beißenden Verwesungsgeruch« verströmten. Die Polizisten suchten weiter und fanden ein Stück tiefer im Wald einen zweiten Müllsack gleicher Farbe und Größe. Diesmal waren es zwei Arme, mit noch mehr Fleisch daran, halb verwest und von Maden befallen.

Dann musste die Suche unterbrochen werden, da es dunkel geworden war und sie nicht riskieren wollten, im spärlichen Licht der Taschenlampen etwas zu übersehen. Tags darauf wurden sie ein drittes Mal fündig – zwei Unterschenkel. Dabei blieb es, mehr tauchte, soviel ich weiß, bis heute nicht auf.

Die Fundstücke landeten umgehend bei uns im Institut. Was meine Kollegen recht schnell herausfanden: Es handelte sich um Menschenknochen. Allerdings konnten sie unmöglich von der Vermissten stammen. Sie mussten zu einem Mann gehört haben, der noch dazu deutlich jünger gewesen war, als er das Zeitliche gesegnet hatte. Wie die Untersuchungen ergaben, lag dieser Zeitpunkt etwa drei bis vier Wochen zurück. Und es konnte auch festgestellt werden, dass die Körperteile mit einer Säge abgetrennt worden waren.

Damit bekam die Mordkommission noch einen Fall auf den Tisch. Die Akte Melanie Bricksmann hatte sie inzwischen auch von der Vermisstenstelle übernommen. Alles sprach dafür, dass die Sechsundvierzigjährige nicht mehr lebte. Und genauso deutete alles darauf hin, dass mindestens Werner Manritz mit ihrem Verschwinden zu tun hatte. Zwar bestritt er den Verdacht, sobald sie ihn damit konfrontierten, doch mit jeder Vernehmung machte er sich unglaubwürdiger. Anfangs hatte er noch geschworen, der Abend seines Geburtstags sei überaus harmonisch verlaufen. Und überhaupt, Melanie sei seine Traumfrau gewesen, nicht einmal ein Haar hätte er ihr krümmen können. Er wüsste selbst gern, wo sie stecke, und sei wahnsinnig enttäuscht, dass sie sich nach dieser tollen Nacht nicht mehr bei ihm gemeldet habe.

Später bröckelte sein Lügengebäude, und er selbst war es, der sie zum Einsturz brachte. Als er nämlich einräumte, dass ihr Trinkgelage etwas ausgeufert und es zu vorgerückter

Stunde zu einem Streit gekommen sei. Der sei allerdings völlig harmlos gewesen, nicht mehr als eine Meinungsverschiedenheit, schob er sofort hinterher, eine Spur zu hastig, als sei ihm in dem Moment aufgegangen, dass er sich mit dieser Aussage in Schwierigkeiten gebracht haben könnte.

Auch Werner Manritz' Stiefbruder verwickelte sich bei den Vernehmungen in Widersprüche. Offensichtlich wusste er mehr, als er bisher zugegeben hatte. Aber keiner von ihnen tat den Ermittlern den Gefallen, ein Geständnis abzulegen.

Erst als sie das Telefon von Werner Manritz abhören ließen, kamen die Kriminalbeamten weiter. Bei einem Gespräch mit seinem Stiefbruder tauschten die beiden Details über das Verschwinden von Melanie Bricksmann aus, die über das hinausgingen, was bis dahin in den Zeitungen gestanden hatte. Handelte es sich um Täterwissen? Dem zuständigen Richter genügte das, er erließ Haftbefehl gegen den neununddreißigjährigen Installateur – wegen Verdacht des Totschlags.

Sein Stiefbruder wurde ebenfalls festgenommen und schien allmählich zu begreifen, dass er in der Klemme steckte. Plötzlich erinnerte er sich doch an den Streit, den es in der Nacht gegeben hatte. Dabei sei es in gewisser Weise auch um ihn gegangen. Melanie und er seien sich im Rausch wohl etwas zu nahe gekommen, aber nur mit den Händen, wie er meinte. Werner sei ziemlich sauer gewesen. Deswegen habe er Melanie und Werner erst mal allein gelassen und sich für eine Weile auf die Toilette verzogen.

Irgendwann sei es nebenan ruhiger geworden. Als er ins Wohnzimmer zurückgekommen sei, habe Melanie auf dem Boden gelegen und sich nicht mehr gerührt. »Aber tot war sie da noch nicht«, sagte er, »sie hat geatmet, ganz laut, es hat sich komisch angehört, eben wie bei einem Besoffenen.« Erst später sei das Atmen leiser geworden, und dann sei er ja selbst eingeschlafen und erst am späten Nachmittag wieder zu sich gekommen. Er habe sich gewundert, dass Melanie immer noch so dalag. Als hätte sie sich die ganze Zeit nicht gerührt. Werner habe ihm dann gesagt, sie sei tot.

Es war später auch der Stiefbruder, der die Ermittler zu der Stelle im Wald führte, wo sie Melanie Bricksmann zwei Tage nach ihrem Tod verscharrt hatten. »Ich musste Werner doch helfen, sie wegzuschaffen«, rechtfertigte er sich, »er ist wie ein Vater für mich.«

Werner Manritz sagte erst lange nichts, dann schwor er, seiner Freundin bei dem Streit lediglich eine Ohrfeige verpasst zu haben, mehr nicht. Er sei wütend gewesen, aber doch nur, weil er sie geliebt habe. Keinesfalls habe er sie verletzen wollen, und schon gar nicht töten.

Am frühen Morgen des Heiligabends stand ich im Sektionssaal und obduzierte die Leiche von Melanie Bricksmann. Da ich sie am Fundort mit ausgegraben hatte, war ihr Anblick keine Überraschung. Für die drei Monate, die sie in der Erde gelegen hatte, befand sie sich in einem relativ guten Zustand. Das lag sicher auch daran, dass Maden und andere Bodenorganismen im Winter weniger aktiv sind als in den wärmeren Jahreszeiten. Trotzdem war es eine Faulleiche, die ich vor mir liegen hatte, und das ist nie angenehm. Die Körperoberfläche war bunt verfärbt, von der Oberhaut hatten sich größere Stücke abgelöst, das Kopfhaar ließ sich leicht abziehen, und der Bauch war durch Fäulnisgase aufgebläht, ganz zu schweigen von dem Geruch, den die Leiche verströmte.

Alles Zeichen für ein fortgeschrittenes Stadium der Fäulnis, die es schwierig machten, äußerliche Verletzungsspuren zu erkennen. Am Hals beispielsweise fanden sich drei kleinere Areale, die dunkelviolett verfärbt waren. Sie hätten ein Hinweis darauf sein können, dass Gewalt gegen den Hals ausgeübt wurde. Bei der inneren Besichtigung des Halses ließen sich jedoch keine Einblutungen oder Unterblutungen feststellen. In einigen Bereichen gab es sie nicht, in anderen war die Fäulnis zu weit fortgeschritten, um es zuverlässig beurteilen zu können. Zungenbein und Kehlkopfskelett waren jedenfalls unverletzt.

Da war die Sektion des Kopfes um einiges aufschlussreicher: In der hinteren Scheitelregion der Kopfschwarte, rechts der Mittellinie, konnte ich eine kleine Unterblutung ausmachen. Außerdem fanden sich unter der harten Hirnhaut dünnschichtige Blutungen, die dunkelrot aussahen, beinahe schwarz. Und nachdem ich dem Schädel das Gehirn als Ganzes entnommen hatte, fielen an der Hirnunterseite, unter der weichen Hirnhaut, speziell im Bereich der Hirnbasis und am Hirnstamm, dickschichtige, zum Teil geronnene Blutauflagerungen auf, die eine identische Farbe hatten.

Auf eine Sektion des Hirns selbst verzichtete ich, da es aufgrund der Fäulnis eine sehr weiche, fast schon zerfließende Konsistenz angenommen hatte. Stattdessen legte ich es in Härtungsflüssigkeit, damit es später genauer untersucht werden konnte.

Bei der Präparation des Mittelgesichts zeigte sich, dass Unterhautfettgewebe und Muskulatur im Bereich der rechten Wangenregion bräunlich-rötlich durchtränkt waren. Das konnte eine Folge der Fäulnis sein, aber ebenso gut eine flächige Einblutung, wie sie nach einem Schlag entsteht.

Auch am rechten Unterarm und am Gesäß waren trotz Fäulnis Unterblutungen nachzuweisen, die mit dem mutmaßlichen Geschehensablauf, wie er mir geschildert worden war, gut in Einklang zu bringen waren. Demzufolge war Melanie Bricksmann nach dem Schlag ins Gesicht zu Boden gefallen, vermutlich erst auf den Hintern und auf den Unterarm, dann auf den Kopf.

Weniger ins Bild passte dagegen der Bruch des Brustbeins zwischen der dritten und vierten Rippe. Aber dafür sollte Werner Manritz später eine Erklärung liefern.

Die Obduktion dauerte vier Stunden. Man weiß nie, was

man herausfindet, gerade bei fäulnisveränderten Leichen ist es häufig schwierig, am Ende eine klare Aussage zur Todesursache zu treffen. In diesem Fall war ich mir sicher, dass es aufgrund der Blutung im Bereich der Hirnbasis zu einem zentralen Regulationsversagen gekommen sein musste. Allerdings konnte ich nur vermuten, wodurch die Blutung verursacht worden war. Der Abriss eines Gefäßes im Kleinhirn- oder Hirnbasisbereich kam am ehesten in Betracht, vermutlich als Folge eines kräftigen Schlags. Aber um diese Theorie zementieren zu können, mussten neuropathologische Untersuchungen angestellt werden.

Darum kümmerte sich mein Chef persönlich, in Kooperation mit Mitarbeitern des Instituts für Neuropathologie der Uniklinik. Als Untersuchungsmaterial wurden das Gehirn, Teile der Hirnhaut, die Augäpfel und Rückenmark benötigt, die nach der Obduktion asserviert worden waren.

Die Kollegen bestätigten zunächst meinen Befund und versuchten dann, eine Erklärung zu finden, wodurch es zu der Blutung gekommen sein könnte, und besonders, ob äußere Gewalt dabei eine Rolle gespielt hatte. Es hätte auch sein können, dass sie durch eine krankhafte Veränderung der Hirngefäße verursacht worden war, etwa durch ein Aneurysma. Damit ist eine Aussackung im Bereich der Hirngrundschlagadern gemeint.

Als nächster Schritt wurden feingewebliche Untersuchungen angestellt. Hierfür nahm man Gewebsstücke aus dem Groß- und Kleinhirn, dem Hirnstamm, dem Rückenmark und aus beiden Augen und präparierte sie entsprechend. Das Gleiche geschah mit den Schlagadern der Hirnbasis. Wieder ließ sich keine innere Ursache, keine Krankheit, für eine solche Blutung finden. Es musste also ein Ereignis von außen stattgefunden haben. Und dabei konnte es sich am ehesten um eine Form von Gewalteinwirkung gehandelt haben, die heftig gewesen war, aber wiederum nicht so heftig, dass sie eine äußere Verletzung hinterlassen hätte – jedenfalls keine, die bei diesem Grad der Fäulnis sicher nachzuweisen gewesen wäre –, weder eine Schädelfraktur noch eine Platzwunde. Aber immerhin hatten wir beschriebene Unterblutungen am Mittelgesicht und am Hinterkopf feststellen können.

Sollte tatsächlich eine einzige Ohrfeige zum Tod von Melanie Bricksmann geführt haben?

Dann wäre es kein Totschlag gewesen, sondern Körperverletzung mit Todesfolge. Totschlag ist es dann, wenn man jemanden vorsätzlich tötet, und davon kann man bei einer Ohrfeige kaum ausgehen. Aber das zu bewerten, war glücklicherweise nicht meine Aufgabe. Allerdings konnten die rechtsmedizinischen Befunde, die ich zu liefern hatte, für das zuständige Gericht von großer Bedeutung bei der Urteilsfindung sein.

Die Blutung, die wir bei Melanie Bricksmann als Todesursache definiert hatten, war eine Subarachnoidalblutung, eine Blutung unter die weiche Hirnhaut. Üblicherweise entsteht sie durch einen plötzlichen Einriss in krankhaften Wandaussackungen der Schlagadern an der Hirnbasis. Allerdings sind auch Fälle bekannt, bei denen es durch Gewalt gegen den Kopf zu diesen Rissen kam, ohne dass eine solche krankhafte Veränderung vorgelegen hatte. Damals war in der Fachliteratur von rund zweihundertfünfzig solchen Fällen die Rede – weltweit wohlgemerkt. Bei den meisten hatten Schläge mit der Faust zu diesen Rissen geführt. Und die Mehrzahl der Opfer war alkoholisiert gewesen, so dass man annahm, der damit verbundene Kontrollverlust über die Kopfhaltemuskulatur begünstige solcherart Verletzungen. Bis auf einen hatten alle Fälle, die in den Fachtexten beschrieben wurden, tödlich geendet. Weit mehr als die Hälfte der Opfer war innerhalb einer Stunde gestorben, und insgesamt über achtzig Prozent hatten nicht länger als zwölf Stunden überlebt.

Die Frage, die nun im Raum stand, lautete: War Melanie Bricksmann auch ein solcher Fall?

Nach allem, was wir wussten, war sie mit Ja zu beantworten. Der Tod der Frau war durch die beschriebene Gehirnblutung eingetreten, verursacht durch Gewalteinwirkung gegen den Kopf. Die Version mit der Ohrfeige dürfte nicht ganz gestimmt haben. Es wird wohl etwas mehr gewesen sein. Werner Manritz' Stiefbruder hatte sich in einer Vernehmung an einen Satz erinnert, den der Ältere nach der Tat zu ihm gesagt haben soll: »Ich hab ihr eine Faust durchs Gesicht gezogen.«

Inzwischen hatten wir auch die Ergebnisse der Blut- und Urin-Alkoholbestimmung des Opfers bekommen. Die Konzentration im Blut lag bei 1,7 Promille, die im Urin bei nicht ganz dem Doppelten. Für diese Differenz gab es folgende Erklärung: Melanie Bricksmann musste nach dem Schlag noch einige Zeit überlebt haben; wir gingen von vier bis sechs Stunden aus. Vermutlich war sie infolge der Blutung die ganze Zeit bewusstlos. Für eine gewisse Überlebenszeit sprach auch die Tatsache, dass sich die Blutung immerhin noch über die Großhirnhälften und in den Rückenmarkskanal ausgedehnt hatte.

Das warf die nächste Frage auf, nämlich ob man die Schwerverletzte hätte retten können, wenn sofort ein Notarzt gerufen worden wäre. Doch die konnte niemand mit Sicherheit beantworten. Auf jeden Fall wären ihre Überlebenschancen auch dann nicht besonders hoch gewesen.

Werner Manritz hatte angeblich selbst versucht, erste Hilfe zu leisten, zumindest behauptete er das. Zuerst habe er ihren Kopf hochgenommen, den Hals überstreckt und die Mund-zu-Mund-Beatmung durchgeführt. Da er damit nichts erreichte – Melanie Bricksmann war zu diesem Zeitpunkt vermutlich schon eine Weile tot –, wollte er es mit einer Herzdruckmassage probiert haben. Nur dabei, meinte er, könne es auch zu der Brustbeinfraktur gekommen sein.

Wir hatten die Knochen im Bruchbereich von einem Osteopathologen untersuchen lassen, um herauszufinden, wann es zu der Fraktur gekommen war. Das Ergebnis bestätigte die Aussage des Installateurs immerhin insoweit, dass sie zeitnah zum Todeseintritt entstanden war. Allerdings werden bei Herzdruckmassagen für gewöhnlich Rippen gebrochen, oder das Brustbein in Kombination mit Rippen. Nur sehr selten ist eine isolierte Brustbeinfraktur die Folge.

Aber das hieß eben nicht, dass diese Möglichkeit vollends auszuschließen war. Also galt: *in dubio pro reo*. Mir blieb nur, in dem Gutachten, das die Staatsanwaltschaft von mir angefordert hatte, darauf hinzuweisen, dass eine solche Fraktur auch durch das Beknien des Brustkorbs oder durch einen kräftigen Faustschlag gegen die Brust verursacht worden sein konnte.

Dabei fällt mir ein, dass ich mich in diesem Gutachten noch mit einer anderen Fragestellung auseinanderzusetzen hatte, die mich etwas amüsierte – sofern man das unter diesen Umständen sagen konnte. Offenbar war sie durch einen Antrag des Rechtsanwalts von Werner Manritz aufgeworfen worden. Der wollte wissen, ob sich die Mund-zu-Mund-Beatmung des Opfers durch seinen Klienten und dessen Fühlen des Pulses rechtsmedizinisch nachweisen ließen. Wenn seine Aussage stimmte, hatte Werner Manritz, nachdem seine Wiederbelebungsversuche gescheitert waren, den Puls am Handgelenk von Melanie Bricksmann gefühlt, wie er das aus Filmen kannte. Da er dort nichts spürte, habe er an der Halsschlagader nach einem Lebenszeichen gesucht und zuletzt sein Ohr auf ihre linke Brust gelegt, um nach dem Herzschlag zu hören. Aber da sei nichts mehr zu hören gewesen, sagte er.

Wie hätte man das nachweisen sollen? Noch dazu bei einer Leiche in diesem Zustand. Selbst wenn wir das Opfer am Tag seines Todes obduziert hätten, wäre das nicht zu machen gewesen. Bestenfalls hätte man anhand von DNA-Spuren feststellen können, dass er sie berührt hatte, aber nicht, zu welchem Zweck das geschehen war.

Werner Manritz blieb in Untersuchungshaft, bis der Prozess gegen ihn begann. Da nicht bewiesen werden konnte, dass er seine Freundin vorsätzlich getötet hatte, wurde er wegen Körperverletzung mit Todesfolge verurteilt – drei Jahre Haft. Nach Verbüßung von zwei Jahren kam er wieder frei.

Gegen seinen Stiefbruder wurde gar nicht erst Anklage erhoben. Er war an der Tat selbst nicht beteiligt, man hätte ihm höchstens Strafvereitelung vorwerfen können. Streng juristisch betrachtet, war die Leiche von Melanie Bricksmann ein Beweismittel. Und er hatte mitgeholfen, dieses beiseitezuschaffen. Allerdings hatte er es für Werner Manritz getan, einen nahen Familienangehörigen. Dafür sieht das Gesetz Straffreiheit vor.

Nachtrag:
Das Tötungsdelikt, auf das die Ermittler durch die Knochenfunde bei der Suche nach Melanie Bricksmanns Leiche gestoßen waren, wurde bis zum heutigen Tag nicht aufgeklärt. Fast ein halbes Jahr hatte es damals gedauert, bis die Identität des Mannes ermittelt werden konnte, von dem die Knochen stammten. Niemand hatte ihn vermisst gemeldet.

Es handelte sich um einen Kosovo-Albaner aus Priština, der zum Todeszeitpunkt neunundzwanzig Jahre alt gewesen war. Er hatte seit sieben Jahren in Deutschland gelebt, ohne sich jedoch an einem festen Wohnsitz angemeldet zu haben. Wie es schien, hatte er ständig seinen Aufenthaltsort gewechselt und war immer bei Landsleuten untergeschlüpft. Seinen Lebensunterhalt bestritt er mit Straftaten – Diebstähle, Einbrüche, solche Sachen. Und irgendwann mit Drogenhandel. Dabei war er ins Visier der Polizei geraten und einmal auch verhaftet und erkennungsdienstlich behandelt worden. Außerdem hatte er bei einer Straftat DNA-Spuren hinterlassen, die in der zentralen Datenbank des Bundeskriminalamts gespeichert waren.

Aber damit allein hätte man wenig anfangen können, wäre es uns am Institut – in Zusammenarbeit mit Kollegen der Uni in Göttingen – nicht gelungen, aus den im Wald gefundenen Knochen und Geweberesten DNA-Material zu extrahieren. Das Verfahren, das dafür angewendet wurde, war kompliziert und hatte oft genug nicht funktioniert. Doch diesmal klappte es. Das DNA-Profil wurde mit den Daten beim Bundeskriminalamt abgeglichen, am Ende gab es einen Treffer. Die Lösung des Falls brachte es leider nicht.

VII.
Aufgelauert

Der Täter musste aus nächster Nähe abgedrückt haben. Vielleicht hatte er den Lauf der Waffe sogar auf die Haut aufgesetzt. In der linken Wange der Leiche klaffte ein Einschussloch von vier Zentimetern Durchmesser; es war sternförmig aufgerissen. Ringsherum konnte man Schmauchspuren erkennen. Das Geschoss, eine Schrotpatrone, war in den Mundraum eingedrungen. Dadurch wurden Ober- und Unterkiefer zertrümmert, mehrere Zähne herausgerissen, die Zunge regelrecht zerfetzt. Im Weichgewebe des Mundraums steckten Dutzende Schrotkugeln, aber keine hatte die Gesichtsknochen oder die Haut von innen nach außen durchdrungen. Quer durch die mittlere Schädelbasis verlief ein Scharnierbruch. Andere Bereiche der Schädelbasis, in der sich ebenfalls zahlreiche Schrotkugeln befanden, wiesen Trümmerbrüche auf. Der Kopf war vom Schädelgrundgelenk abgelöst, das Schädelgrundgelenk selbst komplett zerstört, das Wirbelsäulenmark an der Gehirnbasis vollständig durchtrennt. Die Frau musste auf der Stelle tot gewesen sein.

Warum dann aber noch der zweite Einschuss, der den rechten Brustkorb getroffen hatte?

Auch der war aus kürzester Distanz oder aufgesetzt erfolgt, so dass sich die Schrotladung erst im Körper zerstreut hatte. Von außen sah die Wunde nahezu identisch aus: vier Zentimeter Durchmesser, die Wundränder grobfetzig aufgerissen und mit schwärzlichen Einsprengungen durchzogen, bei denen es sich wieder um Schmauchspuren handelte. Mit dem Unterschied, dass die Patrone hier vorher die Kleidung der Frau durchschlagen hatte: einen dunkelgrünen Parka, einen beigefarbenen Wollpullover, ein weißes Unterhemd und einen BH, ebenfalls in Weiß. Alle diese Kleidungsstücke waren um die Löcher, die das Geschoss in die Stoffe gerissen hatte, großflächig mit Blut durchtränkt. Und ein Stück von der Wolle des Pullovers war mit in die Wunde katapultiert worden.

Während der Schusskanal im Kopf geradezu waagerecht verlief, war der Brustkorb von links oben nach rechts unten durchschlagen worden. Dabei war die Patrone in die rechte Brusthöhle eingedrungen, die jetzt mit Blut gefüllt war. Von da hatten sich die freigesetzten Schrotkugeln ihren Weg durch den rechten mittleren Lungenlappen und durchs Rippenfell gebahnt, wo sie jeweils siebartige Verletzungen hinterließen. Im Unterhautfettgewebe und in der Muskulatur waren sie schließlich steckengeblieben.

Ich sammelte jede einzelne heraus und zählte insgesamt über fünfzig kleine Kugeln. Und das waren noch nicht alle. Auch in dem Bereich, wo die obere Hohlvene in den rechten Herzvorhof übergeht, fand ich welche. Sie hatten dort einen Riss hinterlassen, der zu einer Herzbeuteltamponade führte – im Herzbeutel befand sich Blut. Auch diese Verletzung hätte die Frau vermutlich nicht überlebt.

Als Todesursache schrieb ich später ins Sektionsprotokoll: »Kombination aus Halsmarkdurchtrennung und Verbluten«. Sie hatte so viel Blut verloren, dass man sehr genau hinschauen musste, um die Leichenflecken zu erkennen, die sich auf der Rückseite ihres Körpers ausgebildet hatten – äußerst spärlich.

Die Frau war noch nicht lange tot, als ihr Leichnam zur Obduktion ins Institut gebracht wurde – eine typische Eilsektion, keine fünf Stunden waren seit der Tat vergangen. Das wusste man in diesem Fall so genau, weil es eine Zeugin gab.

Eine Nachbarin hatte – während sie in der Küche das Abendessen für ihre Familie vorbereitete – die zwei Schüsse gehört und war auf die Straße hinausgerannt. Sie soll noch gesehen haben, wie sich jemand über die Frau beugte, die auf dem Gehweg lag, nur ein Stück entfernt, in einer großen Blutlache, und dann flüchtete. Da es im Oktober um diese Zeit bereits finster und die Gegend nicht besonders gut beleuchtet war, hatte sie allerdings nicht mehr als eine Gestalt in dunkler Kleidung erkannt. Nicht einmal über die Länge der Haare konnte sie Angaben machen, da der – oder die – Unbekannte offenbar eine Kapuze über den Kopf gezogen hatte. Aber so wie sich die Person bewegt habe, meinte die Nachbarin zu den Mitarbeitern der Mordkommission, dürfte es ein Mann gewesen sein.

Jaqueline Wentrop, das Opfer, eine zweiunddreißigjährige Zahnarzthelferin, war an dem Abend nach der Arbeit noch schnell Lebensmittel einkaufen gewesen. Den Supermarkt konnte sie bequem zu Fuß erreichen. Von dort waren es keine fünfhundert Meter bis zu dem Haus, in dem sie mit ihrem Lebensgefährten eine Dreizimmerwohnung gemietet hatte. Der Schütze musste ihr vor dem Supermarkt aufgelauert haben und ein Stück des Weges gefolgt sein. Die Frau hatte zwei Plastiktüten getragen, in jeder Hand eine. Sie war nicht einmal dazu gekommen, die Arme hochzureißen, um sich zu schützen. Es sah wie eine Hinrichtung aus, als hätte jemand einen Killer geschickt.

Die Polizei stand vor einem Rätsel. Eine Beziehungstat schied offenbar aus. Der Lebensgefährte des Opfers hielt sich seit zwei Tagen auf einer Dienstreise in Norwegen auf. Er arbeitete in einem IT-Unternehmen als Softwareentwickler und hatte sich nie etwas zuschulden kommen lassen, höchstens mal einen Strafzettel für falsches Parken kassiert. Als er – noch in Norwegen – von Jaqueline Wentrops Tod erfuhr, brach er zusammen und musste psychologisch betreut werden.

Die beiden waren seit fünf Jahren ein Paar gewesen. Sie hatten keine aufregende Beziehung geführt, er war nicht der Typ, der seine Gefühle nach außen trug oder verrückte Sachen anstellte, um ihr seine Liebe zu beweisen. Aber sie hatten sich gut verstanden. Es war selten vorgekommen, dass sie miteinander gestritten hatten, und nie war es etwas Ernstes gewesen. Schon einige Male hatte er darüber nachgedacht, ihr einen Heiratsantrag zu machen, zuletzt auf dem Flug nach Norwegen.

Ich hatte den Fall schon beinahe vergessen. Die Mordkommission schien in der Sache nicht wirklich voranzukommen. Die Medien, die mich hätten daran erinnern können, berichteten kaum mehr darüber.

Doch dann – knapp vier Monate später – wurde uns die Leiche eines Mannes ins Institut gebracht, der anscheinend auf die gleiche Weise wie Jaqueline Wentrop getötet worden war. Ihm hatte der Schütze zwar in die rechte Wange geschossen und statt in die Brust in den Bauch, aber wie sich herausstellte, waren in beiden Fällen die gleichen Schrotpatronen verwendet worden.

Das zweite Opfer hieß Bernhard Schlonewski, war neununddreißig Jahre alt und hatte einen kleinen Kiosk betrieben, in dem es hauptsächlich Tabakwaren, Zeitungen, Süßigkeiten und Getränke zu kaufen gab. Der Familienvater hatte zwei Söhne, lebte aber getrennt von ihnen und seiner Frau, die Scheidung lief.

An dem Abend, als er starb, hatte er wie üblich kurz nach einundzwanzig Uhr sein kleines Geschäft verlassen, die Tür abgeschlossen und war zu seinem Auto gelaufen, das auf einem Parkplatz eine Straßenecke weiter stand. Kurz bevor er dort ankam, tauchte aus dem Dunkel plötzlich ein Mann auf, der sich vor ihm aufbaute und mit einer abgesägten, doppelläufigen Schrotflinte herumfuchtelte. Der Bewaffnete zwang ihn, sein Auto aufzuschließen und mit ihm in ein Industriegebiet östlich der Innenstadt zu fahren. Auf einem verlassenen Firmengelände, hinter einer alten Fabrikhalle, ließ er ihn anhalten, den Motor abstellen und aussteigen. Dann muss er ihn durch eine Stahltür, die nicht verschlossen war, in die Halle dirigiert und dort mit den zwei Schüssen aus weniger als sechzig Zentimetern Entfernung niedergestreckt haben.

So weit ließ sich der Tatablauf hinterher rekapitulieren. Warum der Täter Bernhard Schlonewski ausgewählt hatte, was er von ihm wollte – darauf konnten sich die Ermittler lange keinen Reim machen. Anfangs vermuteten sie, dass er es auf die Tageseinnahmen aus dem Kiosk abgesehen hatte. Dann wäre es ein Raubmord gewesen. Doch diese Theorie verwarfen sie, als sie herausfanden, dass Bernhard Schlonewski die Tageseinnahmen in einem kleinen Safe deponiert hatte, der sich in einem winzigen Nebenraum des Kiosks befand. Wie es schien, war der auch nicht angerührt worden, nachdem Bernhard Schlonewski den Laden verlassen hatte.

Aber warum dann? Und warum erst Jaqueline Wentrop und jetzt er? Suchten sie tatsächlich den einen Täter, der beide auf dem Gewissen hatte, oder war die Sache mit den Schrotpatronen nur Zufall? Doch dann blieb immer noch der gleiche Modus Operandi.

Es war nicht mein Problem, Antworten auf diese Fragen zu finden. Aber ich muss zugeben, dass ich mir Gedanken darüber machte. Dafür war der Fall zu ungewöhnlich. Außerdem war ich, seit ich meine Doktorarbeit geschrieben hatte, besonders empfänglich für den kriminalistischen Teil unserer Arbeit – Stichwort: Operative Fallanalyse (OFA). Inzwischen hat sich dieses Verfahren, das in den USA und dort hauptsächlich vom FBI entwickelt wurde, auch in Deutschland etabliert. In allen Landeskriminalämtern und beim Bundeskriminalamt gibt es OFA-Einheiten, die nach festgelegten Richtlinien und Qualitätsstandards arbeiten. Als ich am Institut begann, befand sich dieser Prozess noch im Anfangsstadium. Einer meiner Kollegen hatte erste Fallanalysen mit Ermittlern des Hamburger Landeskriminalamts gemacht. Ihm schaute ich ein bisschen über die Schulter, und bald war ich selbst mit dabei. Ein wesentlicher Aspekt der OFA-Arbeit besteht im Teamansatz. Der wird in Filmen häufig vernachlässigt. Da löst ein Superhirn die kompliziertesten Kriminalfälle im Alleingang. Und dieses Superhirn wird den Zuschauern nicht selten als Profiler »verkauft«, dessen Genialität sich darin verwirklicht, ein Täterprofil zu erstellen und dem Gesuchten damit auf die Spur zu kommen. Dabei sind Täterprofile nur ein Bestandteil der Operativen Fallanalyse. Darauf läuft es oft hinaus, aber nicht zwangsläufig bei jedem Fall.

Grundlage ist zunächst eine umfassende Tathergangsanalyse, die es ermöglichen sollte, das Besondere eines Falls zu erkennen, denkbare Motive des Täters zu bewerten und Aussagen zum Täter selbst abzuleiten. Sinnvollerweise studiert man dafür alles, was es an Erkenntnissen zu dem Fall bis dahin gibt. Dazu gehören nicht zuletzt auch die Obduktionsbefunde, die wir Rechtsmediziner liefern. Überhaupt sind Informationen über das Opfer enorm wichtig. Seine Lebensgewohnheiten, sein Umfeld, persönliche Eigenschaften – all das kann Aufschluss über den Tatablauf geben, aber auch darüber, wie gefährdet der- oder diejenige war, und vor allem, wie gefährdet andere sind. Immer in Bezug auf den Täter, der noch frei herumläuft. Im Fall von Jaqueline Wentrop und Bernhard Schlonewski hätte solches Wissen möglicherweise den zweiten Mord verhindern können. Aber das ist im Nachhinein leicht gesagt.

Einzelkämpfern unter den Ermittlungsbeamten, die sich gern vor anderen produzieren, begegnet man natürlich auch im wirklichen Leben. Die sind nur meistens gar nicht so hilfreich. Sinn und Zweck der OFA ist es ja gerade, durch die Bildung interdisziplinärer Teams das Wissen aus den jeweiligen

Bereichen zu bündeln, um einen Fall so umfassend wie möglich analysieren zu können, jede einzelne Facette, die er beinhaltet. Und sowieso ist die OFA als Unterstützung gedacht, die zu neuen Ermittlungsansätzen führt. Deshalb kommen Fallanalysten in der Regel erst ins Spiel, wenn ein Fall ermittlungstechnisch weitestgehend ausgereizt ist und die Beamten, die ursprünglich mit ihm betraut waren – und das auch bleiben –, auf der Stelle treten. Man versucht also, von außen einen neuen Blick auf den Sachverhalt zu werfen, so objektiv wie irgend möglich.

Um etwaige Interessenkonflikte zu vermeiden, hatten wir im Institut die Regel aufgestellt, dass niemals der im gegenständlichen Fall federführende Obduzent, sondern ein unabhängiger, mit der Methode der Fallanalyse vertrauter Rechtsmediziner eingesetzt wird. Dem in den Fall involvierten Obduzenten hingegen kommt im Gerichtsverfahren die wichtige Rolle als medizinischer Sachverständiger zu.

Im Übrigen – falls man das nicht schon herausgehört hat – plädiere ich dafür, jeden Rechtsmediziner mit der Methodik der Fallanalyse vertraut zu machen. Aus eigener Erfahrung weiß ich, dass rechtsmedizinische Befunde bei der Erstellung von Fallanalysen von besonderer Relevanz sind. Deshalb finde ich auch, dass wir viel öfter zum Tatort gerufen werden sollten. Besonders wenn es um Gewaltdelikte geht, die in das Raster passen, das für eine operative Fallanalyse angesetzt wird. Für uns Rechtsmediziner fallen vor allem Tötungs- und Sexualdelikte darunter. Ein genauer Blick auf den Tatort ergibt umso mehr Sinn, da man Verletzungsmuster besser und auch richtiger interpretieren kann, wenn einem die Gegebenheiten vertraut sind. Außerdem sollte man nicht vergessen, dass man durch die Verletzungsmuster und die Befunde am Tatort häufig mehr über den Täter erfährt als von ihm selbst.

Im Zusammenhang mit der Fallanalyse sollte man auch ein anderes Instrument nicht unerwähnt lassen, das bei Ermittlungen wichtige Hilfe leisten kann. Es nennt sich ViCLAS. Die Buchstaben stehen für: Violent Crime Linkage Analysis System. Dahinter verbirgt sich ein Datenbanksystem, das von der kanadischen Polizei aus dem vom FBI in den achtziger Jahren entwickelten ViCAP (Violent Criminal Apprehension Program) weiterentwickelt und dann vom Bundeskriminalamt für die Nutzung in Deutschland modifiziert wurde. Derzeit wird es in elf Staaten eingesetzt. Wie es die etwas holprige Bezeichnung schon ausdrückt, geht es vereinfacht gesagt darum, Daten von bestimmten Straftaten in ein Computerprogramm einzuspeisen, das diese dann analysiert und Übereinstimmungen herausfiltert, die bestenfalls Rückschlüsse auf einen möglichen Täter zulassen, falls der bereits einschlägig in Erscheinung getreten ist. Erfasst werden dazu Informationen, die den Täter und das Opfer beschreiben, ob und wie die beiden zueinander in Verbindung standen, Angaben zum Tatort, zur Tatausführung und besondere Auffälligkeiten dabei, zu Verletzungen des Opfers, zur Todesursache, zu Waffen, Fahrzeugen und anderen Gegenständen, die bei der Tat benutzt wurden.

Hätte es ViCLAS zehn Jahre zuvor in Deutschland schon gegeben, Nikolai Lewtzow wäre ein heißer Kandidat dafür gewesen. Der Sechsunddreißigjährige, ein gebürtiger Bulgare, war über lange Zeit das, was man einen notorischen Wiederholungstäter nennt: Diebstahl, Körperverletzung, Raub. Später kamen Autodiebstahl, Fahren ohne Führerschein und unerlaubter Waffenbesitz hinzu. Als hätte er sein Leben als kriminellen Steigerungslauf verstanden – immer noch ein bisschen mehr, immer noch ein bisschen brutaler. Bereits als Jugendlicher war er mehrfach ins Gefängnis gewandert, schien dort aber auch nicht zur Besinnung zu kommen. Er attackierte Wärter, prügelte auf der Krankenstation auf Pfleger ein, zertrümmerte tobend wie ein Berserker die Zelleneinrichtung. Aber irgendwann war jede Haftstrafe vorbei, und dann machte er draußen weiter wie zuvor, als wären die Gesetze für jeden in diesem Land erlassen worden, nur nicht für ihn.

Nichts und niemand konnte Nikolai Lewtzow stoppen. Bis er an einem eisigen Februartag Mitte der neunziger Jahre alle Grenzen überschritt. Damals lebte er in einer Kleinstadt in der Nähe von Hannover. Zusammen mit seiner Freundin hatte er ein kleines Siedlungshaus gemietet. Die junge Frau erwartete ein Kind von ihm, sie war im siebten Monat schwanger.

Nikolai Lewtzow ging keiner geregelten Arbeit nach. Gegenüber den Nachbarn gab er sich als Geschäftsmann aus und meinte, er sei sein eigener Boss. Jeden Tag, auch am Wochenende, kurz vor Mittag hielt ein getunter schwarzer BMW mit verdunkelten Scheiben vor dem Grundstück. Der Fahrer hupte einmal kurz und wartete dann bei laufendem Motor, bis Nikolai Lewtzow aus dem Haus kam und einstieg. Er setzte sich immer auf die Rückbank, eben wie ein Chef.

Spätabends wiederholte sich das Ritual, nur in umgekehrter Reihenfolge und ohne das Hupen: Der Wagen stoppte vor dem Haus, auf der rechten Seite öffnete sich die hintere Tür, Nikolai Lewtzow stieg aus, steuerte schnurstracks die Haustür an und verschwand dahinter.

Was er und der Fahrer in den Stunden dazwischen trieben, blieb lange ein Geheimnis. Selbst seine Freundin wusste es nicht, zumindest gab sie sich später völlig ahnungslos. Obwohl sie sich doch hätte fragen müssen, woher das Geld stammte, von dem sie lebten. Und die beiden lebten nicht schlecht.

An jenem Tag im Februar blieb er länger weg als üblich, bis zum frühen Morgen. Mit dem Fahrer, der in Wirklichkeit sein Komplize war, hatte er vor einer Villa am Stadtrand von Hannover ausgeharrt, bis hinter dem letzten Fenster das Licht erloschen war. In den Wochen davor waren die zwei immer wieder dort gewesen, um die Bewohner und deren Gewohnheiten auszukundschaften. Jetzt kannten sie ihren Tagesablauf und wussten, wann sie die Hausangestellten in den Feierabend schickten. Und dass es offenbar weder eine Alarmanlage noch einen Wachhund gab.

Sie warteten noch eine Weile, dann kletterten sie über den seitlichen Grundstückszaun und drangen durch ein Kellerfenster, das offenstand – auch das hatten sie vorher ausbaldowert –, in die Villa ein. Ob die beiden Einbrecher von den Bewohnern überrascht wurden oder es von vornherein gar nicht darauf angelegt hatten, unentdeckt zu bleiben, weiß man nicht. Auf jeden Fall schien Flucht für sie keine Option zu sein, als ihnen auf einmal der Hausherr gegenüberstand. Stattdessen richteten sie ihre Pistolen auf ihn. Sie stießen den Mann nach nebenan in die Küche und fesselten ihn auf einem Stuhl. Auf die gleiche Weise gingen sie gegen dessen Ehefrau und die zwanzigjährige Tochter vor, die ebenfalls im Haus wohnte. Die Ehefrau fesselten sie im Schlafzimmer, die Tochter ebenso, doch erst nachdem sie ihnen den Safe im Arbeitszimmer ihres Vaters gezeigt und geöffnet hatte. Nikolai Lewtzow und sein Komplize erbeuteten Bargeld und Schmuck, aber das war ihnen nicht genug. Bevor sie Anstalten machten, die Villa zu verlassen, fielen sie über die beiden Frauen her und vergewaltigten sie, erst die eine, dann die andere.

Der Fall wurde schnell geklärt. Die Täter hatten Fingerabdrücke hinterlassen, und zumindest Lewtzows waren in der Polizeikartei gespeichert. Außerdem konnten die Opfer das Aussehen der beiden Männer gut beschreiben. Sie wurden festgenommen und kamen noch im selben Jahr wegen Vergewaltigung und Raubs vor Gericht. Das Urteil für Nikolai Lewtzow: neun Jahre Haft. Sein Mittäter kam mit siebeneinhalb davon, sein Vorstrafenregister war nur halb so lang.

Nach sechseinhalb Jahren wurde der Bulgare freigelassen, die Reststrafe zur Bewährung ausgesetzt. Einen Monat später sollte er in sein Heimatland abgeschoben werden. Doch auf dem Weg von einem Referat zum anderen verschlampte jemand in der Ausländerbehörde seine Akte. Somit war der Fall von heute auf morgen nicht mehr existent. Und nicht nur das, Nikolai Lewtzow bekam sogar Sozialhilfe gezahlt.

Irgendwann in dieser Zeit zog er nach Hamburg um. Und dort begegnete ihm eines Tages Jaqueline Wentrop. Sie schien ihm zu gefallen, er umwarb sie, doch sie dachte nicht daran, ihren Freund zu verlassen. Trotzdem versuchte er es immer wieder, sobald sie sich über den Weg liefen, beim Einkaufen oder einfach so auf der Straße. Alle paar Wochen geschah das, manchmal vergingen dazwischen auch Monate. Er ließ es jedes Mal wie eine zufällige Begegnung aussehen, aber sie hegte den Verdacht, dass er ihr nachstellte. Zumal er nur dann auftauchte, wenn sie allein unterwegs war. Ihrem Freund hatte sie den hartnäckigen Verehrer verschwiegen. Sie kannte den Mann ja kaum, was hätte sie erzählen sollen? Es schien ihr nicht wichtig.

Sonst hätten sich die Ermittler der Mordkommission, die den Tod der Zahnarzthelferin aufzuklären hatten, vermutlich viel früher mit ihm beschäftigt. So aber verstrichen Monate, bis sich eine Freundin von Jaqueline Wentrop bei den Beamten meldete und ihnen von einem gewissen Nikolai erzählte. Viel wusste sie nicht über ihn, sie war auch keine enge Freundin der Getöteten gewesen, mehr eine Bekannte. Die beiden Frauen hatten nur sporadisch Kontakt gehabt, wie es sich gerade ergab, manchmal war ein halbes Jahr vergangen, ohne dass sie sich gesehen hatten. Die Geschichte von Nikolai Lewtzow kannte sie auch nur, weil sie einmal dabei war, als er Jaqueline Wentrop angesprochen hatte. Danach hatte sie ihr von seinen seltsamen Annäherungsversuchen erzählt.

Bevor die Polizei diese Information bekam, war auch Bernhard Schlonewski ermordet worden. Und da er offenbar durch die gleiche Waffe gestorben war, suchten die Ermittler nach einer Verbindung zwischen den beiden Fällen. Es fanden sich Zeugen, die aussagten, Jaqueline Wentrop und der Kioskbesitzer hätten sich gekannt. Angeblich hatte sie bei ihm gelegentlich Zigaretten gekauft. Ihr Freund, der nicht rauchte, hielt das nicht für ausgeschlossen, obwohl sie sich für gewöhnlich im Supermarkt mit Zigaretten eingedeckt habe. Der Kiosk befand sich ganz in der Nähe der Zahnarztpraxis, in der sie gearbeitet hatte. Auf dem Weg von und zur S-Bahn muss sie direkt daran vorbeigekommen sein. Später wurde spekuliert, dass die beiden eine Affäre gehabt hätten. Bestätigen konnte das jedoch niemand.

Eine Affäre wäre ein Motiv gewesen – für beide Taten: verschmähte Liebe.

Zumindest im Mordfall Jaqueline Wentrop verdichteten sich die Verdachtsmomente gegen Nikolai Lewtzow – spätestens als die Ermittler die Akten aus Hannover übersandt bekamen. Da der Bulgare bei seiner Vorgeschichte als gefährlich einzuschätzen war und man damit rechnen musste, dass er eine scharfe Waffe bei sich hatte, wurde ein Sondereinsatzkommando losgeschickt, um ihn festzunehmen. Die Spezialkräfte rückten an einem Freitagmorgen an, kurz vor sechs Uhr. Als sie Nikolai Lewtzows Wohnung stürmten, lag der noch im Bett. Er kam gar nicht dazu, nach einer Waffe zu greifen. Obwohl eine in seinem Nachtschrank lag. Eine zweite fanden die Beamten bei der anschließenden Hausdurchsuchung im Spülkasten der Toilette, eingeschlagen in Ölpapier und in einer Plastiktüte mit braunem Paketklebeband wasserdicht verpackt.

Aber der noch wichtigere Fund war eine Schrotflinte mit abgesägtem Doppellauf und Kolben. Sie hatte das gleiche Kaliber wie die Waffe, mit der die Zahnarzthelferin und der Kioskbesitzer getötet worden waren. Es handelte sich um ein Modell aus Italien, dort werden solche gestutzten Flinten *Lupara* genannt – Wolfstöter. Durch den verkürzten Lauf verteilen sich die Schrotkörner früher, ihre Streuung kann größer ausfallen, was aber nicht bei jeder so ist. Dafür verringert sich die Reichweite erheblich. Um jemanden damit zu töten, muss man sehr nah an ihm dran sein. Das schien Nikolai Lewtzow gewusst zu haben. Dass er trotzdem noch eine zweite Patrone abgefeuert hatte, dürfte ein Zeichen dafür gewesen sein, dass er ganz sichergehen wollte.

Niemand von den Ermittlern zweifelte daran, dass sie mit dem Bulgaren den Mörder von Jaqueline Wentrop und Bernhard Schlonewski gefasst hatten. Die Waffe und die passenden Patronen dazu, die sie ebenfalls in seiner Wohnung gefunden hatten, waren nicht die einzigen Beweise gegen ihn. Nur bei der Suche nach einem Motiv traten die Beamten auf der Stelle. Sooft sie Nikolai Lewtzow zur Vernehmung ins Polizeipräsidium holen ließen, er half ihnen kein Stück weiter. Er machte den Mund nicht auf. Manchmal stellten sie ihm stundenlang Fragen, wiederholten jede einzelne wieder und wieder, aber er antwortete einfach nicht. Kein einziges Wort sprach er mit ihnen, das überließ er seinem Anwalt.

Mit derselben Taktik ließ Nikolai Lewtzow die Gerichtsverhandlung über sich ergehen. Angeklagt wurde er wegen Mordes in zwei Fällen und wegen Verstoßes gegen das Waffengesetz. Die Anklageschrift der Staatsanwaltschaft umfasste über achtzig Seiten. Siebenunddreißig Zeugen wurden geladen, dazu mehrere Sachverständige – ein Psychiater, der ein Gutachten über den Angeklagten erstellt hatte, ein Waffenexperte und die zwei Rechtsmediziner, die mit der Obduktion der Leichen betraut worden waren und als Sachverständige die Untersuchungsergebnisse vortragen sollten. Einer davon war ich.

Seit ich am Institut arbeitete, hatte ich eine ganze Reihe von Gerichtsterminen absolviert. Diese Einsätze waren zwar sehr zeitaufwendig. Man musste sich gut vorbereiten, noch einmal alle Aufzeichnungen gründlich studieren; die betreffende Obduktion lag dann ja meist schon Monate zurück. Und für solche Sachen blieb oft nur Zeit nach Dienstende. Ich machte die Ausflüge zum Gericht trotzdem gern, auch weil man dadurch mitbekam, wie ein Fall ausgegangen war. Die meisten Fälle verlor man doch ziemlich schnell aus dem Blick, da jeden Tag wieder genügend Neues anstand.

Der Prozess gegen Lewtzow fand unter verschärften Sicherheitsvorkehrungen statt. Bevor die Richter den Raum betraten, wurde der Angeklagte in Fußfesseln hereingeführt und mit dem linken Handgelenk an den Tisch gekettet, hinter dem er Platz zu nehmen hatte. Zusätzlich wurde er von zwei Justizbeamten bewacht, die sich zwei, drei Schritte hinter ihm aufbauten, einer rechts, einer links. Auf dem Stuhl neben ihm saß sein Verteidiger.

Nikolai Lewtzow war nicht besonders groß. Vielleicht ein Meter fünfundsiebzig, höchstens. Sein Körper wirkte gedrungen. Schultern, Arme und Brustkorb verrieten regelmäßiges Hanteltraining mit schweren Gewichten. Dagegen schien der Kopf zu klein geraten zu sein. Irgendwie stimmten die Proportionen nicht. Von seinem Hals war fast gar nichts zu sehen. So wie er dort auf der Anklagebank saß, erinnerte er einen an einen zu groß geratenen Pitbull, den man an die Kette gelegt hatte. Und sein Blick erst! Man hätte meinen können, er lauerte nur darauf, sich loszureißen und über jemanden herzufallen.

So ähnlich spielte es sich dann auch ab, gleich am ersten Verhandlungstag. Noch ehe es richtig losgehen konnte, fauchte er den Vorsitzenden Richter an, er solle sich zum Teufel scheren, er habe hier niemanden in den Knast zu schicken und ihn schon mal gar nicht. Der Richter ermahnte den Angeklagten, bat um Ruhe, auch sein Anwalt versuchte ihn zu bremsen, doch das brachte Nikolai Lewtzow nur noch mehr in Rage. Er beschimpfte den Richter mit den übelsten Fäkalausdrücken und drohte ihm: »Wenn ich hier nicht rauskomme, bist du fällig!«

Schwer zu sagen, ob er sich tatsächlich nicht unter Kontrolle kriegte, oder ob er das Spektakel absichtlich veranstaltete, um sich die Anwesenheit vor Gericht zu ersparen und sich nicht anhören zu müssen, wie sie seine Taten haarklein analysierten. Und auch um den verachtenden Blicken der Zuschauer im Saal zu entgehen. Auf jeden Fall trieb er es so weit, bis der Richter ihm eine Geldbuße aufbrummte, ihn wegen ungebührlichen Verhaltens von der Verhandlung ausschloss und abführen ließ. Aber selbst beim Hinausgehen tobte er noch und schlug um sich.

Ob er sich an allen sechzehn Verhandlungstagen dermaßen wild gebärdete, kann ich nicht sagen, ich war nur an einem dabei. Doch in den Zeitungen las man kaum eine Geschichte über den Prozess, in der nicht irgendwelche Ausfälligkeiten beschrieben worden wären, die er sich wieder geleistet hatte. Er soll dem Richter sogar Briefe aus der Zelle geschrieben haben, in denen er drohte, ihn eines Tages »plattzumachen«. Er würde erst Ruhe geben, wenn er hinüber sei.

So mitteilsam er war, wenn es darum ging, seiner Wut und seinem Hass, der sich gegen alles und jeden zu richten schien, Luft zu machen, so wenig trug er zur Aufhellung seiner Taten bei. Wie vorher bei den Vernehmungen durch die Ermittler der Mordkommission, hüllte er sich dazu auch vor Gericht in Schweigen. Von einem Moment auf den nächsten wirkte es so, als hätte er die Sprache verloren. Einzig sein Anwalt gab hin und wieder etwas von sich.

Die Schwurgerichtskammer fand dennoch zu einem Urteil: Lebenslängliche Haft. Dazu ordnete sie Sicherungsverwahrung an und stellte die besondere Schwere der Schuld fest. Damit war das Strafmaß ausgeschöpft, mehr ging nicht.

Der Richter, der in dem Verfahren den Vorsitz führte, gehörte zu den erfahrensten am Landgericht. Er kannte sich aus mit den Abgründen menschlichen Fehlverhaltens. Doch selbst er kam zu der Feststellung: »Kaum ein Fall führt zu so einem Entsetzen wie dieser.« Der Angeklagte habe praktisch ohne Grund seinen Opfern aufgelauert und sie getötet. Allenfalls – beim Mord an Jaqueline Wentrop – sei es um so etwas wie verletzte Eitelkeit gegangen. Warum Bernhard Schlonewski sterben musste, fand auch das Gericht nicht heraus.

VIII.
Aus dem Alltag gerissen

Das Leben an einem rechtsmedizinischen Institut wird bestimmt durch Dienstpläne. Sie legen den Arbeitsrhythmus fest und die Aufgaben, die man zu bewältigen hat. In Hamburg war es so, dass wir morgens als Erstes die sogenannten Verwaltungssektionen durchführten. Der Begriff »Verwaltungssektion« ist etwas schwammig, im engeren Sinne waren damit einmal außergerichtliche Sektionen gemeint, die auf Veranlassung einer Behörde erfolgten. Die Bezeichnung ist bis heute haftengeblieben, tatsächlich sind es jetzt die Fälle, die von der Staatsanwaltschaft freigegeben wurden, bei denen die Angehörigen aber ein Interesse an der Todesursache haben, oder wo von unserer Seite aus ein wissenschaftliches Interesse an dem Fall besteht und wir von den Angehörigen die Zustimmung zur Sektion erhalten haben. Dafür gibt es die unterschiedlichsten Gründe. Für viele Angehörige ist es von Bedeutung, die Todesursache zu kennen, als Teil des Bewältigungsprozesses. Manche Angehörige fragen uns, ob der Betroffene kurz vor seinem Tod leiden musste. Andere möchten wissen, ob die Todesursache möglicherweise eine Krankheit war, die vererbbar ist.

Im Anschluss an die »Verwaltungssektionen« folgten die gerichtlichen Sektionen. Bei Verdacht auf Fremdverschulden werden diese staatsanwaltschaftlich beziehungsweise gerichtlich angeordnet. An den meisten Tagen standen einige davon auf dem Programm. Es handelte sich dabei um sehr unterschiedliche Fälle.

Auch Verkehrsunfälle gehörten dazu. Bei tödlich verunglückten Verkehrsopfern ist es eigentlich immer sinnvoll, eine Obduktion anzuordnen. Auch weil sich anhand der Verletzungsspuren, äußeren wie inneren, in der Regel ganz gut überprüfen lässt, ob die Aussagen des Unfallverursachers – falls es sich dabei nicht um den Getöteten selbst handelt – zum Hergang tatsächlich der Wahrheit entsprechen. Die Gehrichtung eines verunglückten Fußgängers in Relation zum Fahrzeug, von dem er erfasst wurde, kann zum Beispiel von Bedeutung sein. Eine Kollision mit einem Fußgänger, der von rechts unvermittelt auf die Fahrbahn tritt, ist oft kaum vermeidbar. Betritt er sie hingegen von links, hat der Autofahrer noch eine Chance zu reagieren. Durch eine Obduktion kann man beispielsweise auch herausfinden, ob jemand bei einem Autounfall angeschnallt war oder nicht. Dafür wird das betreffende Gewebe tangential in dünne Schichten geschnitten, so dass man erkennt, ob eine Gurtmarke vorhanden ist oder nicht. Die würde man als Unterblutung in der Haut und im Unterhautfettgewebe feststellen können. Das Fehlen einer Gurtmarke ist allerdings nicht unbedingt ein Beweis, dass jemand nicht angeschnallt war.

Ein weiterer Aspekt dabei ist, dass man oft überhaupt erst durch eine Obduktion in Erfahrung bringen kann, ob das Opfer nicht schon vor dem vermeintlichen Unfall oder auch Unglück tot war und alles andere nur nachträglich inszeniert wurde, um ein Tötungsdelikt zu vertuschen. Die berühmte Szene aus dem Krimi: Eine Leiche wird in ein Auto gehievt und dieses dann eine Schlucht hinuntergestürzt.

Aber auch eine in Brand gesteckte Wohnung ist einer der Klassiker hierfür. Ich hatte mal einen Fall, wo die Ermittler genau das vermuteten. Damals war die Wohnung einer fünfundachtzig Jahre alten Frau ausgebrannt. An einem Vormittag, was allein schon recht ungewöhnlich war. Laut den Statistiken der Feuerwehr kommt es überwiegend am späten Abend oder nachts zu Wohnungsbränden. Nach den Löscharbeiten fanden die Feuerwehrleute die Leiche der Frau. Sie war schwerstpflegebedürftig gewesen und hatte ohne Hilfe ihr Bett nicht verlassen können. Bei den anschließenden Ermittlungen stellte sich heraus, dass das Feuer höchstwahrscheinlich gelegt worden war.

Die Frau hatte mit ihrem fünfzigjährigen Sohn zusammengelebt. In seinem Zimmer, das er eine halbe Stunde bevor das Feuer ausgebrochen war verlassen hatte, angeblich um einkaufen zu gehen, entdeckten sie den Brandherd. Auf dem Fußboden war Pinselreiniger ausgegossen worden, der sich durch einen eingeschalteten und heiß gelaufenen Fön entzündet hatte. Etwa eine Woche vor dem Brand war dem Sohn die Pflegschaft für seine Mutter entzogen und einem Rechtspfleger übertragen worden. Der Sohn hatte seiner Mutter davor mehrmals Geld gestohlen. Durch die neue Regelung war ihm der Zugriff auf ihr Sparkonto versperrt worden. Das könnte ein Motiv gewesen sein.

Wir führten die Obduktion durch. Die Leiche roch intensiv nach Rauch. An Gesicht und Händen hafteten Rußantragungen. Die anderen Körperteile waren durch Kleidung bedeckt gewesen oder von der Bettdecke. Entsprechende Rußpartikel fanden wir auch in der Mundhöhle, in der Luftröhre, einschließlich der kleinen Luftröhrenäste, in der Speiseröhre und auf der Magenschleimhaut.

Diese Befunde zeigten, dass die Frau noch geatmet haben musste, als das Feuer ausgebrochen war. Bei Wohnungsbränden sterben die wenigsten Opfer infolge einer direkten Einwirkung der Flammen. Die Mehrzahl erstickt durch das Einatmen von Rauchgasen. Nicht anders bei der alten Frau: Sie war durch eine Kohlenmonoxidvergiftung gestorben. Der Kohlenmonoxid-Hämoglobin-Gehalt ihres Bluts betrug bei der Obduktion, die wir am Tag nach dem Brand später durchführten, vierundvierzig Prozent. Eingeatmetes Kohlenmonoxid bindet sich bevorzugt an das Hämoglobin der roten Blutkörperchen, und zwar genau an den Stellen, die eigentlich zum Andocken von Sauerstoff gedacht sind. Dadurch können die roten Blutkörperchen nicht mehr genug Sauerstoff transportieren. Ist die Dosis Kohlenmonoxid zu hoch, erstickt man.

Das Feuer war in diesem Fall also nicht gelegt worden, um eine zuvor begangene Straftat zu verdecken. Stattdessen deutete alles darauf hin, dass mit der Brandstiftung selbst ein Tötungsdelikt begangen wurde. Vermutlich in der Hoffnung, dass es als solches nicht erkannt, sondern als bedauerlicher Unfall abgetan würde. Der Unterschied zwischen dem einen – der Tötung mit anschließender Brandlegung – und dem anderen – der Brandlegung zur Tötung – war marginal, das Ergebnis das Gleiche.

Bahnleichen sind noch so ein Klassiker. Es hat sich schon manches Mal herausgestellt, dass jemand, der vom Zug überrollt und zerstückelt wurde, sich gar nicht selbst, in Suizidabsicht, auf die Schienen begeben hatte, sondern bereits tot dorthin gelegt wurde. Das Gleiche gilt für Wasserleichen. Am Ufer liegen Kleidungsstücke, ordentlich zusammengefaltet, und obenauf eine Tasche mit Ausweispapieren. Man könnte denken: Hier hat sich jemand freiwillig von der Welt verabschiedet. Doch dann findet man bei der Obduktion plötzlich heraus, dass derjenige gar nicht ertrunken war, sondern erwürgt und erst als Leiche im Wasser entsorgt wurde. Solche Fälle haben wir am Institut schon einige erlebt.

Eine andere Variante: Der Auftrag zur Obduktion kommt von der Staatsanwaltschaft, wurde aber durch die Familie des Toten angestoßen, indem sie gegenüber der Polizei einen konkreten Verdacht äußerte, der den Fall in ein neues Licht rückte. In meiner Anfangszeit bekamen wir einmal die Leiche eines

Rentners gebracht, der abends im Treppenflur des Mietshauses, in dem er wohnte, zusammengebrochen und gestorben war. Der Mann war Ende siebzig, trug seit Jahren einen Herzschrittmacher, soll aber noch recht fit gewesen sein. Er hatte nach dem Mittagessen die Wohnung verlassen, um in die Stadt zu fahren. Das machte er gelegentlich, mal mit, mal ohne seine Frau, an diesem Tag war sie zu Hause geblieben.

Es wurde eine äußere Leichenschau vorgenommen. Sein Körper wies keine Verletzungen auf, die ihm jemand zugefügt haben könnte. Auch für die Ermittler bei der Polizei gab es angesichts der Herzprobleme, mit denen er sich seit Jahren herumgeschlagen hatte, keinen Grund, an einem natürlichen Tod zu zweifeln.

Doch dann meldete sich die Tochter des Toten mit einem Brief bei der Kripo. Auf drei Seiten beschrieb sie den Beamten innerfamiliäre Zerwürfnisse. Die Kurzversion ging ungefähr so: Nach dem Tod ihrer Mutter, der ersten Frau des Verstorbenen, hatte der Vater wieder geheiratet, eine Lettin, die ihm im Urlaub am Gardasee begegnet war. Anfangs änderte sich zwischen Vater und Tochter nichts. Sie telefonierten einmal die Woche miteinander und besuchten sich regelmäßig. Meistens kam sie zu ihm, da sie in Lübeck wohnte und ihm die Fahrt dorthin ersparen wollte. Mit der Stiefmutter, die halb so alt war wie ihr Vater und ihre Schwester hätte sein können, hatte sie sich nicht viel zu sagen. Vielleicht war es ein Missverständnis zwischen den beiden Frauen, aber die eine fühlte sich so wenig willkommen wie die andere. Es kam, was bei solchen Konstellationen häufiger passiert: Vater und Tochter besuchten sich seltener, ihre Telefongespräche wurden kürzer, bald riefen sie sich auch nicht mehr jede Woche an. Erst das Schweigen, dann der Streit. Irgendwann erfuhr die Tochter, dass ihr Vater einen Großteil seiner Ersparnisse an die neue Ehefrau überschrieben hatte. Es war kein Vermögen, doch allein die Geste schmerzte. Trotzdem war er noch ihr Vater, und nachdem sie die Enttäuschung einigermaßen verdaut hatte, versuchte sie, den Kontakt nicht völlig abreißen zu lassen. Hin und wieder trafen sie sich, jetzt meistens in einem Café, kaum noch bei ihm zu Hause. Anderthalb Wochen vor seinem Tod hatte sie ihn zuletzt gesehen und war erschrocken – er sah schlecht aus, hatte körperlich stark abgebaut.

Vor allem dieser Eindruck und die Sache mit dem Geld hatte sie dann den Brief an die Polizei schreiben lassen. Darin unterstellte sie nicht, ihre Stiefmutter oder jemand anderes könnte ihren Vater auf dem Gewissen haben. Aber sie meinte, sie würde ruhiger schlafen können, wenn sich feststellen ließe, woran er gestorben sei.

Die Staatsanwaltschaft beschloss, der Sache auf den Grund zu gehen, und beauftragte uns, die Leiche doch zu obduzieren. Diese Aufgabe fiel mir zu.

Der Verdacht, jemand könnte den Tod des Mannes herbeigeführt oder beschleunigt haben, bestätigte sich nicht. Ich fand Spuren eines alten Schlaganfalls. Auch einen ausgedehnten Herzinfarkt hatte er bereits hinter sich gehabt. Sein linkes Herz war erheblich vergrößert – ein Zeichen für ein Bluthochdruckleiden. Die Arteriosklerose hatte so ziemlich alle Schlagadern erfasst, einschließlich der Herzkranzschlagadern, und war hochgradig ausgeprägt. Dazu eine chronische Linksherzschwäche. All das konnte auch der Herzschrittmacher irgendwann nicht mehr kompensieren. Die Todesursache: akutes Linksherzversagen bei ausgeprägtem chronischen Herzleiden. Die toxikologischen Untersuchungen fielen negativ aus, und er hatte auch keinen Alkohol getrunken.

Am Hamburger Institut waren damals rund zwanzig Ärzte und Mitarbeiter beschäftigt, so dass man nicht jeden Tag mit einer Obduktion betraut wurde. Es gab aber genügend andere Aufgaben: Studentenunterricht halten, auf Polizeiwachen Blutentnahmen durchführen, die Verwahrfähigkeit von in Gewahrsam genommenen Personen prüfen, Aktengutachten erstellen, vor Gericht als Sachverständiger auftreten, Untersuchungen im Rahmen der Gewaltopferambulanz durchführen.

Eine interessante Aufgabe war es auch, wenn man – als Mitglied einer Ethikkommission – an Aufklärungsgesprächen bei Fällen von Lebendorganspenden teilnahm. Für eine Lebendspende kommt nur jemand in Betracht, der dem Empfänger emotional sehr nahesteht. Es kam vor, dass ein Patient, der ein Spenderorgan oder -organteil benötigte, jemanden mit ins Krankenhaus brachte, der ihm dieses angeblich zur Verfügung stellen wollte. Dann hatte man unter anderem zu prüfen, ob der Spender das wirklich freiwillig tun wollte oder aus einer finanziellen Notlage heraus. Oder gar weil er unter Druck gesetzt wurde. Jede dieser Varianten kam vor.

In diesem Zusammenhang sollte nicht unerwähnt bleiben, dass die Organspende nach dem Tod ebenfalls ein sehr wichtiges Thema ist. Leider gibt es viel zu wenig Organspender. Die Augenhornhäute können beispielsweise bis zu drei Tagen nach Herz-Kreislauf-Stillstand noch entnommen werden. In Deutschland gilt hierfür die erweiterte Zustimmungslösung: Wenn der Verstorbene die Zustimmung zur Gewebespende nicht zu Lebzeiten dokumentiert hat, können die Angehörigen nach dessen mutmaßlichem Willen entscheiden.

Auch bei Organexplantationen von hirntoten Spendern ist ein Rechtsmediziner anwesend, wenn eine gerichtliche Sektion angeraten scheint. Das wäre zum Beispiel bei einem verunglückten Motorradfahrer der Fall, der schwere Kopfverletzungen erlitten hat, ansonsten aber organgesund ist. Damit die Organspende trotzdem stattfinden kann, werden wir dazugeholt, damit uns keine Befunde »verlorengehen«.

Es gab auch Tage, an denen man in Krematorien die sogenannte zweite Leichenschau vornahm. Das lief ein bisschen wie Fließbandarbeit ab, denn häufig waren dreißig oder noch mehr Leichen zu besichtigen. Jeder Verstorbene, der eingeäschert werden soll, muss vorher ein zweites Mal »besichtigt« werden, von einem Amtsarzt oder einem Rechtsmediziner, so schreibt es das Bestattungsgesetz vor. Längst nicht in allen Krematorien erledigen das Rechtsmediziner, obwohl es sicherlich die klügste Lösung wäre. Die Überreste eines Verstorbenen, der in einem Sarg beerdigt wurde, kann man unter Umständen noch Jahre nach seinem Tod exhumieren und rechtsmedizinisch untersuchen, sollte aus irgendeinem Grund der Verdacht auftauchen, es könnte jemand nachgeholfen haben, ihn ins Jenseits zu befördern. Durch eine Feuerbestattung jedoch werden alle Beweismittel für immer vernichtet.

Deshalb kommt es bei der Krematoriumsleichenschau nicht nur darauf an, zu überprüfen, ob die richtige Leiche im Sarg liegt und der Totenschein sachgerecht ausgestellt wurde, sondern noch mehr, dass man keine Verletzung oder irgendeinen anderen Hinweis übersieht, der für einen nichtnatürlichen Tod sprechen könnte. Dabei geht es um mehr als Mord und Totschlag. Auch bei Anzeichen mangelhafter Pflege, oder wenn es Spuren von Misshandlungen oder Verletzungen gibt, die durch Pflegepersonal verursacht worden sein könnten, sollte man die Leiche »anhalten« – das heißt, die Feuerbestattung erst einmal auszusetzen und so lange zu verschieben, bis alle Ungereimtheiten geklärt sind.

Es ist die letzte Chance, einem Verstorbenen Gerechtigkeit widerfahren zu lassen. Die oft genug nicht genutzt wird, glaubt man Untersuchungen, die es dazu gibt. Eines der krassesten Beispiele, das unter Rechtsmedizinern schon kursierte, als ich noch studierte, beschreibt einen Fall, bei dem ein Messer übersehen wurde, das im Körper eines Leichnams steckte. Ich schätze, die Geschichte hat sich in Wirklichkeit etwas anders zugetragen: Der Arzt wird nicht das Messer übersehen haben, sondern die komplette Leiche.

Da das Institut der Universitätsklinik angegliedert ist, gehörte auch der Dienst an der Wissenschaft zu meinem Arbeitspensum. Ich verfasste Texte für Fachzeitschriften oder Fachbücher. Es gab Arbeitsgruppen, die sich mit verschiedenen Forschungsschwerpunkten beschäftigten. Außerdem übernahmen wir die Betreuung von Doktoranden.

Ich verbrachte auch viel Zeit mit Anschlussgutachten, nicht selten nach Dienstschluss. Ein typischer Auftrag sah so aus: Im Krankenhaus verstarb ein Patient unmittelbar nach einer OP. Bei der Sektion stellte sich heraus, dass der Tod mit dem ärztlichen Eingriff in Zusammenhang stand. Nun gibt es bei Operationen oder anderen ärztlichen Eingriffen gewisse ›anerkannte‹ Komplikationen, eventuell mit tödlichem Ausgang. Kein Eingriff ist ohne Risiko. Es gilt also zu prüfen, ob dem Arzt ein Fehlverhalten nachzuweisen war, ob er gegen die zur Zeit des Eingriffes gültigen Regeln und Erkenntnisse der ärztlichen Kunst verstoßen hat.

Also standen solche Fragen im Raum wie: War dem Arzt ein Fehler unterlaufen, und wenn ja, konnte man ihm das nachweisen? War die OP überhaupt notwendig gewesen? Hatte er den Patienten vorher über die Risiken aufgeklärt, und war das dokumentiert worden? Damit kam die Staatsanwaltschaft dann zu uns. Also wühlte man sich durch Krankenunterlagen, um schlimmstenfalls irgendwann feststellen zu müssen, dass die Materie zu fachspezifisch war, es sich also empfahl, einen Fachgutachter hinzuzuziehen. Den musste man erst einmal finden und dann der Staatsanwaltschaft vorschlagen, ehe es weitergehen konnte. Ich vermute, man merkt schon, dass es Dinge gab, die ich lieber machte. Doch das gehörte eben auch dazu.

Manchmal fühlte ich mich wie in einem Hamsterrad. Ich arbeitete gern, das war es nicht, und ich schaute auch nicht auf die Uhr dabei, das geht in dem Beruf sowieso schlecht. Aber ich spürte, wie mich die Arbeit verschlang, weil mir immer etwas durch den Kopf spukte, das mit einem Fall zu tun hatte, der mich gerade beschäftigte. Ich fing an, alles andere zu vernachlässigen, selbst das Saxophonspielen. Obwohl ich das am meisten brauchte – als Ausgleich, um den Kopf wieder freizubekommen. Während ich spielte, und wenn es nur in meiner Wohnung für mich ganz allein war, schien die Welt in Ordnung.

Ich glaube es zwar nicht, aber wer weiß, vielleicht würde ich heute noch in dem Hamsterrad vor mich hin strampeln. Wenn man einmal drinsteckt, fällt einem oft gar nicht auf, dass es an der Zeit wäre, etwas zu ändern. Bei mir kam diese Erkenntnis auch eher unfreiwillig.

Das soll nicht heißen, dass ich am Institut in Hamburg unzufrieden oder gar unglücklich gewesen wäre. Ich habe viel von den Kollegen dort gelernt, und ich könnte mir keinen besseren Institutsleiter als Klaus Püschel vorstellen. Ihm verdanke ich eine Menge, im Grunde habe ich durch ihn zur Rechtsmedizin gefunden. Und vieles von dem, was ich heute bei der Arbeit anwende, hat er mir beigebracht. Wobei ihm das sicher nicht immer bewusst war. Ich habe es einfach von ihm übernommen, wie man das als Schüler bei einem guten Lehrer macht.

Aber ich war bei der Erkenntnis, die mich unfreiwillig ereilte: Dazu gibt es eine Vorgeschichte. Sie begann im Dezember 2004, genauer gesagt am zweiten Weihnachtsfeiertag. In Asien bebte die Erde und löste verheerende Tsunamis an den Küsten des Indischen Ozeans aus. Eine der schlimmsten Naturkatastrophen in der neueren Geschichte der Menschheit. Über zweihunderttausend Menschen starben. Es gibt wohl niemanden, der sich nicht an die unfassbaren Bilder im Fernsehen erinnert.

Da schnell absehbar war, dass sich unter den Opfern viele Deutsche befanden, wurde die Identifizierungskommission des Bundeskriminalamts, kurz IDKO, mobilisiert. Diese Kommission besteht aus einem festen Team von BKA-Leuten, das im Bedarfsfall durch Rechtsmediziner, Zahnärzte, Psychologen, Seelsorger und Sektionsassistenten ergänzt wird. Sie funktioniert praktisch wie eine schnelle Eingreiftruppe. Bereits zwei Tage nach der Katastrophe flog ein erstes Team nach Thailand, ein zweites traf einen Tag später in Sri Lanka ein. Zum ersten Team gehörte ein Kollege, der damals bei uns am Institut arbeitete. Was er nach seiner Rückkehr berichtete, überstieg unsere Vorstellungskraft. In mehreren Tempelanlagen waren tausende Leichen aufgereiht worden. Temperaturen von über dreißig Grad Celsius und extrem hohe Luftfeuchtigkeit hatten wie Katalysatoren gewirkt, innerhalb kürzester Zeit waren die Toten durch Fäulnis und Verwesung bis zur Unkenntlichkeit entstellt. Da es keine Kühlmöglichkeiten gab, wurde versucht, die Körper mit Trockeneis zu kühlen, was bei der Hitze nicht viel brachte. Es war kaum mehr möglich, die Leichen von Einheimischen und Touristen zu unterscheiden. In der Zwischenzeit hatten die Thailänder begonnen, ihre umgekommenen Landsleute in Massengräbern zu beerdigen. Aber dann kam der Verdacht auf, unter den Vergrabenen könnten sich auch ausländische Opfer befinden. Daraufhin wurden die Gräber wieder geöffnet und viele der Leichen exhumiert. Es muss alles ziemlich chaotisch gewesen sein, was man aber irgendwie bei dem Ausmaß der Katastrophe auch nachvollziehen konnte.

Aus rechtsmedizinischer Sicht war es eine der größten Herausforderungen, die es jemals gab. Bis dahin war die IDKO hauptsächlich nach Flugzeugabstürzen im Einsatz gewesen. Da hatte man Passagierlisten zur Verfügung, die Zahl der Toten war vergleichsweise überschaubar, und meistens gab es eine intakte Infrastruktur, auf die man zurückgreifen konnte. Nach dem Tsunami war in den betroffenen Regionen so gut wie nichts mehr vorhanden. Zahlreiche Länder entsandten Hilfsteams, von denen jedes nach eigenen Vorstellungen und

Methoden arbeitete und diese natürlich für die besten hielt. Das musste erst einmal alles miteinander koordiniert werden.

Die einzelnen Teams gingen anfangs im Wesentlichen nach einem einheitlichen Identifizierungsprotokoll von Interpol vor, das in Europa schon länger angewendet wurde. In das rosafarbene Formular wurden unter anderem alle körperlichen Merkmale eingetragen, die zur Identifizierung eines Toten beitragen konnten: Geschlecht, Körpergröße, Haarfarbe, Tätowierungen, Operationsnarben, alte Knochenbrüche, Endoprothesen, Herzschrittmacher oder Silikonimplantate. Auch Fingerabdrücke gehörten zum Standard. Und ganz wichtig war der Zahnstatus, darüber wurden die meisten Opfer identifiziert, zumindest unter den Touristen.

Auch Kleidungsstücke und Schmuck wurden genau registriert. Die meisten Sachen mussten gewaschen werden, bevor man sie fotografisch dokumentierte, damit man überhaupt erkennen konnte, wie sie ursprünglich ausgesehen haben. In der Kleidung von Kindern fand man manchmal einen Namen, was bei der Identifizierung eine Hilfe sein konnte. Obwohl man sich allein darauf nie verlassen durfte, die körperlichen Merkmale und das alles mussten trotzdem überprüft werden.

Anfangs hatte man sich von DNA-Proben für die Identifizierung den größten Erfolg versprochen. Das stellte sich schnell als Fehleinschätzung heraus. Aufgrund der starken Verwesung konnte man mit Abstrichen von der Schleimhaut in den meisten Fällen nichts anfangen. Deshalb ging man dazu über, den Leichen zwei gesunde Zähne zu ziehen, um aus dem Zahnmark DNA-Material zu extrahieren. Doch auch damit scheiterte man größtenteils. Im Labor stellte sich heraus, dass viele der Proben durch die fortgeschrittenen Zersetzungsprozesse degeneriert waren. Blieb noch die Möglichkeit, jeder Leiche ein Stück vom Oberschenkelknochen zu entnehmen, um daraus DNA-Material zu gewinnen. Das sollte später eine meiner Aufgaben werden.

Bei einer Obduktion beschränkte man sich auf die Eröffnung der Bauchhöhle, wohl auch aus religiösen Gründen. Auf diese Weise versuchte man vor allem herauszufinden, ob die jeweilige Person zu Lebzeiten operiert worden war, zum Beispiel am Blinddarm oder an der Gallenblase.

Zweieinhalb Wochen nach der Katastrophe wurde das Thai Tsunami Victim Identification Information Management Center (TTVI IMC) in der Nähe von Phuket Town errichtet, damit eine Vereinheitlichung erzielt und eine gemeinsame Organisationsstruktur geschaffen werden konnte. Dort liefen alle Fäden zusammen. Sämtliche Informationen wurden in ein international standardisiertes EDV-Programm eingegeben. Bis Ende März war die erste Datenerhebungsphase abgeschlossen.

Gleichzeitig versuchte die Polizei in den Heimatländern der Opfer, Vergleichsmaterial wie Fingerabdrücke, DNA-Spuren und Behandlungsakten der vermissten Personen aufzutreiben. In Deutschland wurde das vom Bundeskriminalamt und den jeweiligen Landeskriminalämtern koordiniert. Das klingt einfacher, als es in vielen Fällen war. Manche von denen, die als vermisst galten, hatten ihren Arzt gewechselt, oft mehrfach, sich vielleicht sogar im Ausland behandeln lassen, weil es dort billiger war, gerade wenn es um Zahnersatz und Ähnliches ging. Selbst brauchbare Fingerabdrücke musste man erst einmal finden. Kompliziert war es vor allem dann, wenn derjenige nicht allein in seiner Wohnung gelebt hatte. Schließlich wurden auch diese Daten in das Analyseprogramm eingespeist, und alle Ante-mortem- und Post-mortem-Daten wurden fortlaufend verglichen. Fand sich ein Treffer, also stimmten die Daten aus der Heimat mit denen überein, die in Thailand gewonnen wurden, mussten die thailändischen Behörden die Identifizierung noch autorisieren. Erst danach durfte eine Sterbeurkunde ausgestellt und das Opfer in seine Heimat überführt werden.

Am schwierigsten war es, Kinder zu identifizieren. Je jünger ein Opfer war, desto weniger Unterlagen über medizinische Behandlungen existierten. Deshalb kam man auch mit dem Zahnstatus oft nicht weiter. Viele waren noch nie beim Zahnarzt gewesen.

Anfangs bekam ich das alles nur aus der Ferne mit. Jedoch war bald klar, dass der Einsatz der IDKO noch Monate dauern würde. In der Regel blieb jedes Team, das bei der Identifizierung der Leichen eingesetzt war, drei Wochen. Eine längere Zeit wollte man niemandem zumuten. Man konnte sich also ausrechnen, dass noch viele Leute gebraucht würden. Das Bundeskriminalamt fragte dann auch ziemlich schnell an, ob unser Institut weitere Mitarbeiter für diese Aufgabe abstellen könne.

Es war meine freie Entscheidung, und ich zögerte keinen Moment.

Es gab einiges Hin und Her. Einen Tag vor der geplanten Abreise rief das Bundeskriminalamt an und sagte meinen Einsatz wieder ab. Die Lage habe sich kurzfristig geändert, ich würde zurzeit nicht gebraucht, aber möglicherweise etwas später. So war es dann auch.

Ich flog zunächst nach Frankfurt, traf dort mehrere IDKO-Mitarbeiter, mit denen ich über Bangkok nach Phuket weiterreiste. Am nächsten Tag ging es los. Ein Teil des Teams fuhr zum TTVI IMC nach Phuket Town. Ich war für die Arbeit im Post-mortem-Bereich vorgesehen, mein Einsatzort war die Site II – Tha Cha Chai im Norden von Phuket.

Auf dem Gelände hatte eine norwegische Firma inzwischen ein Containerdorf errichtet, mit einem eigenen Stück befestigter Straße, Zelten zum Umziehen, Toiletten, Duschen und einer Kantine. Generatoren lieferten Strom, es gab fließend Wasser. Damit hatten sich die Bedingungen für die Einsatzkräfte erheblich verbessert.

Die Container, in denen wir arbeiteten, waren wie ein langer Flur aneinandergereiht, ohne Trennwände, so dass ein Raum von zweihundertvierzig Quadratmetern Fläche entstand. Drei solcher Container Lines standen nebeneinander. Sie verfügten sogar über Klimaanlagen, die es immerhin schafften, die Arbeitsbereiche auf etwa dreißig Grad herunterzukühlen, während draußen die Luft bei vierzig Grad und mehr flirrte.

Inzwischen waren auch über einhundert Kühlcontainer nach Thailand gebracht worden, in denen die nicht identifizierten Leichen aufbewahrt wurden, bei minus achtzehn Grad. Eine Vielzahl davon stand auf dem Gelände der Site II.

Wir arbeiteten in sogenannten *Investigation Lines*. Davon gab es in jedem Containerkomplex zwei. Es lief ein bisschen wie am Fließband. Die Leichen wurden aus dem Kühlcontainer geholt und dann von einer Station zur nächsten weitergereicht, besser gesagt: weitergeschoben. Registrierung, Fingerabdrücke, rechtsmedizinische Untersuchung, zahnärztliche und so weiter. In jeder Line war einer dafür zuständig, sämtliche Daten in einen Computer einzugeben. Zu diesem Zeitpunkt hatten die meisten Leichen, die noch da waren – weit mehr als zweitausend –, bereits alle diese Stationen einmal durchlaufen, ohne dass sie identifiziert werden konnten. Im Verlauf der letzten Monate war die Prozedur mehrfach modifiziert und erweitert worden, so dass nun jeder Fall auf den neuesten Stand gebracht werden sollte und dafür einem *Final Inventory Protocol* unterzogen wurde. Unsere Aufgabe bestand darin, die im Computer zu jeder Leiche gespeicherten Informationen mit denen zu vergleichen, die an der Leiche selbst festzustellen waren, also Narben, Tätowierungen, Piercings, Implantate, frühere Operationen – das ganze Spektrum, wie schon beschrieben – und gegebenenfalls zu ergänzen. Je nachdem, zu welchem Zeitpunkt die Erstuntersuchung stattgefunden hatte, fehlten einzelne Angaben.

Zusätzlich entnahmen wir jedem Opfer Knochenstücke aus dem Oberschenkel – für DNA-Proben. Erst wurde festgelegt, dass es ein zehn Zentimeter langes Knochenstück sein sollte, dann entschied man, dass es besser war, zwei Stücke von jeweils fünf Zentimetern Länge zu entnehmen. Ein Knochenteil wurde in externe Labors geschickt, nach England, Schweden, China und Bosnien-Herzegowina, das zweite aufbewahrt, für den Fall, dass später weitere Untersuchungen erforderlich sein würden.

Das war der körperlich anstrengendste Teil der Arbeit, besonders für mich. In der ersten Woche hatte ich nämlich keinen Assistenten, der kam erst sieben Tage später. So lange musste ich allein zurechtkommen. Mir stand auch nur eine Säge zur Verfügung, die für diesen Zweck viel zu klein und eigentlich unbrauchbar war. Mit der Logistik klappte es ansonsten hervorragend, die Lines waren bestens ausgestattet, nur an einer vernünftigen Säge haperte es an meiner Station. Die Hitze und der Gestank taten ihr Übriges. Nach der Schicht war ich mit meinen Kräften immer am Ende.

Die Situation besserte sich, als sich ein französischer Ballistiker erbarmte, der als Assistent in einem der anderen Container eingesetzt war und mit einer Säge hantierte, gegen die meine wie eine Nagelfeile wirkte. Er war so freundlich, mir zu helfen. Bis der planmäßige Assistent anreiste, der sich so ins Zeug legte, dass wir ihm bereits nach dem ersten Tag den Spitznamen »Sepp die Säge« gaben. Jeder bekam einen Spitznamen, ich war das »Kiwi-Girl«. Die Neuseeländer, die von allen »Kiwis« genannt wurden, hatten mich – da es in ihrem Team keine Frau gab – als Maskottchen »adoptiert« und damit praktisch zur Ehren-Kiwi ernannt … Die Arbeit war ernst genug, man musste auch mal lachen.

Die Zusammenarbeit mit den Kollegen aus anderen Ländern funktionierte sehr gut. Wir hatten vor allem mit Neuseeländern, Australiern und Franzosen zu tun, da sie im gleichen

Hotel untergebracht waren. Die extreme Erfahrung, die wir gemeinsam durchlebten, schweißte uns irgendwie zusammen.

Allerdings ist mir das erst hinterher so richtig bewusst geworden. Beim Einsatz selbst hatte man seine festgelegten Aufgaben zu erfüllen, war ausgelastet. Und angesichts der belastenden Eindrücke, mit denen man tagtäglich konfrontiert wurde, konzentrierte man sich darauf, seine Job bestmöglich zu erledigen, zu funktionieren. Ich könnte nicht einmal sagen, dass es mir schlechtging in Thailand. Den Anblick von entstellten Leichen kannte ich, auch die Gerüche, die damit verbunden waren. Aber natürlich war die Dimension eine andere.

Es half auch, dass wir nach Feierabend in eine andere Welt verschwanden. Wir waren in einem wunderschönen Hotel untergebracht, das der Tsunami verschont hatte. Abends veranstalteten wir manchmal sogar kleine Poolpartys. Wobei das keine ausschweifenden Feiern waren. Es flog mal jemand in den Pool, mich warfen sie gleich am ersten Abend hinein, in voller Montur, das war ein Ritual für Neuankömmlinge, aber hauptsächlich ging es wohl darum, das tagsüber Erlebte irgendwie zu kompensieren und mal abzuschalten. Am Ende musste jeder allein damit klarkommen, aber es war gut, solche Stunden in Gesellschaft von Menschen zu verbringen, die gerade das Gleiche durchmachten. Man musste nicht miteinander reden und wusste trotzdem, was in dem anderen vorging. Wie wütend es ihn zum Beispiel machte, dass manche Hotelgäste angewidert die Nase rümpften oder sich hörbar beschwerten, wenn jemand von uns nach getaner Arbeit durch die Lobby ging. Der Verwesungsgeruch der Leichen war so intensiv, er kroch in die Kleidung und legte sich auf die Haut, dass man am Abend selbst wie eine Leiche roch. Eine einfache Dusche half da nicht mehr.

Ich hatte mir ein Ritual angewöhnt, nicht nur wegen des Geruchs. Wenn ich nach dem Einsatz ins Hotel zurückkam, zog ich als Erstes einen Bikini an, schnappte mir Schnorchel und Schwimmflossen, ging zum Stand und schwamm mindestens zwanzig Minuten im Meer. Das machte den Kopf frei. Anschließend sprang ich in den Hotelpool und zog auch dort ein paar Bahnen. War ich dann wieder in meinem Zimmer, stellte ich mich unter die Dusche und seifte mich ab. Danach fühlte ich mich wieder wie ein Mensch.

Jeden Abend fand eine Besprechung statt, bei der Probleme besprochen und das Tagesergebnis verkündet wurde, wie viele Fälle wir bearbeitet hatten und wie viele davon erfolgreich. Zum deutschen Team gehörten zu dieser Zeit vierzig Personen. Ich glaube, für alle waren diese Besprechungen wichtig. Dadurch erfuhren wir, dass unsere Arbeit auch von Erfolg gekrönt war. Tagsüber in der Site war jeder ja nur ein kleines Teil im Getriebe des Identifizierungsprozesses, erledigte seine Arbeit an einer Station davon, ohne wirklich ein Ergebnis zu sehen.

Während der Einsätze, die sich über Monate hinzogen, konnten über zweitausendneunhundert Opfer identifiziert werden – von den fünfhundertzweiundfünfzig vermissten Deutschen immerhin fünfhundertneununddreißig. Bei über achtzig Prozent der deutschen Opfer gelang das anhand des Gebissbefundes, bei dreizehn Prozent durch den Fingerabdruckvergleich. Lediglich bei drei Prozent der Umgekommenen kam man über einen DNA-Abgleich zum Erfolg.

Unsere Gruppe blieb drei Wochen in Thailand. Es war eine extreme Erfahrung, und niemand von uns wusste, wie er sie verdauen würde – ob er sie verdauen würde. Nach unserer Rückkehr wurden wir zum Bundeskriminalamt nach Wiesbaden eingeladen. Dort sprach ein Psychologe mit uns, der aufzuzeigen versuchte, was nach einem solchen Einsatz mit einem passieren kann. Er meinte, es gäbe kein Patentrezept, wie man damit umgehen müsse, jeder verarbeite die Erlebnisse auf seine Weise. Ein Polizist, der auch in Asien eingesetzt war, erzählte, wie er Wochen später an einem Lebensmittel gerochen habe und ihm plötzlich Bilder von verwesten Leichen in den Kopf geschossen seien. Solche Sinneseindrücke, die Erinnerungen an Erlebtes hervorrufen, nennt man Trigger. Sie kommen völlig überraschend, und oft erlebt man sie so intensiv, als würde man die alte Erfahrung noch einmal machen.

In meinem Fall waren es keine Trigger. Ich litt auch nicht unter Albträumen. Das hätte man noch am ehesten erwarten können, bei den Unmengen an Leichen, die ich gesehen hatte. Zumal ein Großteil durch Verwesung furchtbar entstellt war. Oder durch die Verletzungen, die sie erlitten hatten. Von den Opfern waren die wenigsten nur ertrunken. Die meisten Körper waren regelrecht zertrümmert, zerquetscht oder zermalmt worden. Einmal bekam ich ein totes Baby auf den Tisch, dem der Kopf fehlte. Also Stoff für furchtbare Träume hätte es mehr als genug gegeben. Doch die blieben zum Glück aus.

Was mir zu schaffen machte, war eher die Banalität des Alltags. Viele Dinge, über die ich mich vorher geärgert hatte, bekamen ein anderes Gewicht, wurden bedeutungslos. Ich verstand nicht, warum sich die Leute gegenseitig das Leben schwermachen mussten. Es waren doch alles Belanglosigkeiten, um die sie sich stritten. Ob das am Arbeitsplatz war, an der S-Bahn-Haltestelle oder im Supermarkt beim Einkaufen. Wie konnte man sich nur darüber aufregen, dass es eine bestimmte Sorte Käse gerade nicht gab oder dass man eine Minute zu lange an der Kasse warten musste? Es gab wahrlich Schlimmeres auf der Welt. An manchen Tagen hat mich das total runtergezogen, regelrecht depressiv gemacht.

Es war auch schwierig, mit einem Mal nicht mehr mit den Leuten zusammen zu sein, die das Gleiche erlebt hatten. Worüber sollte ich mit den anderen sprechen, sie würden mich doch eh nicht verstehen. Jedenfalls dachte ich das. Hilfreich war sicherlich, dass es am Institut einige Kollegen gab, die auch einen Einsatz in Thailand hinter sich hatten.

Trotzdem war es noch einmal etwas anderes, wenn man die Zeit dort gemeinsam erlebt hatte. Die größte Verbundenheit empfand ich zu den Mitarbeitern des neuseeländischen Teams. Als Ehren-Kiwi hatte ich sogar an ihren Teammeetings teilnehmen dürfen. Mit ihnen hielt ich auch jetzt Kontakt. Im Sommer nach unserem Einsatz luden sie mich zu einer Art *Reunion* ein. Mit dem Treffen wollten sie die Sache für sich irgendwie abschließen, einen Schlusspunkt setzen.

Ich flog nach Neuseeland, freute mich, die Leute wiederzusehen, war aber gleichzeitig etwas angespannt, weil ich nicht wusste, was mich erwartete, vor allem, wie es sich anfühlen würde. Immerhin waren diese Menschen für mich die direkteste Verbindung zu den Erinnerungen an die Zeit in Thailand. In meinem Gehirn spukten noch die Bilder herum, wie wir gemeinsam in den Containern gearbeitet hatten. Nun erlebte ich sie in ihren angestammten Rollen, als Polizisten, Rechtsmediziner, Zahnmediziner, Familienväter. Ich sah, dass sie in ihr normales Leben zurückgekehrt waren. Und ich begriff, dass das trotz der Erlebnisse und Erinnerungen möglich war. Das Leben ging weiter.

Die Reise tat mir gut. Es war tatsächlich so etwas wie ein Abschluss, auch für mich. Gleichzeitig fing ich an, über mein Leben nachzudenken, ob das, was ich hatte, auch war, was ich wollte. Das macht man ja irgendwie immer mal, so eine Art Inventur, doch jetzt ging das tiefer. Ich überlegte, nach Neuseeland zu gehen. Als Rechtsmedizinerin hätte ich gute Chancen gehabt, qualifizierte Leute wurden dort gebraucht.

Dass es dann doch in eine andere Himmelsrichtung ging, und nicht so weit in die Ferne, lag an Dave, der wieder in mein Leben trat. Ich hatte einem Musiker aus England, der in Hamburg im *Birdland* spielte und ihn kannte, meine Mailadresse für ihn mitgegeben, mehr aus einem spontanen Impuls heraus. Dave meldete sich nicht sofort, doch irgendwann kam eine Mail von ihm. Einige Monate später lud er mich nach London ein. Und diesmal war es der richtige Zeitpunkt – für uns beide.

IX.
Coroner, Inquests und Jazz

Etwa ein Jahr pendelte ich zwischen Hamburg und London. Aber so konnte es nicht ewig weitergehen. Irgendwann musste ich eine Entscheidung fällen. So sehr ich Hamburg mochte – und noch immer mag –, die andere Liebe war stärker. Also folgte ich meinem Herzen und zog zu Dave. Damit krempelte ich mein Leben um, auch das berufliche.

In England ist das Leichenschauwesen vollkommen anders organisiert. Rechtsmedizinische Institute, die mit denen in Deutschland vergleichbar wären, gibt es hier nur wenige. Das größte gehört zur University of Leicester. Daneben findet man noch ein paar kleinere, das ist es dann aber schon. Nicht einmal in einer Achtmillionenstadt wie London gibt es ein entsprechendes Institut an einer der Universitäten.

Und während Pathologen und Rechtsmediziner bei uns zwei verschiedene Berufe sind, sind die beiden Fächer auf der Britischen Insel eng verflochten. So haben *Forensic Pathologists* nichts mit Lebendopferuntersuchungen, Alkoholbestimmungen und all den anderen Sachen zu tun, mit denen man als Rechtsmediziner in Deutschland beschäftigt ist. In England befassen sie sich ausschließlich mit Toten. Um die anderen Aufgaben kümmern sich Ärzte, meistens sind es Allgemeinmediziner oder Internisten, die ein gewisses Interesse für rechtsmedizinische Belange mitbringen und als sogenannte *Police Surgeons* arbeiten.

Der grundlegendste Unterschied zwischen beiden Systemen

besteht darin, dass es in England die Institution des *Coroners* gibt. Der Coroner ist ein Untersuchungsbeamter im Auftrag des Gerichts, der in seiner Funktion aber unabhängig tätig ist. Ernannt wird er von der Regierung. Dieses Amt darf nur jemand ausüben, der einen juristischen oder medizinischen Abschluss vorzuweisen hat, jedenfalls im weitesten Sinne, denn es gibt auch Kriminalisten auf diesem Posten. Voraussetzung ist außerdem, dass er in seinem Fach mindestens fünf Jahre Berufserfahrung gesammelt hat – in England.

Dieser Punkt sorgte nach dem Tod von Amy Winehouse für einigen Wirbel in den Medien. Der für diesen Fall zuständige Coroner hatte als Anwältin zwar die notwendige Qualifikation und auch ausreichend Berufsjahre hinter sich, allerdings in Australien. Demnach hätte die Frau das Amt gar nicht innehaben dürfen. Deshalb wurde das Verfahren, bei dem die Todesursache der Sängerin geklärt worden war, nachträglich in Frage gestellt. Wobei es am Ergebnis der Untersuchungen nichts auszusetzen gab, wie sich herausstellte. Die Siebenundzwanzigjährige war an einer Alkoholvergiftung gestorben. Im Blut ihrer Leiche wurden 4,16 Promille nachgewiesen.

Ein Coroner wird immer dann aktiv, wenn bei einem Verstorbenen die Todesursache nichtnatürlich oder *uncertain*, also zweifelhaft ist. Außerdem wenn der Tod plötzlich, unerwartet oder unter verdächtigen beziehungsweise gewaltsamen Umständen eingetreten ist. Dazu zählen auch Katastrophen und Unfälle. Das Gleiche gilt, wenn jemand bei einem Betriebsunfall stirbt, als Folge einer Berufserkrankung oder auch auf scheinbar natürliche Weise, aber länger als zwei Wochen vor seinem Tod nicht von einem Arzt behandelt wurde. Und dann gibt es noch die Todesfälle in Krankenhäusern, Pflegeheimen, Haftanstalten und im Gewahrsam der Polizei, die vom Coroner untersucht werden müssen – immer und ohne Ausnahme. Dadurch kommt auch der relativ hohe Prozentsatz an Sektionen zustande, der bei etwa fünfundzwanzig

Prozent von allen Verstorbenen liegt. Sobald ein Tod als nichtnatürlich einzustufen ist, hat der Coroner keine Wahl – dann muss er eine Obduktion veranlassen.

Ergibt sich bei einem Todesfall der Verdacht auf Fremdeinwirkung, so dass ein Tötungsdelikt in Betracht zu ziehen ist, übernimmt die Mordkommission die Ermittlungen. Sollte der Coroner vorher bereits eine Routinesektion angeordnet haben und ein entsprechender Verdacht erst während derselben entstehen, muss die Obduktion sofort abgebrochen werden. Solche Fälle laufen dann als *special forensic postmortems*. Diese Obduktionen dürfen ausschließlich von Rechtsmedizinern durchgeführt werden, die beim Home Office, dem britischen Innenministerium, akkreditiert sind. Davon gibt es in ganz England nur eine sehr überschaubare Zahl. Sie werden *Home Office Pathologists* genannt. Ich bemühte mich damals auch, in diesen »Ehrenstand« aufgenommen zu werden, doch die Chancen sind mehr als dürftig, erst recht für eine Zugezogene wie mich. Wahrscheinlich muss man entweder ein halbes Leben lang warten, oder man braucht gute Beziehungen.

Deswegen musste ein Plan B her. Ich mache jetzt die Routinesektionen für *Her Majesty's Coroner* – so lautet der offizielle Titel eines Coroners. Wie die meisten Rechtsmediziner in England bin ich nirgends fest angedockt, sondern als Selbständige tätig. Anfangs war das gewöhnungsbedürftig. Mittlerweile genieße ich aber auch die Vorteile der Freiberuflichkeit. Der größte besteht darin, dass ich mir aussuchen kann, wie viel ich arbeite. Oder vielmehr, dass ich weiß, dass ich weniger arbeiten könnte. Als Selbständiger neigt man ja oft dazu, sein Pensum eher hochzuschrauben als umgekehrt. Aber das habe ich inzwischen ganz gut in den Griff bekommen.

Jeder Coroner hat einen bestimmten Zuständigkeitsbereich, in London ist die Aufteilung nach Regionen gegliedert. Zurzeit arbeite ich für die Coroner von North London und West London, außerdem für den von Portsmouth, aber das liegt im Süden von England, an der Küste, etwa eine Stunde und vierzig Minuten Autofahrt von meinem Zuhause entfernt.

Die erste Aufgabe des Coroners ist es, die Identität des Toten festzustellen. Als Nächstes hat er zu klären, wie derjenige gestorben ist und wann und wo. Dann teilt er die Fälle nach den genannten Kriterien ein, was die Todesursache und Todesumstände betrifft, und entscheidet, ob eine Obduktion angeraten ist oder nicht. Darüber hinaus kann er zusätzliche Ermittlungen in Auftrag geben, um noch mehr über den Verstorbenen und die Ereignisse unmittelbar vor dessen Ableben in Erfahrung zu bringen.

Wenn ich hier in der Einzahl von Coroner schreibe, heißt das nicht, dass er – oder sie – die ganze Arbeit allein bewältigen muss. Dafür gibt es viel zu viele Todesfälle. Allein in London sterben jeden Tag mehr als hundert Menschen. Dem Coroner steht ein Stab von Mitarbeitern zur Verfügung, die *Coroner's Officers*. Früher waren das hauptsächlich ehemalige Polizisten, mittlerweile kommen viele aus Pflegeberufen und aus dem Rettungswesen. Unter den Officers in Fulham zum Beispiel gibt es eine Frau, die Biologie studiert hat. Die Officers sind diejenigen, die den ersten Kontakt zu den Angehörigen haben und alle greifbaren Informationen zu einem Todesfall zusammentragen. Ein einfacher Job ist das nicht.

Eine gewaltige Umstellung war für mich, dass ich auf einmal fast nur noch Obduktionen durchzuführen hatte. Im Vergleich zu der Arbeit in Hamburg geht es hierbei beinahe schon wie am Fließband zu. Drei Sektionen sind es an einem Tag fast immer, häufig sogar mehr. Es kam auch schon vor, dass ich sieben oder acht hintereinander zu erledigen hatte. Der Durchschnitt dürfte bei etwa vier liegen. Im Gegensatz zu den gerichtlichen Sektionen in Deutschland wird hier ohne einen zweiten Obduzenten seziert.

Obwohl ich in der Regel nur an drei Tagen pro Woche Sektionen durchführe, komme ich so auf rund fünfhundert Sektionen im Jahr. In Hamburg waren es im gleichen Zeitraum zwischen fünfhundert und sechshundert – allerdings insgesamt, die von allen Kollegen zusammengezählt. Damals waren wir etwa zwanzig dort. Ich selbst führte im Schnitt fünfzig bis sechzig Obduktionen als erster Sekant durch.

Ich bin weit entfernt davon, das als Wertung zu meinen, nach dem Motto: Hier ist alles gut und dort alles schlecht. Zahlen allein sind erst mal sehr abstrakt. Wobei ich natürlich das Grundverständnis verinnerlicht habe, dass es besser wäre, einmal zu viel zu obduzieren als einmal zu wenig. Gerade mit dem Wissen im Hinterkopf, dass in Deutschland eine recht hohe Zahl an Menschen als auf natürliche Weise Verstorbene beerdigt wird, obwohl ihr Tod alles andere als natürlich war. In England landen auch Leichen auf dem Sektionstisch, bei denen man sich das sparen könnte. Aber in Deutschland sind es auf jeden Fall zu wenig, sonst gäbe es diese ernüchternden Statistiken nicht. Am besten wäre wahrscheinlich, man bekäme eine Mischung aus beiden Systemen hin.

Ein Satz noch zu den drei Tagen, an denen ich pro Woche obduziere: Das klingt erst mal wenig. Man darf aber nicht vergessen, dass ich für jede Obduktion auch noch das Sektionsprotokoll schreiben muss. Das erledige ich zu Hause, und dafür geht auch eine Menge Zeit drauf. Die Obduktionen werden ja genauso umfangreich und gründlich durchgeführt wie in Deutschland. Ein Großteil der Fälle, die in Hamburg als gerichtliche Sektionen eingestuft wurden, läuft hier als Coroner's Sektion. Manche Protokolle sind recht schnell geschrieben, für andere brauche ich wesentlich länger, mitunter einen halben Tag, weil der Fall so kompliziert ist und ich auch noch feingewebliche Untersuchungen vornehmen oder Befunde aus der Toxikologie einarbeiten muss.

Oberstes Ziel der Arbeit eines Coroners ist es, die Todesursache zu klären. Um eine Obduktion anordnen zu können, benötigt er nicht das Einverständnis der Angehörigen. Er hat sie lediglich zu informieren, wann und wo sie stattfinden wird. Anders verhält es sich, sollen nach der Obduktion Organteile oder Gewebeproben asserviert werden. In Hamburg wird das bei jeder Sektion gemacht, da gehört es per Sektionsgesetz dazu, weil sich nachträglich immer Fragen ergeben können, die man erst durch weitergehende Untersuchungen klären kann. Welche Proben man auswählt, wird im letzten Punkt des Obduktionsberichts dokumentiert. »Am Ende der Sektion wurden folgende Asservate zurückbehalten …«, heißt es da. Nicht selten werden von der Staatsanwaltschaft oder der Polizei gleich konkrete Untersuchungsaufträge erteilt, das wird dann dort ebenfalls vermerkt. Im Anschluss an diese Auflistung findet sich folgende Passage: »Die oben genannten Asservate verbleiben für weiterführende Untersuchungen mindestens sechs Monate in Obhut des Instituts für Rechtsmedizin – sie können danach aus Platzgründen entsorgt werden, sollten bis dahin keine Untersuchungsaufträge eingehen, die Asservate abgefordert oder um eine längere Aufbewahrungsfrist nachgesucht werden.«

In England sind Organteile- und Gewebeprobeentnahmen nur gestattet, wenn man die Todesursache anders nicht finden kann, also nicht für die Eventualität, dass später noch Fragen auftauchen könnten. Über diese Festlegung sollte man sich auch nicht hinwegsetzen, da das ständig überprüft wird. Falls es notwendig wird, Gewebe oder Organteile einer Leiche zu asservieren, um sie genauer zu untersuchen, muss die Familie des Verstorbenen informiert und mit ihr besprochen werden, was anschließend mit den Überresten geschieht. In Krankenhäusern werden sie meistens kremiert, in einer Art Sammelverfahren. Die Hinterbliebenen hätten aber auch das Recht, die Proben zurückzufordern, um sie nachträglich bestatten zu lassen. Will ein Rechtsmediziner sie für wissenschaftliche Zwecke nutzen, darf er das nur, wenn die Angehörigen damit ausdrücklich einverstanden sind.

Lässt sich die Todesursache trotz Obduktion und weitergehender Untersuchungen nicht klären, hält der Coroner am Coroner's Court einen *Inquest* ab. Den muss man sich vorstellen wie eine Gerichtsverhandlung, nur dass es dabei nicht um die strafrechtliche Verantwortung bei einem Todesfall geht, sondern lediglich um die Umstände, also wie der Betreffende zu Tode kam. Und dass nur in bestimmten Fällen eine Jury dabei ist.

Ein solcher Inquest findet auch dann statt, wenn sich bei den Untersuchungen herausstellte, dass der Tod auf nichtnatürliche Art eingetreten ist – wie im Fall von Amy Winehouse. Und wenn jemand im Gefängnis gestorben ist, selbst wenn ein Herzinfarkt die Ursache war. Ebenso kann nach einem Tötungsdelikt ein Inquest durchgeführt werden, dann allerdings erst, nachdem das Strafrechtliche vor einem anderen Gericht geklärt wurde.

Inquests sind in meinen Augen eine überaus sinnvolle Einrichtung. Es wäre nicht schlecht, wenn es so etwas auch in Deutschland gäbe. Vor allem, weil es den Angehörigen hilft, den Tod eines geliebten Menschen besser zu verstehen. Wenn sie begreifen, was geschehen ist, fällt es ihnen meistens leichter, für sich selbst einen Schlusspunkt zu finden. Das erlebe ich immer wieder.

Ein Inquest läuft üblicherweise so ab: Zunächst stellt der Coroner fest, wer anwesend ist. Inquests sind wie andere Gerichtsverhandlungen öffentlich, jeder kann daran teilnehmen, auch Presseleute. Dann spricht er die Angehörigen des Verstorbenen an, prüft die Daten desselben – »Wann und wo geboren?«, »Zuletzt wohnhaft in …?«, all das. Und in welchem Verwandtschaftsverhältnis die Angehörigen, die sich im Saal befinden, zu ihm standen. Manchmal bittet er sie, etwas über den Verstorbenen zu erzählen, was für ein Mensch er war. Oder etwas über die Umstände seines Ablebens, wenn derjenige da ist, der ihn tot aufgefunden hat. Wobei die Angehörigen nicht zwangsweise dabei sein müssen, sie können sich auch von einem Anwalt vertreten lassen.

Irgendwann bin ich an der Reihe, gebe eine Zusammenfassung der Obduktionsergebnisse. Ganz wichtig dabei ist, die Sachverhalte so darzustellen, dass sie für Laien verständlich sind. Falls er selbst keine Fragen hat, erteilt der Coroner anschließend den Angehörigen die Erlaubnis, mir welche zu stellen. Nicht wenige belastet zum Beispiel der Gedanke, dass sie den Verstorbenen vielleicht hätten retten können. Dann ist es gut, ihnen anhand der Befunde plausibel erklären zu können, dass es eben nicht so ist, er auch so gestorben wäre.

Mitunter sind noch andere Experten zugegen, Unfallsachverständige oder Ärzte, die den Verstorbenen zuletzt behandelt haben. Bei ihnen läuft es dann genauso.

Der Coroner entscheidet, wer vorgeladen wird. Jeder hat da seine eigenen Prinzipien. Der in Portsmouth bestellt den Rechtsmediziner, der die Sektion durchgeführt hat, fast immer zum Inquest. In North London dagegen brauchte ich bisher erst einmal zu erscheinen. Von West London werde ich drei- oder viermal im Jahr angefordert. Wenn kein Rechtsmediziner dabei ist, wird meistens nur dessen Gutachten vorgelesen, oder eine Zusammenfassung davon.

Anstatt eines Urteils stuft der Coroner den jeweiligen Todesfall am Ende in festgelegte Kategorien ein, beispielsweise als Tod aus natürlicher Ursache, als Folge einer Berufskrankheit, von Drogenmissbrauch oder Vernachlässigung. Auch die Kategorien Tod durch Unfall oder Missgeschick und Suizid gibt es. Außerdem wird unterschieden zwischen *lawful killing*, wozu Notwehr gehört, und *unlawful killing*. Darunter fallen Mord und Totschlag und Kindstötung. Lässt sich ein

Todesfall trotz Obduktion und aller möglichen Untersuchungen und Ermittlungen nirgends sicher einordnen, weil die Todesursache beziehungsweise die Kausalität letztlich unklar geblieben ist, wird er als *open verdict* betrachtet.

Ich hatte mal einen solchen Fall – eine Frau Mitte vierzig, die sich einer Hysterektomie unterziehen musste. Den Eingriff, bei dem die Gebärmutter entfernt wurde, hatte sie ohne Komplikationen überstanden. Sie konnte das Krankenhaus bald wieder verlassen. Zwar fühlte sie sich nicht besonders, dachte aber, das seien die normalen Nachwehen der Operation, die sich mit der Zeit geben würden. Doch das Gegenteil trat ein – ihr Zustand verschlechterte sich von Tag zu Tag. Sie bekam Angst und wandte sich an ihren Hausarzt. Kurz darauf erlitt sie einen Krampfanfall, kam wieder in die Klinik, auf die Intensivstation. Aber dort konnte man ihr nicht mehr helfen – sie starb an Multiorganversagen. Die Ärzte rätselten, vermuteten eine Sepsis, also die systemische Ausbreitung eines Krankheitserregers, umgangssprachlich »Blutvergiftung« genannt, doch es ließ sich kein Keim nachweisen, der sie verursacht haben könnte.

Bei der Obduktion entdeckte ich fleckförmige Einblutungen im Bereich des Stammhirns und am Herzen, und die Leber schien sich regelrecht aufzulösen. Die anschließenden feingeweblichen Untersuchungen zeigten, dass sich im Körper der Frau ein aggressiver Pilz ausgebreitet hatte. Im Mikroskop sah es beinahe aus, als wären es Blumen. Herz, Lunge und Nieren waren betroffen, selbst bis zum Hirn war er vorgedrungen. Meine Diagnose: Sepsis und invasive Aspergillose. Das ist eine Infektion durch Schimmelpilze der Gattung Aspergillus. Offenbar war das Immunsystem der Frau extrem geschwächt gewesen. Aber warum? Einen solchen Befund würde man bei jemandem erwarten, der AIDS – das Vollbild einer HIV-Erkrankung im Endstadium – hat oder auf Medikamente angewiesen ist, die die körpereigene Abwehr unterdrücken, zum Beispiel nach einer Organtransplantation. Bei ihr jedoch gab es keine nennenswerten Vorerkrankungen.

Es war also die Frage, wo sie sich die Blutvergiftung zugezogen und den Pilz eingefangen haben konnte. Da sie vorher nichts gehabt hatte, stellte für mich die Operation die einzige Erklärung dar. Möglicherweise hatte die Frau während der Narkose Sporen des Pilzes eingeatmet. Wobei das nicht erklärt hätte, warum ihr Organismus keine Abwehrkräfte dagegen hatte. Ich schrieb das auch nur als Vermutung ins Gutachten, aber schon dagegen verwahrte sich das betreffende Krankenhaus. Und Beweise gab es keine, weder für meine These noch dagegen. Somit blieb es am Ende ein *open verdict*.

Der Coroner kann sich auch für ein *narrative verdict* entscheiden. Dabei fasst er die Umstände zusammen, die zum Tod geführt haben, ohne den Fall einer bestimmten Kategorie zuzuordnen. Auch das hilft den Hinterbliebenen oft schon.

Inquests können sehr emotional sein. Einen werde ich niemals vergessen. Er fand am Coroner's Court in Portsmouth statt, ungefähr vor drei Jahren. Es ging um einen zweiundfünfzigjährigen Mann, der bei einem Minenräumeinsatz im Sudan ums Leben gekommen war. Der Vorfall lag etwa ein halbes Jahr zurück. Fast eine Woche hatte es damals gedauert, bis der Leichnam des Mannes nach England überführt worden war. Am Tag darauf hatte ich ihn zu obduzieren, auch in Portsmouth.

Wenn ich dort arbeite, fahre ich frühmorgens mit dem Auto hin. Ich nehme die A 3 in südlicher Richtung, die sich außerhalb von London zu einer zweispurigen Schnellstraße mausert und irgendwann in die Autobahn M 27 übergeht. Dann bin ich auch fast schon da. Die Obduktionen führe ich in einem Krankenhaus durch, das über einen Sektionssaal verfügt. Ein fensterloser Raum im Erdgeschoss, zirka einhundert Quadratmeter groß. Acht Sektionstische stehen darin, sie sind quer nebeneinander aufgereiht.

An dem Tag standen drei Obduktionen an: die Leichen von drei Männern. Die ersten zwei – einer war neunundsiebzig Jahre alt gewesen, der andere fünfundachtzig – hatte ich nach etwas mehr als einer Stunde erledigt. Beide waren an einer Lungenentzündung gestorben, nichts Aufregendes.

Bevor ich mit dem dritten anfing, ging ich hinüber zur Pathologie und fragte, ob jemand einen Fotoapparat zur Verfügung hätte. Dieser Fall schien mir besonders sensibel zu sein. Deshalb wollte ich, bevor ich an die eigentliche Obduktion ging, alle äußeren Verletzungen dokumentieren.

Zu jedem Leichnam erhalte ich einen Auftragszettel, den *Coroner's Officers Report*. Darauf stehen die wichtigsten Daten, und die Umstände des Todes sind kurz beschrieben, all das, was die Coroner's Officers bis dahin an Informationen zusammentragen konnten, das meiste stammt von der Polizei. So erfuhr ich nicht nur Name und Alter des Mannes, sondern auch, dass er lange Taucher bei der Royal Navy gewesen war und zuletzt für eine humanitäre Organisation als Minenräumexperte gearbeitet hatte.

Umgekommen war er bei einem Einsatz im Südsudan, der ihn mit seinem Team in die Gegend um Kapoeta geführt hatte, einer Kleinstadt hundert Kilometer nördlich der Grenze zu Kenia. Dort war eine Antipersonen-Tretmine beim Entschärfen hochgegangen. Ein israelisches Fabrikat, fast zwanzig Jahre alt, von der Form eines Ziegelsteins, nur kleiner. Ihre Sprengladung hatte aus einhundertachtundachtzig Gramm TNT bestanden.

Nachdem ich einen Fotoapparat aufgetrieben hatte, führte ich die äußere Besichtigung durch. Die Leiche des Mannes war einbalsamiert worden, wie das üblich ist bei Überführungen aus dem Ausland. Dadurch sah die Haut wächsern aus. Die Ausdünstungen der Balsamierungsflüssigkeit brannten mir in den Augen. Auf die formaldehydhaltige Substanz reagiere ich jedes Mal empfindlich.

Es hatte offenbar schon eine Sektion stattgefunden, wohl noch im Sudan. Über die Körpervorderseite zogen sich Nähte in der typischen T-Form. Das Gesicht war durch mehrere Risswunden, Abschürfungen und schwarze Anhaftungen in Form sogenannter Staubtätowierungen entstellt. Solche »Tätowierungen« entstehen, wenn kleine Staub- und Dreckpartikel in sehr dichter Anordnung in die Haut eindringen, so dass es zu einer Verfärbung derselben kommt.

Die rechte Augenhöhle wies fetzige Einreißungen auf, das Auge selbst fehlte. Auch unterhalb des rechten Auges und der Unterlippe war die Haut zerfetzt. Links neben dem Mund und an den Ohren fanden sich schwärzliche Abschürfungen. Nase und Zähne hatten nichts abbekommen.

Am Kinn war der Abdruck eines Verschlusses zu erkennen. Man konnte also davon ausgehen, dass er vorschriftsgemäß einen Schutzhelm getragen hatte. Zumal diese Annahme von dem Verletzungsbild am Kinn gestützt wurde. Dort, wo sich der Gurt des Helms befunden haben musste, waren keine Verletzungen, nur darunter und darüber. Dies entsprechend zu dokumentieren, konnte auch für etwaige Versicherungsfragen von Bedeutung sein. Dasselbe traf für die Brust- und Bauchregion zu, die flächenhafte Hämatome und Abschürfungen aufwies, aber keine tieferen Verletzungen. Was auch hier dafür sprach, dass er die vorgeschriebene Schutzbekleidung angelegt hatte.

Die linke Hand war komplett abgetrennt, die rechte völlig zerfetzt.

Man hätte es aus einem der vielen Bücher, die es über Explosionsverletzungen gibt, abschreiben können. Was ich vor mir hatte, war das typische Verletzungsbild, das entsteht, wenn solche Minen beim Entschärfen detonieren, und zwar in dem Moment, wenn sie in den Händen gehalten werden. Oder wenn Kinder damit spielen, das kommt leider trotz aller Warnungen immer wieder vor. Jedes Jahr werden fünfzehn- bis zwanzigtausend Menschen durch Landminen getötet.

Auch die Beine sahen entsprechend aus: Hämatome und Abschürfungen im vorderen Bereich der Oberschenkel, tiefe fetzige Verletzungen in der rechten und linken Knieregion, auf beiden Seiten offene Trümmerfrakturen. Einzelne Knochen standen heraus, die großen Blutgefäße waren durchtrennt.

Man konnte es förmlich vor sich sehen, wie er dort auf sandigem Boden gehockt haben musste, die Mine in der Hand ...

Bei der inneren Besichtigung stellte ich fest, dass die vorhergehende Sektion gar keine richtige gewesen war, nicht nach unseren Maßstäben. Der Körper war zwar aufgeschnitten worden, aber anscheinend nur, um einen Blick hineinzuwerfen. Derjenige, der das gemacht hatte, hatte in den Körperhöhlen nichts seziert und auch kein Organ herausgenommen. Wie es schien, waren die inneren Organe durch die Detonation nicht verletzt worden. Am ehesten hätte man vermutet, dass durch die Druckwelle die Lungen etwas abbekommen haben könnten. Doch weder war eine Unterblutung auszumachen noch irgendeine andere Verletzung.

Ich entnahm trotzdem noch Lungengewebe für feingewebliche Untersuchungen, auch um die Möglichkeit einer Fettembolie zu überprüfen. Bei derart massiven Frakturen konnte es durchaus passieren, dass Fett aus dem Knochenmark in den Blutkreislauf eingeschwemmt wurde und die kleinen Lungengefäße verstopfte. Das konnte ich später allerdings ausschließen.

Auch das Gehirn war unversehrt geblieben, es ließen sich keine Verletzungen im Schädelinneren finden. Wie es aussah, war der Mann infolge der massiven multiplen Verletzungen verblutet.

Beim Inquest kam später die Frage auf, ob man ihn hätte retten können. Sie war nicht ganz unberechtigt, zumal es fast vier

Stunden gedauert hatte, bis ein Hubschrauber eingetroffen war, um ihn in eine Klinik zu fliegen. Angeblich hatte der Mann zu diesem Zeitpunkt noch gelebt, was vorstellbar war. Trotzdem sagte ich, da die Frage auch an mich gerichtet wurde, dass ich die Möglichkeit einer Rettung für äußerst unwahrscheinlich hielt. Die Verletzungen waren einfach zu schwer. Einerseits die Zerreißungen der großen Blutgefäße in den Knien. Sie mussten innerhalb kürzester Zeit zu einem erheblichen Blutverlust geführt haben. Andererseits die schweren Verletzungen an beiden Armen. So oder so wäre es äußerst schwierig gewesen, die Blutungen zu stoppen. Dafür hätte man sofort die großen Blutgefäße abbinden müssen. Aber selbst dann hätte man keine Garantie gehabt, dass er überlebt.

Dieser Inquest setzte mir ganz schön zu. Normalerweise schaffe ich es recht gut, mich von dem Drumherum abzugrenzen, auch von den Emotionen der Angehörigen. Ich versuche immer, mich auf meinen Part zu konzentrieren, auf das Fachliche, und den Hinterbliebenen Auskünfte zu geben, die ihnen den Verlust nicht noch schwerer machen. Meine Erfahrung ist, dass sie dankbar reagieren, wenn man ihnen mit verständlichen Worten erklärt, was geschehen ist und dass es nicht zu ändern war. Das hilft ihnen, den Tod des Verstorbenen zu akzeptieren, so schmerzhaft er für sie auch sein mag. Man durchlebt in der Trauer verschiedene Phasen. Ist man dabei angelangt, das Unabänderliche als solches hinzunehmen, es zu akzeptieren, hat man einen großen Schritt bei der Verlustbewältigung getan.

Es war schwer zu sagen, in welcher Phase sich die Witwe des getöteten Minenräumers befand. Sie wirkte völlig emotionslos, sprach mit einer Monotonie in der Stimme, als stünde sie unter starken Psychopharmaka. Hätte sie geweint wie ihre beiden erwachsenen Kinder, die ihren Gefühlen freien Lauf ließen, ihr Schmerz wäre vermutlich leichter zu ertragen gewesen. Nie zuvor hatte ich mich bei einem Inquest so anstrengen müssen, um die Fassung zu wahren und nicht in Tränen auszubrechen.

Die Frau erzählte, wie sie ihren Mann kennengelernt hatte. Vom ersten Moment an sei er ihr Held gewesen, ein Macher, der nicht lamentierte, sondern die Dinge anpackte. Humorvoll sei er gewesen und voller Respekt für andere Menschen. Sie und die Kinder seien stolz, ein Teil seines Lebens gewesen zu sein, eines Lebens, das ein großes Abenteuer war. Ihr Mann habe vor jedem Einsatz gewusst, in welche Gefahr er sich begebe. Er habe es freiwillig getan, weil er Menschen wie denen im Sudan helfen wollte.

Als die Frau erzählte, wie sie zusammen mit ihrem Mann vor dessen Abreise losgezogen war, weil er unbedingt noch einen Stapel Socken kaufen wollte, musste ich schlucken. Er hatte die Socken nicht für sich haben wollen, sondern für die Bewohner des kleinen Ortes, in dessen Nähe er und sein Team ihren Einsatz haben sollten. »Sonst müssen die Leute dort frieren, sie haben keine Socken«, hatte er zu seiner Frau gesagt.

Selbst der Coroner kämpfte mit den Tränen. Er meinte, der Verstorbene sei ein wahrer Held gewesen. Er habe unzählige gefährliche Aufträge ausgeführt, ohne großes Aufheben darum zu machen, damit andere Menschen besser leben können. Und als es darum ging, den Todesfall einer der Kategorien zuzuordnen, entschied er auf *»unlawful killing«*. Seine Begründung: Menschen hätten diese furchtbaren Minen in die Erde getan, um andere damit zu schädigen. Deshalb könne man seinen Tod nicht als Unfall betrachten.

In den Ohren der Zuschauer im fast vollbesetzten Saal mag es wie eine reine Formalie geklungen haben, doch für die Frau und ihre beiden Kinder war diese Einschätzung ungeheuer wichtig, damit sie ihren Frieden finden konnten. Ein Unfall, erklärten sie, hätte sich für sie angefühlt, als wäre sein Tod umsonst gewesen. Indem der Coroner ihn als *»unlawful kil-*

ling« einordnete, sagte er auch, dass sich der Zweiundfünfzigjährige korrekt verhalten hatte und nichts hätte anders machen können.

Nachdem der Inquest vorüber war, der emotionalste, den ich jemals erlebt habe, blieb ich auf meinem Platz sitzen, bis alle anderen den Saal verlassen hatten. Ich war zu aufgewühlt, um gleich wieder zur Tagesordnung übergehen zu können. Die Worte der Ehefrau hallten in mir nach. In Gedanken hörte ich ihre tonlose Stimme, und ich sah die Ausdruckslosigkeit in ihrem Gesicht vor mir, das beinahe wie eine Maske gewirkt hatte. Dann dachte ich an die Geschichte mit den Socken – und konnte nicht anders, ich musste weinen.

Später fuhr ich nach Hause, griff dort als Erstes nach meinem Saxophon, spielte eine Weile, und schon schien die Welt wieder etwas besser. Saxophonspielen hilft immer, wenn es beruflich mal nicht so gut läuft oder besonders anstrengend ist. Aber auch sonst versuche ich, meine Tage so einzurichten, dass wenigstens ein bisschen Zeit dafür bleibt. Es gibt immer Stücke, an denen ich gerade arbeite. Und wenn ich übe, zum Beispiel ein Lick bei einem bestimmten Tempo durch alle Tonarten zu spielen, während das Metronom tickt, erfordert das so viel Konzentration, dass ich alles um mich herum vergesse, dann bin ich ganz woanders.

Manchmal spiele ich Konzerte mit Daves Septett oder in der Big Band, die er zusammen mit seinem Freund Pete gegründet hat. Die beiden kennen sich seit der Kindheit, hatten dann aber für einige Jahre den Kontakt verloren. Als sie sich vor einiger Zeit bei einem gemeinsamen Auftritt mit der *Matthew Herbert Big Band* trafen, stellte sich die alte Verbundenheit sofort wieder ein. Pete ist Arrangeur, Dirigent, spielt Trompete und schreibt Filmmusiken. Kurz darauf kamen die beiden auf die Idee, eine eigene Band aufzuziehen. Sie nannten sie *The Two Minds Big Band*, der Name ist gleichzeitig Programm. Dave und Pete dachten sich vier Stichworte aus, ich steuerte ein fünftes bei, und dazu schrieb jeder von ihnen, unabhängig voneinander, jeweils ein Stück. Alle zehn Stücke haben wir im Studio aufgenommen und dann auch erste Gigs gespielt.

In London gibt es mehrere gute Jazzclubs. Unser Lieblingsclub ist *The 606 Club* in Chelsea. Er erinnert mich ein wenig ans *Birdland* in Hamburg, das gibt es bedauerlicherweise ja nicht mehr. Im *606 Club* spielen nicht die großen Namen der internationalen Jazzszene. Dort erlebt man hauptsächlich einheimische Musiker, das Beste, was die britische Jazzszene zu bieten hat. Dave tritt ungefähr alle zwei Monate da auf, mit seinem Quartett, das hat er auch noch – Saxophon, Klavier, Schlagzeug, Kontrabass. Dann bin ich natürlich im Publikum.

Das *Hideaway* gefällt uns auch gut. Dieser Club befindet sich in Streatham, südlich von Brixton, wo wir wohnen. Dort haben wir die Premiere des Two-Minds-Big-Band-Projekts gefeiert. Wobei es generell unheimlich schwierig ist, eine Big Band in Clubs unterzubringen. Weil es nur sehr wenige gibt, die sich leisten können, eine angemessene Gage zu zahlen. Die größte Chance, als Big Band Auftritte zu spielen, hat man noch, wenn man zu einem Festival eingeladen wird. Mit der *Matthew Herbert Big Band* ist das häufiger der Fall, und ab und zu darf ich bei den Profis aushelfen, wenn kein anderer aus der Stammbesetzung Zeit hat. Einmal war es sogar so, dass ich gefragt wurde, ein Konzert mit der BBC Big Band zu spielen. Was für eine Ehre! Den Moment werde ich so schnell nicht vergessen. Bedauerlich nur, dass ich nicht konnte. Ich hatte für den betreffenden Tag schon der *Matthew Herbert Big Band* zugesagt.

Um ehrlich zu sein, bin ich ziemlich verwöhnt mit dem, was ich habe. Es sind zwar nur wenige Gigs, dafür aber mit tollen Jazzmusikern. Ich bin dankbar, dass ich da mitspielen darf.

Jam Sessions gibt es hier zwar auch, nur leider ist das für

mich nicht so leicht zu bewerkstelligen wie früher in Hamburg. Meine damalige Wohnung befand sich direkt über dem *Birdland*, ich brauchte nur die Treppe hinunterzugehen, um bei einer Session, die jeden Donnerstag stattfand, einzusteigen. In London finden die meisten unter der Woche statt, recht spät am Abend, und dann kommen noch die extremen Entfernungen dazu. Kurz gesagt: Die Termine passen schlecht zu meinem Tagesablauf. Dafür muss ich morgens zu früh raus.

Seitdem ich in London lebe, habe ich endlich mehr Zeit zum Üben. Wobei ich immer Hemmungen hatte, so richtig loszulegen, da Dave ja auch täglich üben muss und somit die Geduld unserer Nachbarn auf eine harte Probe gestellt wurde. Im Zweifelsfall habe ich ihm natürlich den Vorrang gelassen. Wir wohnen in einem dieser typischen viktorianischen *terraced houses*. In Deutschland würde man Reihenhaus dazu sagen. Und die Wände sind nicht gerade dick. Aber inzwischen haben wir unser Dachgeschoss zu einem schallisolierten Studio ausgebaut, seitdem können wir üben, so lange wir wollen, ohne jemanden zu stören. Immerhin, das regelmäßige Üben zahlt sich aus: In Hamburg hatte ich immer das Gefühl, auf der Stelle zu treten oder sogar schlechter zu werden. Jetzt mache ich endlich Fortschritte.

Wenn ich an die Zeit in Hamburg zurückdenke, frage ich mich sowieso, wie ich mit dem, was ich damals draufhatte, überhaupt auftreten konnte. Ich spielte in einer Big Band und in einigen kleineren Bands, habe allerdings nur selten geübt, weil ich durch die Arbeit am Institut kaum Zeit dafür fand.

Obwohl ich manchmal auch denke, dass ich mich ein bisschen hinter dem Üben und meinem eigenen Anspruch verstecke. Aber ist das ein Wunder, wenn man mit jemandem wie Dave verheiratet ist? Würde ich eines Tages nur zehn Prozent von dem können, was er kann, ich wäre mehr als happy. Dabei ist selbst er unzufrieden, weil er viele Herausforderungen sieht, immer noch mehr können möchte. Als Jazzmusiker kann man nie fertig, nie perfekt sein. Dave und ich, wir sind uns da sehr ähnlich, wenngleich auf ganz verschiedenen Ebenen, er ist mir um Lichtjahre voraus.

Die Musik, der Jazz, ist ein starkes Bindeglied zwischen uns. Für Dave ist es eine Passion und zugleich sein Job. Von meinem möchte er nicht so viel hören, was bei meinem leiblichen Vater, dem Musiker, ähnlich ist. Sensible Künstlerseelen. Das Kriminalistische an der Arbeit, wenn ein Fall spannend ist, findet Dave noch ganz faszinierend. Sich allerdings plastisch vorzustellen, was ich bei einer Sektion mache, wie ich zum Beispiel einer Leiche, die vielleicht noch extrem unangenehm riecht, Organe entnehme und diese dann untersuche … – das ist zu viel für ihn, da schaltet er doch lieber ab.

Meistens ergibt es sich ausgerechnet beim Essen, dass ich anfange, davon zu erzählen. Gar nicht in böser Absicht. Es ist nur so, dass es die Momente am Tag sind, wo wir mal in Ruhe beieinandersitzen und Zeit haben, uns über das auszutauschen, was jeder von uns erlebt hat oder was ihn gerade beschäftigt.

Lebensmittel bieten aber auch einen guten Anknüpfungspunkt. In der Anatomie und in der Pathologie werden viele Organe bei ihrer Beschreibung damit verglichen. Der Begriff »Muskatnussleber« fällt mir spontan ein. So bezeichnen wir eine Leber, die aufgrund einer Erkrankung chronisch gestaut ist. Schneidet man sie nach der Entnahme aus dem Leichnam auf, erinnert das Bild, das man zu sehen bekommt, an das Innere einer Muskatnuss.

Oder »Zuckergussmilz«. Damit wird das charakteristische Aussehen der Milz bei einer Kapselhyalinose, der Einlagerung transparenter Substanzen, beschrieben. Gekennzeichnet ist es durch eine zuckergussartige grau-weiße Verdickung und Verfärbung der Milzkapsel.

Eingebürgert haben sich aufgrund des Aussehens auch Begriffe wie »Schinkenmilz« und »Bauernwurstmilz«. Und auch »Wabenlunge«. Davon spricht man, wenn das normale Lungengewebe kleinzystisch degeneriert und größtenteils durch dünnwandige Hohlräume ersetzt wird, so dass die neuentstandene Gewebestruktur an eine Honigwabe erinnert. Eine solche »Wabenlunge« stellt das Endstadium einer Lungenfibrose dar.

Auch für die Beschreibung der Größenverhältnisse oder der Form werden gern Vergleiche mit Lebensmitteln, speziell mit Obst, herangezogen. Der Begriff »kirschkerngroß« wird sehr häufig verwendet, in verschiedenen Zusammenhängen, oder auch »olivenförmig«. Ein Kripobeamter meinte mal zu mir, nachdem er ein Sektionsprotokoll gelesen hatte: »Man bekommt den Eindruck, Rechtsmediziner und Pathologen hätten ständig Hunger.«

Mittlerweile weiß ich natürlich, wie viel an Einzelheiten ich Dave zumuten kann. Ohnehin beschränke ich mich auf die interessantesten Fälle und beschreibe sie meistens so, dass keine Gefahr besteht, dass er gleich in Ohnmacht fällt. Nur einmal, da ist das gründlich schiefgegangen. Nicht, weil er umgekippt wäre. Das, was ich erzählte, betraf jemanden, den Dave und ich gut kannten. Allerdings wusste ich das an dem Tag selbst nicht, obwohl ich dessen Leiche gesehen hatte. Das war die Sache mit Chris.

X.
Chris

Ein Sommertag wie aus dem Bilderbuch. Die Sonne schien vom blauen Himmel, Schäfchenwolken trieben in Zeitlupe über die Stadt. Wäre es nicht so früh am Morgen gewesen und auf den Straßen nicht so voll, hätte ich das Verdeck meines Roadsters aufgemacht und wäre offen zur Arbeit gefahren. Später, auf der Rückfahrt, dachte ich, würde ich das bestimmt tun.

Ich war auf dem Weg nach Uxbridge, einer Stadt im Westen von London, nur ein paar Meilen vom Flughafen Heathrow entfernt. Uxbridge gehört zur Grafschaft Middlesex, ist aber gleichzeitig das Verwaltungszentrum des Stadtbezirks Borough of Hillingdon, der sich im äußersten Westen von Greater London erstreckt. Normalerweise ist das nicht mein Einsatzgebiet. Aber Uxbridge unterliegt der Zuständigkeit des Coroners, der für West London verantwortlich ist, und für den arbeite ich. Der dazugehörige Coroner's Court befindet sich in Fulham, Uxbridge ist praktisch eine Außenstelle davon. In dem Gebäude, in dem die Leichenhalle untergebracht ist, sitzen einige Sachbearbeiter des Coroner's Office. Von dort hatte mich der Anruf erreicht: Die zuständige Rechtsmedizinerin sei im Urlaub, ob ich nicht aushelfen könne?

Ich hatte einen Augenblick mit mir gerungen, da abzusehen war, dass ich in der Woche nicht gerade unterbeschäftigt sein würde. Montag, Dienstag und Donnerstag musste ich in Portsmouth arbeiten. Dort habe ich in der Regel vier bis fünf

Leichen pro Tag. Und danach würden noch die Protokolle zu schreiben sein. Wenn ich Uxbridge zusagte, das konnte ich mir leicht ausrechnen, würde das Wochenende für diesen Teil meiner Arbeit draufgehen. Aber dann hörte ich mich trotzdem sagen: »Mittwoch und Freitag gingen zur Not, da könnte ich einspringen.«

Genau zehn Tage zuvor war ich das erste Mal in der *Mortuary* in Uxbridge gewesen, der Leichenhalle. Gewissermaßen ein Notfall. Ich hatte gerade Dienst in Fulham gehabt, als sie jemanden suchten, der schnellstmöglich kommen konnte, um eine Obduktion durchzuführen. Also hatte ich meine Arbeit zu Ende gebracht und mich mit einem Taxi dorthin fahren lassen.

Die Leiche war vom Flughafen Heathrow zur Mortuary in der Kingston Lane gebracht worden: ein amerikanischer Wissenschaftler von einer namhaften Universität in Kalifornien. Der fünfundsechzigjährige Professor, Umweltbiologe und Klimaforscher, hatte an einer Konferenz in Schweden teilgenommen und war auf dem Flug von Göteborg nach London zusammengebrochen. Ein Zahnarzt und eine Krankenschwester, die zufällig an Bord waren, hatten erste Hilfe geleistet und versucht, ihn zu reanimieren, was ihnen jedoch nicht gelungen war. Und auch die Rettungskräfte des London Ambulance Service, die nach der Landung direkt zum Flugzeug aufs Rollfeld fuhren, hatten dem Sterbenden nicht mehr helfen können.

Die Obduktion sollte sofort durchgeführt werden, um Klarheit über die Todesursache zu erhalten. Die Theorien des Klimaforschers waren offenbar nicht unumstritten. Er hatte – damals in den siebziger Jahren – zu den Ersten gehört, die vor der globalen Erderwärmung durch Kohlenstoffdioxid warnten, und dabei wohl auch stets betont, dass diese kein unausweichliches Schicksal sei, sondern *man-made* – von uns Menschen verursacht. Es hieß, er sei in der Vergangenheit immer mal wieder mit Morddrohungen bedacht worden. Kann sein, dass es in jüngerer Zeit auch welche gegeben hatte, das weiß ich aber nicht.

Gestorben war er allerdings an einer Lungenembolie, daran gab es nach der Obduktion keinen Zweifel – verursacht durch eine tiefe Beinvenenthrombose. Der Mann musste aber auch Herzprobleme gehabt haben. Ich fand Zeichen für eine Herzinsuffizienz.

Bevor ich zum Dienst erscheine, bekomme ich telefonisch oder per E-Mail mitgeteilt, wie viele Sektionen ich durchzuführen habe. Meistens geschieht das am Tag vorher. In Uxbridge warteten diesmal sieben Leichen auf mich.

Die Fahrt nahm mehr Zeit in Anspruch, als ich mir vorher ausgerechnet hatte. Nördlich der Themse kam ich nur schleppend voran – stop and go. Als ich endlich die Kingston Lane in Uxbridge erreichte, war es bereits nach neun Uhr. Die Mortuary liegt am Rande eines Friedhofs. Drei Seiten des Gebäudes sind von Bäumen gesäumt, ein paar Meter dahinter beginnen Gräberreihen. Gegenüber, auf der anderen Straßenseite, breitet sich der weitläufige Campus der Brunel University aus.

Ich begann mit der Leiche eines siebenundsechzigjährigen Mannes, der einen Herzinfarkt erlitten hatte. In dessen Folge war es zu einer Herzwandruptur gekommen, die schließlich zu einer Herzbeuteltamponade geführt hatte. Und die war tödlich gewesen. Das alles kam erst bei der Obduktion heraus. Vorher hatte sich niemand einen Reim darauf machen können, woran der Mann so plötzlich gestorben war.

Es folgte die Leiche einer einundneunzigjährigen Frau. Auch bei ihr ließ sich eine klare Todesursache finden: Lungenentzündung. In diesem Alter sind die Überlebenschancen gering, zumal der Körper der Verstorbenen extrem abgemagert und geschwächt war. Aber auch so ist Lungenentzündung die

Infektionskrankheit, die in den westlichen Industrieländern am häufigsten zum Tod führt.

Bei Leiche Nummer drei handelte es sich um einen Mann, der nur fünfundfünfzig Jahre alt geworden war. Aus dem Coroner's Officers Report ging hervor, dass er auf einem Gehweg kollabiert und den alarmierten Rettungssanitätern verwirrt erschienen war. Sie brachten ihn in ein Krankenhaus. Dort stellte man einen Harnwegsinfekt fest. Außerdem litt er an Bluthochdruck und Diabetes mellitus. Und er war völlig dehydriert, deswegen dürfte er so verwirrt gewesen sein. Der Harnwegsinfekt wurde mit Antibiotika behandelt, man führte dem Patienten ausreichend Flüssigkeit zu, sein Zustand schien unter Kontrolle zu sein. Doch zwei Tage später starb er plötzlich, und das konnte man sich nicht erklären. In Deutschland wäre das kein Fall für eine Obduktion gewesen, es sei denn, es wäre jemand gekommen und hätte den Verdacht geäußert, der Mann sei falsch behandelt worden. Aber das war er nicht.

Bei der Obduktion sah ich mir sein Herz genauer an. Ich schnitt die Gefäße auf und stellte fest, dass eine der drei Herzkranzschlagadern verschlossen war. Ein Blutgerinnsel hatte sich wie ein Pfropfen festgesetzt. Das konnte man mit bloßem Auge sehen. Wenn so etwas passiert, und es haben sich vorher keine Kollateralen – also Seiten- oder Nebenäste – gebildet, die den Bluttransport sicherstellen, ist die Chance, zu überleben, äußerst gering. Es sei denn, man wird sofort mit einem Stent oder einem Bypass versorgt.

Die Leiche, die ich mir anschließend vornahm, war die eines vierundvierzigjährigen Mannes, der als Flüchtling den Irak verlassen hatte. Irgendwie musste er sich nach Syrien durchgeschlagen haben. In Damaskus war er in ein Flugzeug gestiegen, das ihn in die USA bringen sollte, ich glaube, nach Chicago. Während des Flugs war er jedoch kollabiert. Daraufhin legte die Maschine in Heathrow eine Zwischenlandung ein, er wurde sofort in ein Krankenhaus gebracht, wo er zwei Tage später an Multiorganversagen starb.

Ich diagnostizierte das Budd-Chiari-Syndrom, eine seltene Erkrankung der Leber, bei der es schlimmstenfalls zum vollständigen Verschluss der abführenden Blutgefäße kommt. Die Ursache ist in der Mehrzahl der Fälle eine Thrombose, also ein Blutgerinnsel, das das Gefäß verstopft. Das war bei dem Iraker auch so.

Ich erinnere mich nicht mehr, mit welchem Leichnam ich gerade beschäftigt war, als jemand vom Coroner's Office in den Sektionssaal trat und fragte, ob ich meine Arbeit kurz unterbrechen und mit nach draußen in den Empfangsbereich kommen könne. Da es äußerst selten vorkommt, dass man mitten in einer Obduktion gestört wird, musste es etwas Dringendes sein.

Es war ein Neuzugang. Die Informationen zu ihm waren im Vergleich zu sonst recht spärlich. Keine Personalien. Man sagte mir nur, dass ich es mit dem Opfer eines Motorradunfalls zu tun hatte. Und dass es ein Mann war, aber das sah ich selbst.

Ich sollte die Leiche inspizieren, damit sie für die Identifizierung durch Angehörige vorbereitet werden konnte. Die Polizei hatte den Vater des Verunglückten für den Nachmittag zur Mortuary bestellt.

In dem Zustand, wie er jetzt in der Leichenwanne lag, wäre der Verstorbene seinem Vater nicht zuzumuten gewesen. Er war zwar noch komplett bekleidet, doch oberhalb des Jackenkragens war nichts mehr – der Kopf fehlte. Das heißt, der Kopf lag daneben. Er war bei dem Unfall abgetrennt worden. Dekapitation ist der Fachbegriff dafür.

Einerseits überraschte mich der Anblick, andererseits weckte er sofort mein Interesse. Ich hatte vorher schon einige Motorradfahrer obduziert, die tödlich verunglückt waren. Aber darunter war noch nie einer gewesen, dem es den Kopf abgerissen hatte. Das kannte ich nur von Bahnleichen, die vom Zug überrollt worden waren. Und in Hamburg hatte ich mit einer Kollegin mal einen Fall zu bearbeiten, wo ein Mann seine Ehefrau geköpft hatte. Er war nach der Tat mit dem Kopf in der Hand zur nächsten Tankstelle marschiert, hatte ihn dort abgelegt und gesagt: »Das hier ist meine Frau. Jetzt könnt ihr die Polizei holen.«

Eine der Fragen, die mich neugierig machten, war: Wie mochte das mit dem Kopf passiert sein? Shirley, die Sachbearbeiterin vom Coroner's Office, meinte, die Polizei würde selbst noch rätseln. Der Unfall war erst wenige Stunden zuvor passiert.

Was für ein Albtraum musste das für denjenigen gewesen sein, der den Motorradfahrer gefunden hatte. Vielleicht hatte er noch gedacht, er könne ihm helfen, ist zu ihm gerannt ... und dann das, dieser Anblick. Der Kopf soll ein ganzes Stück entfernt gelegen haben.

Ich sah mir die Leiche von oben bis unten an, verschaffte mir ein Gesamtbild. Dabei achtete ich besonders darauf, ob es äußere Verletzungen oder auch Blutspuren gab, die nicht zu einem Motorradunfall passten. Oder irgendetwas anderes, das verdächtig gewesen wäre. Es hätte ja auch sein können, dass der Mann von einem Psychopathen vom Motorrad geholt und dabei geköpft worden war. Vieles war denkbar, in dieser Phase konnte man nichts ausschließen. Doch bis auf die eine gab es keine größeren Verletzungen, sah man davon ab, dass ein Bein falsch beweglich war, was auf eine Fraktur hindeutete.

Dann nahm ich den Kopf in die Hand und betrachtete ihn von allen Seiten. Das Gesicht war nicht zu erkennen – überall klebte Blut. Wo sich vorher der Hals angeschlossen hatte, hing ein Stück vom Rückenmark heraus. Kopf und Hals waren ziemlich glattrandig voneinander getrennt worden.

Nachdem ich mit der Begutachtung des verunglückten Motorradfahrers fertig war, nähte einer der Sektionsgehilfen den Kopf provisorisch wieder an, damit der Leichnam dem Vater gezeigt werden konnte. Außerdem wurde das Gesicht vom Blut gereinigt, aber davon bekam ich nichts mit, da ich längst wieder mit den anderen Leichen zugange war.

Drei hatte ich noch. Eine davon war eine Faulleiche. Sie hatte mehrere Tage in einer Wohnung gelegen, bevor sie entdeckt worden war. Einem Milchmann, der mit seinem Elektromobil durch die Gegend kurvte, seinen Kunden täglich frische Milch vor die Tür stellte und bei der Gelegenheit die geleerten Flaschen wieder mitnahm, war aufgefallen, dass einer seiner Abnehmer die Milch seit drei Tagen nicht mehr hereingeholt hatte. Ein Anruf bei der Polizei. Die brach die Wohnung auf und fand den Toten, dessen sterbliche Überreste bereits reichlich fäulnisverändert waren. Bei den sommerlichen Temperaturen ging das rasend schnell. Immerhin ließ sich noch herausfinden, dass der sechsundsechzig Jahre alte Mann an einer Hirnblutung gestorben war. Also kein Verbrechen.

Bis zum Nachmittag erledigte ich die letzten Obduktionen für diesen Tag, die Leichen zweier Männer. Der eine hatte – wie sich später herausstellte – eine Alkoholvergiftung erlitten, dem anderen war eine Lungenembolie zum Verhängnis geworden. Danach setzte ich mich wieder ins Auto, öffnete das Verdeck, wie ich es mir am Morgen vorgenommen hatte, und fuhr nach Hause.

Es war Mittwoch. Am Freitag sollte ich wiederkommen, so hatte ich es mit dem Coroner's Office verabredet. Dann würden sich vielleicht auch die Fragen zur Dekapitation des Motorradfahrers beantworten lassen. Was genau war passiert? Wie schnell war er gefahren? Warum hatte er die Kontrolle über seine Maschine verloren? Und so weiter. Um mir ein Bild über den Unfallhergang machen zu können, würde ich mehr Informationen von der Polizei benötigen. Ich wusste nicht einmal, auf welcher Straße und an welcher Stelle es geschehen war. Gut wäre, wenn die Beamten Fotos vom Unfallort mitbrächten. Das waren so ungefähr die Gedanken, die mir unterwegs dazu in den Sinn kamen.

Am Abend erzählte ich Dave davon. Ich meinte noch, der Passant, der ihn gefunden hatte, musste sich vorgekommen sein wie in einem Horrorfilm.

Als ich am Freitag wieder nach Uxbridge in die Mortuary kam, warteten bereits zwei Polizisten auf mich. Genauer gesagt, ein Polizist und eine Polizistin. Sie hatten einen Laptop dabei, mit verschiedenen Fotos von der Unfallstelle. Darauf war eine mehrspurige Straße zu sehen. Das Motorrad lag auf der Fahrbahn, der Torso daneben, der abgetrennte Kopf auf dem Bürgersteig. Ein Zaun trennte Bürgersteig und Fahrbahn. Zwischen den einzelnen Zaunfeldern standen Pfeiler mit schneeballgroßen Metallkugeln obenauf. An einem dieser Pfeiler war der Motorradfahrer enthauptet worden. So erzählten es die Polizisten. Sie sagten auch, er sei nicht zu schnell gefahren. Aber offenbar hatte er getrunken. Mir war am Mittwoch schon aufgefallen, dass die Leiche nach Alkohol gerochen hatte.

Der Polizist beschrieb die Strecke, die er gefahren war, und Shirley vom Coroner's Office ergänzte, er sei an dem Morgen aus dem *Ronnie Scott's* gekommen. Als ich das hörte, stellten sich bei mir alle Antennen auf. Das *Ronnie Scott's* ist ein bekannter Jazzclub in Soho. Dave hatte da schon häufiger gespielt, eine Zeitlang zweimal die Woche. Früher, als Ronnie, einer der beiden Gründer des Clubs, noch lebte, traten die angesagten internationalen Jazzgrößen dort auf. Inzwischen ist der Laden ziemlich kommerzialisiert, selbst große Jazznamen bekommen kaum Gigs. Crossover aus Funk, Soul, R'n'B und Fusion, hauptsächlich sängerorientiert, stehen wesentlich häufiger auf dem Programm als große Jazzinstrumentalisten. Dementsprechend hat das Publikum nicht mehr viel mit einem echten Jazzpublikum zu tun. Viele gehen nicht so sehr wegen der Musik dorthin, sondern um im berühmten *Ronnie Scott's* zu sitzen. Die Mieten in der Gegend sind wahnsinnig hoch. Da muss man den Laden jeden Abend irgendwie vollkriegen. Ich schätze, darum geht's vor allem.

»War er Besucher im *Ronnie's*?«, fragte ich.

Shirley sagte: »Nein, er hat da gearbeitet.«

Die meisten Leute, die dort arbeiteten, kannten Dave und ich. Im Kopf ging ich alle Kellner und Soundleute durch, dann das restliche Personal. Und während ich grübelte, unterbrach Shirley meine Gedanken: »Er war der Hausdrummer.«

Das *Ronnie's* hatte eine feste Band, ein Trio – Klavier, Bass, Schlagzeug –, das immer spielte, bevor der Hauptact kam, und dabei nicht selten von Gastmusikern begleitet wurde.

Mir stockte der Atem: »Chris? Das kann nicht sein! Den hätte ich doch erkannt.«

Shirley schien erschrocken. Ihre Augen wurden größer und größer. Mit ungläubiger Stimme fragte sie: »Du kanntest Chris?«

»Na klar. Aber es war nicht Chris!«

Meine Worte müssen ziemlich entrüstet geklungen haben. Die wollen mich auf die Schippe nehmen, dachte ich. Ein blöder Scherz. Ich fand ihn ziemlich daneben. Das passte auch gar nicht zu Shirley. Jemandem wie ihr war sicher nicht daran gelegen, anderen das Leben schwerzumachen, im Gegenteil. Ich schätzte Shirley auf Mitte fünfzig. Ein mütterlicher Typ, graublondes Haar, praktischer Kurzhaarschnitt, der Körper mit fraulichen Rundungen, die vermuten ließen, dass sie es gern gemütlich mochte. Das strahlte sie auch aus. In ihrer Gegenwart fühlte man sich irgendwie beschützt.

Ich weiß nicht, was ich noch dachte. Irgendwann spürte ich, wie ihre Hände meine Schultern anfassten. Sie stand dicht vor mir und wartete, bis sich unsere Blicke begegneten, dann sagte sie mit leiser, aber fester Stimme: »Judith ..., das ist Chris Dagley!«

Ich hörte, was sie sagte, aber es kam nicht wirklich bei mir an. Mit einem Mal drehte sich alles um mich herum, als wäre ich in einen Strudel geraten, der sich nicht anhalten ließ. Meine Knie wurden butterweich. Dann war es plötzlich ganz still, und ich sah auch nichts mehr, außer weißem Nebel. Aus meinem Körper schwand jegliche Kraft, ich sackte zusammen.

Die nächsten Stunden erlebte ich wie in Trance. Das war nicht mehr real. Ich kam mir vor wie in einem Film, der in Zeitlupe abgespielt wurde. Und ich mittendrin, unfähig, meine Gedanken sortiert zu bekommen. Es waren auch eher Gedankenblitze – sie kamen und verschwanden augenblicklich wieder. Keiner ließ sich festhalten.

Irgendwann sagte ich: »Ich muss ihn sehen!« An diesen Satz klammerte ich mich fest, als wäre er ein Rettungsring, den man einem Schiffbrüchigen zugeworfen hatte. Ich brauchte eine Abschiednahme. Das Bild, wie ich seinen Kopf in der Hand gehalten hatte, durfte nicht das Letzte sein, dass mir von ihm blieb.

Zwei Sektionsgehilfinnen bereiteten alles vor. Dann stand ich an der Stelle, wo sonst die Angehörigen hingeführt wurden, flankiert von Shirley und der Polizistin. Ein kleiner Raum mit einer großen Glasscheibe, dahinter ein Vorhang, er war noch zugezogen. Erst als die Leiche jenseits der Scheibe aufgebahrt war, öffnete ihn jemand. Diesmal erkannte ich ihn. Sein Gesicht war vom Blut gesäubert. Sie hatten ihm einen Anzug angezogen. Die Stelle am Hals, wo der Kopf angenäht worden war, war durch Kleidung bedeckt. Ich konnte es nicht mehr leugnen – das war Chris.

Chris stammte aus Dorridge, einem kleinen Ort in den West Midlands. Er war vier Monate jünger als ich. Kennengelernt hatte ich ihn während meiner Studienzeit, als ich eine

Famulatur in London absolvierte. Damals ging ich immer zu den Proben des National Youth Jazz Orchestra. Dort spielte er Schlagzeug. Später habe ich ihn auch auf einigen Konzerten gehört.

Nachdem ich mit Dave zusammengekommen war, in der Zeit, als wir zwischen Hamburg und London pendelten, wurde das *Ronnie Scott's* an neue Betreiber verkauft, die eine Wiedereröffnung zelebrierten. Eine der Neuerungen war die erwähnte Hausband, die meistens in der gleichen Besetzung spielte. Chris war einer der Musiker.

Dave spielte bei der Wiedereröffnung, und danach auch ziemlich oft mit der Hausband, als Gastmusiker. Wenn ich bei ihm war, ging ich natürlich mit. Als ich später nach London zog, arbeitete ich anfangs nicht so viel. Dadurch hatte ich mehr Zeit, ihn zu seinen Auftritten zu begleiten. Wir hingen oft mit den Musikern der Hausband zusammen. Meistens trafen wir uns vor den Gigs in *The Dog & Duck*, einem Pub, nur wenige Schritte vom *Ronnie's* entfernt, auf derselben Straße.

Es war damals noch gar nicht lange her, dass wir wieder einmal vor dem *Dog & Duck* gestanden hatten. Dave und ich hatten kurz zuvor unser Studio zu Hause in Betrieb genommen. Wir hatten ein Klavier und ein kleines Jazzschlagzeug gekauft und waren noch in der Experimentierphase. Davon erzählten wir Chris. Er war sofort begeistert, und wir fachsimpelten gemeinsam, wie man am besten einen authentischen Jazzsound am Schlagzeug aufnimmt. Er wollte uns so bald wie möglich besuchen, um in unserem Studio mit uns zu tüfteln. Aber dazu war es leider nicht mehr gekommen.

Chris war ein charismatischer Typ, ein bisschen James-Dean-like. Er genoss das Leben, steckte die Leute mit seinem Lachen an. Ich habe ihn nur mit guter Laune erlebt. Noch dazu war er ein genialer Drummer. Er hat mit vielen Jazzgrößen gespielt, war aber auch als Begleitmusiker im Popbereich gefragt. *Take That* hatte ihn engagiert, *Jamiroquai*, Van Morrison, Lionel Richie, Bette Midler, Liza Minnelli und noch ein paar andere. Trotzdem betrachtete er sich nie als fertigen Musiker, wollte immer noch perfekter werden. Er nahm jeden seiner Auftritte mit einem DAT-Recorder auf, um hinterher zu analysieren, was er verbessern könnte.

Von der Stelle, an der der Unfall passiert war, wären es nur noch wenige Meilen bis zu ihm nach Hause gewesen. Dort hatte er mit seiner Frau, zwei Töchtern und einem Sohn gelebt.

Noch aus der Mortuary in Uxbridge rief ich Dave an. Ohne dass ich wusste, wie – mit welchen Worten – ich ihm die schreckliche Nachricht mitteilen sollte, wählte ich seine Nummer. Er war zu Hause und wunderte sich, dass ich um diese Zeit anrief. Ohne etwas zu erklären, fing ich an: »Dave, ich habe dir doch von dem Motorradunfall erzählt ...«

Dann machte ich eine kurze Pause, mehr für mich, um mir irgendwoher Kraft zu holen, damit ich den Rest auch noch über die Lippen bekam: »... der Fahrer, das war Chris.«

Einen Moment war Stille in der Leitung, dann hörte ich Daves Stimme, die ich kaum wiedererkannte.

»Du meinst, Chris Dagley ...?«

»Ja.«

Dave weinte und fluchte, und beides vermischte sich mit Fassungslosigkeit, wie ich das bei ihm noch nie erlebt hatte.

Nach dem Gespräch mit Dave, das man eigentlich gar nicht so nennen konnte, meinte ich zu Shirley, dass ich jetzt wieder an die Arbeit ginge. Deswegen sei ich schließlich hergekommen. Nicht dass ich in dem Moment überzeugt gewesen wäre, damit etwas Sinnvolles von mir gegeben zu haben. Die Worte waren einfach so rausgerutscht bei dem Versuch, einen klaren Kopf zu bekommen. Ich brauchte etwas, woran ich mich orientieren konnte. Etwas, das mich in die Normalität zurückbrachte.

Die gute Shirley schüttelte den Kopf, schob mich in ihr Büro und brühte mir einen Tee auf. Und während sie die Tasse vor mich auf den Schreibtisch stellte, sagte sie mit Mitleid und gleichzeitig Nachdruck in der Stimme: »Du machst hier heute gar nichts mehr! ... Sollen wir dich nach Hause bringen?«

Die nächsten Tage verbrachte ich wie unter einer Glasglocke. Alles drang nur gedämpft zu mir. Ich fühlte mich wie betäubt – wach, aber betäubt. Und manchmal dachte ich, jetzt werde ich verrückt. Typische Anzeichen einer akuten Belastungsreaktion. Das war nicht mein Fachgebiet, aber ich erinnerte mich an eine Psychologin, mit der wir in Hamburg in der Gewaltopfer-Ambulanz zusammengearbeitet hatten. Sie hatte mit uns Schulungen durchgeführt, in denen sie auch erzählte, wie Menschen reagieren, die unter einer akuten Belastungsreaktion leiden. Dass es zum Beispiel sein kann, dass sie Dinge erzählen, die keinen Sinn ergeben, die sie zu diesem Zeitpunkt aber genauso wahrnehmen. Oder dass sich bei ihnen Erinnerungslücken auftun und sie die zeitliche Abfolge bestimmter Ereignisse durcheinanderbringen. Das Gehirn funktioniere dann nicht wie bei einer normal denkenden Person. Sie sagte aber auch, dass das nur eine Phase sei, die der Betroffene durchmache, die nach kurzer Zeit aber vorbeiginge. Bei manchen bereits nach wenigen Stunden, bei anderen erst nach Tagen. Das war meine Hoffnung. Daran klammerte ich mich fest, auch wenn ich ein Kandidat für die längere Variante zu sein schien.

Was mich dazu trieb, an dem Montag, der darauffolgte, erneut nach Uxbridge zu fahren – ich denke, es war eine Mischung aus Pflichtbewusstsein, der Termin war schon vorher vereinbart worden, und Nichtwahrhabenwollen. Nichtwahrhabenwollen, dass ich in meinem Beruf an eine Grenze gestoßen war, dass mich etwas aus der Bahn geworfen hatte, dass ich gerade nicht mehr die toughe Rechtsmedizinerin war, die bisher nichts hatte erschüttern können.

Ausgemacht war, dass ich drei Leichen obduziere. Das tat ich auch. Nach der ersten – eine siebenundachtzigjährige Frau, die ein rupturiertes Aortenaneurysma hatte und innerlich verblutet war – musste ich meine Arbeit unterbrechen. Das Coroner's Office hatte einen anderen Rechtsmediziner bestellt, der die Leiche von Chris untersuchen sollte. Bei einem anderen Fall hätten wir parallel gearbeitet, Platz wäre genug gewesen, doch jetzt verließ ich den Sektionssaal besser und wartete draußen.

Ich muss an diesem Tag funktioniert haben wie ein Roboter. Erst raus aus dem Sektionssaal, nach einer guten Stunde wieder zurück und weitergearbeitet. Wenn ich heute daran denke, kann ich es mir kaum vorstellen, aber es war so: Bei der nächsten Leiche handelte es sich um die Überreste von jemandem, der von einem Hochgeschwindigkeitszug überrollt worden war. Ich habe das Bild noch vor Augen, wie ich das Gesicht in der Hand hielt, abgetrennt vom Kopf. Wie eine Maske. Ein Fetzen Haut, mehr war das nicht. Die Kopfhaare deuteten darauf hin, dass er – es war ein Mann, so viel konnte man sagen – asiatischer Abstammung gewesen sein könnte. Das größte Teil, das sie an den Gleisen in der Nähe der Southall Railway Station von ihm gefunden hatten, war ein Stück vom Torso, mit dem linken Arm, aber ohne Hand. Die hatten sie extra einsammeln müssen wie alle anderen Überreste. Das Herz war komplett erhalten, die Lunge zerstückelt, die Leber an mehreren Stellen eingerissen. Vom Hirnschädel hatten sie nur Fragmente gefunden, vom Gesichtsschädel und vom Hirn gar nichts.

Ich bewältigte auch noch die dritte Obduktion. Und am nächsten Morgen kreuzte ich pünktlich in der Mortuary in Fulham auf, wie es seit einem Monat in meinem Terminkalender stand. Warum ich nicht auf den Gedanken kam, mir eine Pause zu gönnen – schwer zu sagen. Hyperaktivität gilt auch als ein Symptom für eine akute Belastungsreaktion. Vielleicht war das die Erklärung.

Ich fuhr hinterher sogar noch nach Uxbridge, weil ich dachte, es sei so abgesprochen gewesen. Dabei hatten sie dort jemand anderen engagiert, weil nach dem Vorfall niemand mit mir rechnete.

Später meldete sich Her Majesty's Coroner persönlich bei mir. Eine bemerkenswerte Frau, die ihren Job mit großer Hingabe erledigte. Wir kannten uns, aber dass sie selbst anrief, war bisher nicht allzu häufig vorgekommen. Sie hatte gehört, was mir widerfahren war, und riet mir, eine Auszeit zu nehmen, das würde helfen. Sie fänden schon jemanden, der meine Arbeit übernehmen könne. Sie meinte es gut, fürsorglich, aber das begriff ich in dem Moment nicht. Ich dachte, ich würde meinen Job los.

»Mit mir ist alles in Ordnung«, entgegnete ich schnell, obwohl ich wusste, dass ich nicht die Wahrheit sagte. Dass ich selbständig war und das Geld brauchte, war die eine Sache. Darüber musste ich nicht lange nachdenken. Schwieriger war, mir selbst einzugestehen, dass ich nicht mehr konnte.

Schließlich folgte ich ihrem Ratschlag und legte ein paar freie Tage ein. Ich hätte abschalten, mich irgendwie ablenken sollen, stattdessen machte ich mich total verrückt, weil ich dachte: Das war es mit meinem Arbeitsplatz. Jetzt holen sie einen anderen. Ich steigerte mich in eine Angst hinein, die meinen Zustand nicht gerade verbesserte. Dazu tauchten immer wieder die Bilder mit dem Kopf von Chris auf. Die ganze Situation, wie ich im Empfangsbereich gestanden und seine Leiche begutachtet hatte, lief wie ein Film vor mir ab, in Endlosschleife. Ich machte mir Vorwürfe. Warum hatte ich ihn nicht erkannt? Ständig spielte ich in Gedanken durch, wie es hätte anders laufen können. Das nahm fast schon zwanghafte Züge an. Dabei versuchte ich mir auch vorzustellen, was gewesen wäre, wenn ich Chris erkannt hätte, ob mich das nicht viel mehr mitgenommen hätte. Gut, dann wären mir die Fotos vom Unfallort erspart geblieben, aber hätte es das besser gemacht?

Und überhaupt, wie groß war die Wahrscheinlichkeit gewesen, dass mir so etwas widerfahren würde, dass ich ausgerechnet an dem Tag in Uxbridge arbeitete, wo ich davor nur ein einziges Mal war? Warum hatte ich den Coroner's Officers Report nicht vorher in die Hand gedrückt bekommen, oder wenigstens ein Blatt mit dem Namen des Toten, wie es üblich war? Und wieso hatten sie Chris eigentlich nach Uxbridge gebracht? Für den Bereich, wo der Unfall passiert war, wäre normalerweise Fulham zuständig gewesen. Dort hätte ich in der Zeit keinen Dienst gehabt.

Eine Woche später fing ich wieder an zu arbeiten. Zwei Wochen später fand Chris' Beerdigung statt. Mehr als vierhundert Trauergäste gaben ihm das letzte Geleit.

Das *Ronnie Scott's* mied ich die nächsten Monate. Erst in der Vorweihnachtszeit ging ich mit Dave wieder hin. Aber das war keine gute Entscheidung. Wir setzten uns oben in die Bar. Ein Weilchen hielt ich es aus. Plötzlich packte mich eine Panikattacke. Wo ich auch hinschaute, in jeder Ecke sah ich Chris' abgetrennten Kopf. Wie ein Horrortrip. Ein Flashback jagte den anderen. Es wurde erst besser, als ich wieder draußen war und frische Luft schnappte.

Die akute Belastungsreaktion hatte ich längst hinter mir. Das bedeutete aber nicht, dass ich wieder funktionierte, als wäre nichts geschehen. Ich konnte meine Arbeit machen, das schon, aber mit Einschränkungen. Einmal kam ich zum Dienst nach Fulham und wurde von zwei Polizisten empfangen. Sie waren gewissermaßen das Begleitkommando für zwei Motorradfahrer, die bei Unfällen tödlich verunglückt waren. Ich warf einen Blick auf die Coroner's Officers Reports. Als ich las, worum es ging, stieg in mir wieder Panik auf. Ich verlor die Fassung und brach in Tränen aus. Die beiden Unfallopfer musste jemand anderes obduzieren. Obwohl keiner von ihnen eine Dekapitation erlitten hatte, wäre ich nicht dazu in der Lage gewesen. Es genügte allein die Tatsache, dass es sich um

Motorradfahrer handelte, schon waren die belastenden Erinnerungen wieder da und warfen mich aus der Bahn.

Bei anderen Leichen hatte ich keine Probleme. Wie gesagt, ich ging wieder ganz normal zur Arbeit, beziehungsweise ich fuhr, entweder nach Portsmouth, nach Fulham oder nach Haringey, wie gehabt. Es machte mir auch nichts aus, als ich drei oder vier Monate nach Chris' Unfall einen Auftrag auf den Tisch bekam, bei dem es nur um einen Kopf ging, oder vielmehr um die Reste eines Schädels. Das war wieder in der Mortuary in Fulham. An dem Tag hatte ich die Leichen von drei alten Leuten zu obduzieren, zwei Männer, eine Frau. Und dann stand noch ein Pappkarton auf der Anrichte im Sektionssaal, wo ich immer das Klemmbrett mit meinen Notizen hinlegte. Er hatte ungefähr die Größe eines Umzugskartons. Was ich darin finden würde, hatte ich vorher auf dem Coroner's Officers Report gelesen: Teile eines menschlichen Schädels.

Ich nahm sie heraus und setzte sie so weit wie möglich zusammen. Nach dieser Puzzlearbeit war Folgendes klar: Ich hatte einen Teil eines Hirnschädels vor mir, inklusive des Stirnbereichs, dazu vier Hinterhauptschädelfragmente, das linke Jochbein, ein Teil des linken Schläfenbeins, der auch Warzenfortsatz genannt wird, und ein Stück vom Oberkieferknochen. Es lagen noch zwei andere Knochenfragmente in dem Karton, aber das waren Tierknochen.

Mein Auftrag war herauszufinden, ob es sich bei den Schädelresten um die einer Frau handelte. Und falls ja, ob man sagen konnte, wie alt die Frau ungefähr gewesen war, als sie starb. Außerdem versprach sich die Polizei, die den Karton gebracht hatte, Informationen darüber, aus welcher Zeit der Schädel stammte.

Das alles hatte einen ziemlich spektakulären Hintergrund: Die Schädelknochen waren vier Tage zuvor bei Bauarbeiten im Garten von Sir David Attenborough gefunden worden. Attenborough ist ein bekannter Tierfilmer und Naturforscher, mehrfach preisgekrönt. Er wohnt in Richmond, einem Stadtteil im Südwesten Londons, und dort in der Park Road. Seine Wohnadresse wurde durch den Fund weit über die Grenzen Englands hinaus bekannt. Der damals Fünfundachtzigjährige hatte einen ehemaligen Pub gekauft, der *The Hole in The Wall* hieß und sich auf dem angrenzenden Nachbargrundstück befand. Die Bauarbeiten waren veranlasst worden, um den rückwärtigen Teil des Gebäudes abzureißen. In der Erde darunter waren die Männer auf das Schädelfragment und die einzelnen Knochenstücke gestoßen.

Aber das wäre noch nicht die Sensation gewesen. Erst als man bei der Polizei die Verbindung zu einem alten – sehr alten – Kriminalfall herstellte, wurde es interessant. Ganz in der Nähe des Hauses von David Attenborough hatte sich hunderteinunddreißig Jahre zuvor ein Mord ereignet, der im viktorianischen Großbritannien für allerlei Aufsehen sorgte und als »Barnes Mystery« in die britische Kriminalgeschichte einging. Barnes deshalb, weil Körperteile des Opfers später in der Nähe der Barnes Bridge in einer Holzkiste aus der Themse gefischt wurden.

Aber der Reihe nach: Die Geschichte beginnt im Januar 1879, als die fünfundfünfzigjährige Witwe Julia Martha Thomas eine neue Hausmagd anstellte. Die hieß Catherine »Kate« Webster und war mit ihren neunundzwanzig Jahren bereits mehrfach wegen Einbruchs, Betrugs und Diebstahls vorbestraft, hatte auch schon im Gefängnis gesessen. Eine Weile ging es gut mit den beiden Frauen, etwa zwei Monate, dann zerstritten sie sich, die Hausherrin kündigte ihrer Angestellten. Allerdings ohne sie direkt vor die Tür zu setzen.

Was dann am ersten Märzsonntag desselben Jahres in Julia Thomas' Haus geschah, ließ sich hinterher nicht zweifelsfrei ermitteln. Es kursierten verschiedene Versionen über das Tatgeschehen. Die Täterin selbst, Kate Webster, setzte unterschiedliche in die Welt. Die Letzte präsentierte sie wenige Stunden bevor sie wegen Mordes hingerichtet wurde: Mrs. Thomas und sie hätten an besagtem Tag eine Auseinandersetzung gehabt, die zu einem handfesten Streit ausgeartet sei. Dabei sei sie so wütend geworden, dass sie die gestrenge Hausherrin die Treppe hinuntergestoßen habe. Durch den Sturz sei diese schwer verletzt worden und habe angefangen, laut zu schreien. Da sei sie, Kate, in Panik geraten, habe jegliche Kontrolle über sich verloren, die ältere Frau am Hals gepackt und so lange zugedrückt, bis sie sich nicht mehr rührte.

Ob dieses Geständnis die Wahrheit wiedergab, blieb ein Rätsel. Blutspuren auf den oberen Treppenstufen ließen eher die Vermutung zu, dass Kate Webster ihr Opfer mit einem Gegenstand angegriffen hatte – vermutlich mit einer Axt, die später im Haus gefunden wurde –, das dadurch in die Tiefe gestürzt war. Wie auch immer es gewesen sein mochte, Julia Martha Thomas überlebte die Auseinandersetzung nicht.

Anschließend soll sich die Täterin darangemacht haben, die Leiche in Stücke zu zerteilen, um sie besser entsorgen zu können. Es hieß, sie habe den Kopf mit einer Säge abgeschnitten und sämtliche Gliedmaßen mit einem Beil abgehackt. In Überlieferungen von damals finden sich sogar Beschreibungen, wonach sie die Gliedmaßen und den Torso in einem Kupfertopf gekocht und danach das erkaltete Körperfett als Schmalz an die Nachbarn verteilt haben soll.

Vielleicht wurde mit der Zeit auch einiges dazugedichtet. Immerhin war der Mord lange ein großes Gesprächsthema – und Kate Webster so etwas wie eine Berühmtheit. Die Menschen sollen scharenweise nach Richmond gepilgert sein, um sich das Mordhaus anzusehen. Es erschien ein kleines Buch mit dem Titel: »Das Leben, der Prozess und die Exekution der Kate Webster«. Später stand sogar eine wächserne Nachbildung von ihr bei *Madame Tussaud's* in London, betitelt als »Richmond-Mörderin«.

Jedenfalls wurden im Laufe der Ermittlungen so ziemlich

alle Körperteile der Getöteten gefunden, nur der Kopf blieb verschwunden. Dadurch konnte das Opfer nicht wirklich identifiziert werden, ohne Kopf war das damals nicht möglich. Es kam zwar auch kein anderes Opfer in Frage, und die Beweise gegen Kate Webster waren erdrückend, aber die letzte Bestätigung hatte immer gefehlt. Um die ging es jetzt.

Die Geschlechtsbestimmung eines Skeletts lässt sich am besten am Becken oder am Schädel durchführen. Am Schädel gibt es eine Vielzahl von Unterscheidungskriterien, die in der Regel recht deutlich ausgeprägt sind – von der Gesamterscheinung (weibliche Schädel sind kleiner, runder und glatter, die Strukturen graziler), über das Hirnschädelvolumen (bei Männern größer), bis zur Ausprägung der Augenbrauenwülste (bei Männern stärker), der Stirn- und Scheitelhöcker (bei Frauen deutlich sichtbar, bei Männern kaum oder gar nicht), der Augenhöhlen (bei Frauen eher rund, bei Männern eher eckiger) und des Warzenfortsatzes (bei Frauen klein, bei Männern groß), um nur einige aufzuzählen. Es gibt noch eine ganze Reihe mehr. Die wenigsten Schädel weisen allerdings nur rein männliche oder nur rein weibliche Merkmale auf. Häufig lassen sich jedoch genügend Charakteristika finden, die eine eindeutige Zuordnung erlauben. Die Schwierigkeit bei dem ausgegrabenen Schädel bestand darin, dass er nur in Fragmenten erhalten geblieben war.

Aber ich hatte Glück. Ich konnte sieben Einzelmerkmale überprüfen, und jedes deutete darauf hin, dass es sich um den Schädel einer Frau handelte.

War noch die Frage, wie alt die Person gewesen sein mochte, als sie das Zeitliche segnete. Besonders genau lässt sich das leider nicht feststellen. Aber die Tatsache, dass die Schädelnähte untereinander verbunden und verknöchert waren, sprach dafür, dass sie eher älter gewesen sein musste. Bei Kindern sind die Schädelnähte noch offen und bei jungen Leuten in der Regel noch nicht vollständig verknöchert.

Und ich fand noch einen Hinweis, der mich darin bestätigte, dass es eine Frau älteren Semesters gewesen sein musste. An der Innenfläche des Schädels, im Bereich des Stirnbeins, zeigte die Schädelkalotte eine deutliche Verdickung, symmetrisch auf beiden Seiten der Stirn. Das ist eine Erscheinung, die in der Fachsprache Hyperostosis frontalis interna genannt wird und hauptsächlich bei Frauen auftritt, die in den Wechseljahren sind oder diese bereits hinter sich haben.

Was ich hingegen nicht beantworten konnte, war, wie lange der Schädel dort gelegen hatte. Da kein Weichgewebe an den Schädelknochen haftete und die Knochen selbst schon sehr porös waren, konnte man von einer längeren Liegezeit ausgehen. Aber ob nun fünfzig Jahre in Betracht zu ziehen waren oder hundert oder noch mehr, das war mit meinen Mitteln nicht zu eruieren. Deshalb regte ich eine anthropologische Untersuchung an, die dann auch durchgeführt wurde.

Das Gutachten der Anthropologen bestätigte alles, was ich herausgefunden hatte. Sie gingen nur noch mehr ins Detail. Zum Beispiel glaubten sie, dass der Schädel in seinem »Grab« auf der linken Seite gelegen hatte, die war braun und insgesamt dunkler als die rechte. Um die Liegezeit zu bestimmen, wandten sie die Radiokarbonmethode an. Ein ziemlich kompliziertes Verfahren, bei dem mit speziellen Geräten gemessen wird, wie viel radioaktiver Kohlenstoff in der Probe enthalten ist, in dem Fall in den Schädelknochen. Alle Lebewesen nehmen radioaktiven Kohlenstoff auf, der im Organismus verbleibt, über den Tod hinaus, und erst nach einer Ewigkeit zerfällt. Die Halbwertzeit von radioaktivem Kohlenstoff beträgt rund fünftausendsiebenhundert Jahre. Anhand des in der Probe gemessenen Wertes lässt sich dann unter Berücksichtigung der Halbwertzeit ausrechnen, wie alt diese ist. Zumindest grob. Sie kamen auf zweihundertfünfunddreißig Jahre plus / minus vierzig.

Dieses Resultat hätte nicht zu dem Mordfall gepasst. Nun

musste man aber berücksichtigen, dass in der betreffenden Epoche der Radiokarbonpegel durch die Benutzung fossiler Brennstoffe wie Kohle beeinflusst worden war, wodurch das Ergebnis vermutlich verfälscht wurde. Das eingerechnet, kamen sie zu dem Schluss, dass die Person, deren Schädel sie untersucht hatten, irgendwann zwischen 1520 und 1960 gelebt haben musste. Damit konnte es doch Julia Martha Thomas gewesen sein. Das wurde am Ende auch als erwiesen angenommen.

Die Frage, wie der Kopf dorthin gekommen war, sollen Zeugen schon damals nach der Tat beantwortet haben. Demnach hatten mehrere Personen ausgesagt, dass Kate Webster gern und häufig dem Alkohol zusprach und des Öfteren im *The Hole in The Wall* eingekehrt war. Der Pub und das Haus von Julia Martha Thomas lagen nur hundert Meter voneinander entfernt. Und es gab jemanden, der Kate Webster an einem der Tage nach dem Mord gesehen haben wollte, wie sie mit einer großen Tasche im Keller des Pubs verschwunden war …

Fast ein Jahr verging, bis ich wieder mit dem Opfer eines Motorradunfalls konfrontiert wurde. Ich hatte es vorher auf dem Coroner's Officers Report gelesen und war fest entschlossen, die Sache diesmal durchzuziehen. Es musste auch mal gut sein. Ich konnte die Geschichte nicht ewig mit mir herumschleppen. Mit diesen Gedanken ging ich in den Sektionssaal und versuchte, andere gar nicht erst zuzulassen.

Drei Leichen lagen nebeneinander auf Sektionstischen. Ich begann mit der äußeren Besichtigung. Nummer eins, Nummer zwei, dann kam ich zu dem verunglückten Motorradfahrer. Ich wollte es genauso wie bei den anderen beiden zuvor machen. Doch es ging nicht. Vor mir verschwamm plötzlich alles, der Boden schien nachzugeben, und anstatt des toten Motorradfahrers, der nur ein paar Zentimeter von mir entfernt lag, sah ich wieder Chris. Und alles um mich herum verwandelte sich in den Sektionssaal von Uxbridge.

Ich erinnere mich nicht, ob ich irgendetwas sagte. Auf jeden Fall kam der Sektionsgehilfe zu mir. Ich sah noch kurz in sein Gesicht, dann war wieder dieser Strudel da, und mir schwanden die Sinne.

Als ich aufwachte, lag ich in einem Nebenraum. Der Sektionsgehilfe hatte in der Zwischenzeit einen Rettungswagen gerufen. Bis er eintraf, hatte ich mich wieder im Griff. Mir war der kleine Aussetzer peinlich. Ich sagte: »Es ist alles bestens, ich mache weiter«, und wollte mich in Richtung Sektionssaal bewegen. Aber sie sagten: »Du machst heute gar nichts mehr.« Oder etwas Ähnliches. Jedenfalls schickten sie mich nach Hause.

Am Nachmittag kam ein Anruf vom Coroner's Office, sie würden mich erst wieder arbeiten lassen, wenn ich ein ärztliches Attest vorlege, dass mit mir alles okay sei. Ich war sauer. Die anderen Fälle hatte ich ohne Schwierigkeiten hinbekommen. Trotzdem ging ich zu meinem Hausarzt, was blieb mir übrig? Der guckte mich erstaunt an und meinte, er könne nur Atteste ausstellen, in denen Patienten genau das Gegenteil bescheinigt wird – dass sie nicht arbeitsfähig sind. Irgendwie bekam ich ihn trotzdem dazu, bei mir eine Ausnahme zu machen. Nur löste das nicht mein Problem.

Ich hatte es lange verdrängt, aber jetzt musste ich es mir eingestehen: Mein Panzer war weg, ich hatte meine Schutzhülle verloren. Bei den Inquests reagierte ich sensibel, wie ich mich gar nicht kannte. Selbst wenn es um einen Achtzigjährigen ging, der eines natürlichen Todes gestorben war, konnte ich meine Tränen kaum zurückhalten. Mir ging alles nah. Ich fing an, darüber nachzudenken, wie furchtbar der Verlust für die Familie sein musste, wie sehr sie jetzt litt. Das machte ich früher nie. Nicht dass ich ein gefühlskalter Mensch gewesen wäre – ich konnte das nur besser ausblenden und mich voll auf die Aufgaben konzentrieren, die ich zu erfüllen hatte. Jetzt lief in meinem Kopf oft ein unerwünschter Film dazu ab. Ich konnte auch nicht mehr beliebig viele Obduktionen machen. Vorher hatte ich in einer Woche manchmal zwanzig und mehr durchgeführt. Jetzt merkte ich, dass das Limit bei etwa zwölf erreicht war. Überstieg ich diese Zahl, lagen oft meine Nerven blank.

Ich musste etwas unternehmen, das war mir klar. Nach der Geschichte in Fulham rief mich die Vertretung des Coroners an und riet mir, mit Professor Gordon Turnbull zu sprechen. Sie hatte schon Kontakt zu dessen Büro aufgenommen, ich musste nur noch einverstanden sein. Gordon Turnbull ist eine Koryphäe auf dem Gebiet der posttraumatischen Belastungsstörung. Er gehörte zu den Ersten, die sich mit diesem Phänomen befassten, schwerpunktmäßig im militärischen Bereich. Lockerbie, Falkland-Krise, Afghanistan, Irak – er hat unglaublich viel Erfahrung. Es gibt ein kluges Buch von ihm, »Trauma«, darin schildert er seine Erfahrungen mit Betroffenen. Das habe ich regelrecht verschlungen.

Ich bekam tatsächlich einen Termin bei Professor Turnbull. Er fand meinen Fall interessant und sagte, was mit mir in solchen Situationen passiere, sei eine völlig nachvollziehbare Reaktion auf das, was ich erlebt hätte. Die Geschichte mit Chris habe mir gewissermaßen die Sicherungen rausgehauen. Während des Heilungsprozesses hätten sich dann offenbar ein paar Fehlschaltungen eingeschlichen, die müsste man nun korrigieren. Etwa so drückte er sich aus und schlug vor, eine kognitive Verhaltenstherapie anzugehen. Die würde helfen, alles wieder so hinzubekommen, wie es einmal war.

Es dauerte ein halbes Jahr, bis ich bei einer Therapeutin einen Platz bekam. Die Frau war wirklich gut. Sie arbeitete mit mir daran, dass ich meine Schutzhülle zurückbekam, meinen Panzer, wie ich es immer nenne. Eines Tages sollte ich wieder verunglückte Motorradfahrer obduzieren können, selbst wenn sie beim Unfall ihren Kopf verloren hatten. Das war das Ziel.

Und der Weg dorthin bestand, vereinfacht ausgedrückt, unter anderem darin, mir in kritischen Situationen die Unterschiede klarzumachen: Dass es eben nicht Chris ist, dessen Leiche vor mir liegt. Oder dass es nicht der Sektionssaal in Uxbridge ist, in dem ich mich gerade befinde. Und wenn das nicht funktionierte, sollte ich mich im Raum umsehen und darauf konzentrieren, was ich sah, ganz real. Einfach um mich zu erden. Das könnten ganz einfache, unbedeutende Sachen sein, irgendwelche Gerätschaften oder eine gesprungene Fliese an der Wand gegenüber. Oder eine Person, die mit mir im Raum stand.

In späteren Sitzungen setzten wir uns an einen Computer, und sie zeigte mir Fotos von Unfallopfern mit Dekapitationen. Das war eine ziemlich harte Lektion, die sie mir aufgab. Auch da sollte ich mich auf die Unterschiede fokussieren. Vorher war es offenbar immer so gewesen, dass mein Gehirn auf Gemeinsamkeiten ausgerichtet war. Auf diese Weise hatte sich ganz automatisch eine Verbindung zu den Erlebnissen mit Chris eingestellt.

Es dauerte nicht lange, dann kamen im Alltag die passenden Fälle, als hätten wir darauf gewartet, um testen zu können, ob es mit der Theorie auch in der Praxis funktionierte.

Die erste Leiche, die mit abgetrenntem Kopf angeliefert wurde, erlebte ich in Haringey. Da lief die Therapie noch. Es war eine Frau, die sich auf die Schienen gelegt hatte. Als ich dorthin kam, wusste ich davon noch nichts. Sie hatten mir vorher nur die Zahl der Sektionen durchgegeben, die anstanden. Komischerweise hatte ich an dem Morgen, als ich aus dem Haus gegangen war, ein unbestimmtes ungutes Gefühl gehabt.

Als ich vor der Leiche stand, sagte ich mir, es ist eine Frau und ich bin nicht in Uxbridge! – es lief bestens. Die Selbstmörderin hatte es anscheinend auf eine Dekapitation angelegt. Wie es aussah, musste sie mit dem Hals direkt auf der Schiene gelegen haben. Der Kopf war relativ sauber abgetrennt. Der Rest des Körpers wies nur geringfügige Verletzungen auf. Das war etwas, was mich doch an Chris erinnerte. Zugegeben, ich verdrückte ein paar Tränen. Aber die Emotionen übermannten mich nicht mehr. Ich schaffte es, schnell wieder in den Wissenschaftsmodus umzuschalten. Ich konnte den Kopf sogar in die Hände nehmen und die Wunde genau untersuchen.

Ich erledigte meinen Job.

Das Gefühl hinterher war unbeschreiblich, mir fiel ein riesiger Felsbrocken vom Herzen.

Mit der gleichen Erleichterung spürte ich etwa zur selben Zeit, dass ich auch bei den Inquests wieder meine Schutzhülle hatte. Ich merkte, ich bin wieder stark, ganz gleich, wie emotional es im Saal zugeht, ich kann meine Gefühle steuern. Damit helfe ich den Hinterbliebenen am meisten.

Zwei Jahre hat es gedauert, aber inzwischen kann ich sogar wieder ins *Ronnie's*.

Und wenn es doch einmal schwierig wird, nehme ich mein Saxophon und spiele, vielleicht ein Stück von Dexter Gordon, oder eins von Dave – oder irgendetwas anderes.